Red Capitalism
The Fragile Financial Foundation of China's Extraordinary Rise

中國金融
大揭密
異常崛起的大銀行真相

卡爾‧沃特＆法瑟‧侯偉◎著

陳儀、林詠心◎譯

Red Capitalism: The Fragile Financial Foundation of China's Extraordinary Rise
by Carl E. Walter & Fraser J. T. Howie
Authorized Translation from English language edition published by John Wiley &
Sons Singapore Pte. Ltd.
Complex Chinese Character translation copyright © 2012 by Faces Publications,
a division of Cité Publishing Ltd.
All Rights Reserved.

企畫叢書 FP2246

中國金融大揭密：異常崛起的大銀行真相

Red Capitalism: The Fragile Financial Foundation of China's Extraordinary Rise

作　　　者　卡爾・沃特（Carl E. Walter）&法瑟・侯偉（Fraser J. T. Howie）
譯　　　者　陳儀、林詠心
編 輯 總 監　劉麗真
主　　　編　陳逸瑛
編　　　輯　賴昱廷

發 　行 　人　涂玉雲
出　　　版　臉譜出版
　　　　　　城邦文化事業股份有限公司
　　　　　　台北市中山區民生東路二段141號5樓
　　　　　　電話：886-2-25007696　傳真：886-2-25001952
發　　　行　英屬蓋曼群島商家庭傳媒股份有限公司城邦分公司
　　　　　　台北市中山區民生東路二段141號11樓
　　　　　　客服服務專線：886-2-25007718；25007719
　　　　　　24小時傳真專線：886-2-25001990；25001991
　　　　　　服務時間：週一至週五上午09:30-12:00；下午13:30-17:00
　　　　　　劃撥帳號：19863813　戶名：書虫股份有限公司
　　　　　　讀者服務信箱：service@readingclub.com.tw
香港發行所　城邦（香港）出版集團有限公司
　　　　　　香港灣仔駱克道193號東超商業中心1樓
　　　　　　電話：852-25086231或25086217　傳真：852-25789337
　　　　　　E-mail：citehk@hknet.com
馬新發行所　城邦（馬新）出版集團【Cite (M) Sdn. Bhd. (458372U)】
　　　　　　11, Jalan 30D/146, Desa Tasik, Sungai Besi,
　　　　　　57000 Kuala Lumpur, Malaysia
　　　　　　電話：603-90563833　傳真：603-90562833
一 版 一 刷　2013年1月

城邦讀書花園
www.cite.com.tw

ISBN 978-986-235-229-8
翻印必究（Printed in Taiwan）

售價：380元
（本書如有缺頁、破損、倒裝，請寄回更換）

推薦序

中國的金融基礎有多脆弱？

吳惠林

中華經濟研究院研究員

　　二〇一二年十二月九日台灣《大紀元時報》頭版頭條：據《明報》報導，中國人民銀行行長周小川在國務院召開的部委辦主要負責人學習十八大精神的會議上表示，「金融體制的問題已經是老生常談，金融改革議題也完全勾銷。金融體制的問題是要真改革、大改革、大轉變，才能體現中國國情、市場經濟，又能和國際金融體制相接軌，要實現這目標，就必須以有關法規作為指導而非個人意志為指導。」

中國人民銀行行長的真心話

　　周小川又說：「目前阻力、困擾大家都看到，就來自上面（國務院）。上面大會、小會講『改革』、『思想再解放』、『不改革會窒息』，一無具體政策、二無明確規則、三無清晰指引，叫金融系統怎樣搞？在科學發展時代，什麼都以『摸著石頭過河』作政策指引，是要付出沉重代價的。」

　　報導還說，周小川在多次會議上批評金融界與政壇一樣，對於決策方面的錯誤及後果不反思、不檢討、不公布、不總結，將

房市泡沫、巨額壞帳、呆帳及赴外投資的巨額虧損留給下一任。地方黨政為了虛假政績，欠下巨額債務，根本難以償還，卻照樣帶病晉陞（指官員腐敗卻仍可以晉陞職位），進入最高領導層。

　　金融風暴、金融海嘯的可怕眾人皆知，而經濟大蕭條、經濟崩潰是緊接而來的後果。那麼，十多年前章家敦的《中國即將崩潰》，立論基礎就是「中國四大國營銀行的壞帳已高到不能維持的地步」，在周小川沉痛憂心中國金融系統沉痾難解下，是否已到實現的時候？

　　其實，中國在二○○八年十一月推出4兆人民幣刺激經濟計畫，由而引出瘋狂大借貸，中央政府只追加1.1兆人民幣資金，其餘缺額則由地方政府籌措。在「數字出官、官出數字」的中國，地方政府官員卯足全力提出漂亮高成長成績單才能保官位，進而升官，於是大舉投資成為重要任務，而以房地產向銀行抵押「借錢舉債」是一大途徑，雖有抵押品，但房市崩盤時就成為銀行壞帳，此乃所謂「城投債」真相。在二○○○年以前，中國曾有一批紀錄不良政策的政策性放款，產生30%的壞帳，一度讓整個中國金融體系瀕臨危機，這也可能是章家敦「中國即將崩潰」的立論基礎，但壞帳最終被中國政府打消。這次放款規模是十年前的數倍，若以同等比例計算，整個金融體系淨值會再度轉為負數，形同破產。近年來，「中國的每一省都是一個希臘」甚囂塵上，由城投債的危機觀之，並非危言聳聽。

中國金融三大未爆彈威脅加劇

　　此外，二○一二年十二月二十三日《自由時報》A8版報導，「中國金融三大未爆彈威脅加劇」，這是香港《中國宏觀經

濟觀察》季刊的研究論文所表示的，「從地方債務、民間借貸到影子銀行的三大金融未爆彈，恐威脅金融秩序的穩定。」研究論文引述中國審計署數據，截至二〇一〇年年底，中國的省、市、縣三級地方政府債務餘額高達10.7兆人民幣，且這兩年還持續增加當中。地方政府違約擔保、融資平台出資造假、違規投入資本市場與房地產等問題重重，涉及資金高達5000多億人民幣。

二〇一二、二〇一三年是中國地方債務償還高峰期，但隨著經濟成長下滑、房地產價格大幅向下修正，許多地方政府無法持續負擔債務，直接把風險轉嫁銀行。

其次，中國民間借貸規模高達4兆人民幣，這些私人放貸資金大部分來自銀行貸款，一旦企業倒閉、老闆落跑，銀行貸款就變成壞帳。

第三大金融風險為「影子銀行」。中國「影子銀行」指銀行以外，民間從事金融相關業務的機構，包括投資銀行、對沖基金、債券保險公司、小額貸款公司等。中國影子銀行二〇一二年前三季提供的資金規模達3.87兆人民幣，占總體社會融資近三成，由於槓桿率高、未受到嚴格監督，易引發金融風險。

到底中國金融的真實情況是如何？這本《中國金融大揭密：異常崛起的大銀行真相》提供豐富資訊，引領讀者探索中國神秘的金融體制，對三十年來中國在改革開放後的金融狀況和體制變化作清楚認識。作者們認為，共產黨對於金融體系的管理方式，會讓中國、中國人民和全球經濟付出代價，因為三十年來中國經濟發展得太快、太不穩定，也不太公平了。

作者們指出一個事實：中國目前的經濟架構在本質上並不如已開發經濟體的市場導向模式，當前的中國體制不允許資本價格

回歸市場決定，而且還需要不停歇地挹注資本給它的銀行。儘管經過三十年的改革努力，它卻還是創造了一個寡占且依舊缺乏競爭力的國營企業部門。雖然這個國家的確有許多成功之處，但它的金融體系還是無力承受資本帳開放的衝擊，迄今仍依賴行政命令來制訂資本的價格，而它的國內市場也因此無可避免地必須繼續對外國金融企業封閉。而政府無力針對人民幣匯率及其未來交易方式推動果決的改革，已造成通貨膨脹的上升和資本流入／流出的高度失衡。

　　金融之於一國猶如血液之於人體，當血液凝固或崩壞，人體就死亡，同樣的，金融系統崩壞，國家的經濟也將崩盤。中國經濟一旦硬著陸或崩盤，其不只影響中國，甚至遍及全球，台灣尤其嚴重，所以，了解中國金融是非常重要的。究竟中國的金融基礎是何等的脆弱？真相如何？這本書給了我們一些答案。

譯者序

　　打開電視，新聞專題節目裡的主播以開朗輕快的語調，報導著上海、北京及成都等中國大城市富豪出手闊綽，高檔名車、精品店林立及經濟活動熱絡的景象。相較於近來眾多探討國內景氣燈號「連？藍」、台灣上半年經濟成長數據在亞洲地區墊底、年輕人薪資22K等讓人喪氣又感覺前景黯淡的新聞話題，報導裡的中國簡直像個遍地黃金的機會之土，令人十分神往。

　　回顧二〇〇八年全球金融危機爆發後，世人因信心危機而陷入極度恐慌，沒有人知道下一刻會發生什麼事，資本主義即將崩潰之說更是甚囂塵上，全球經濟體系似乎危在旦夕。然而就在這個當口，共產主義大國中國「大器地」宣布將推動4兆人民幣之基礎建設，以因應經濟急速陷入困頓的變局。在政府強力支持下，中國分別在二〇〇八及二〇〇九年創下8.5%以上的GDP成長率，證明即使歐美經濟停滯，中國一樣能締造經濟成長神話。

　　這一切的一切都讓人很難不對中國懷抱高度憧憬。除了直接投資以外，舉凡中國股票、人民幣、甚至近幾年的債券型產品，無不成為一般投資人千方百計追求的投資標的。這是當然的了，中國經濟那麼快速成長，企業能不賺大錢嗎？進一步來說，股票當然就值錢了。而中國對外貿易順差持續擴大，加上它儼然已取

得經濟強國的地位，人民幣哪有不升值的道理？再來，現在連一般市井小民都知道歐美國家陷入財政危機、國家也有可能會賴帳不還（如希臘），原本長期大量投資歐美國家公債或類公債的政府、壽險公司、大企業甚至有錢人，會不想辦法分散風險嗎？尤其目前主要國家為解決金融危機的遺毒，紛紛推出前所未見的量化寬鬆政策，全世界充斥著四處尋求出路的過剩資金。但錢要擺到什麼國家的債券？當然要選擇政府不會破產、貨幣又強勢的國家——看來看去，中國似乎又成為符合這個條件的國家之一。

但「錢」進中國真的萬無一失嗎？金融風暴後，中國為了充場面而大肆推動基礎建設所花費的錢，究竟有沒有創造出合理的經濟效益？這些投資有沒有回收的一天？尤其這些投資有很多是利用舉債的方式來進行，所以回收與否及回收時程當然攸關重大。追溯到更久遠以前，從改革開放迄今，為了創造中國經濟奇蹟的美好面貌而付出的真正代價，究竟又有多高？誠如本書作者在序言中提到的，很多人陸續對他們提出「中國的經濟何時會崩潰？」以及「什麼事物能使它崩潰？」之類的問題。因為在亮麗的表象背後，中國財經環境的確隱含非常多糾纏不清且難以解決的難題，而且許多有識之士早已審慎以待，甚至採取實際行動因應。雖然作者並未對這些問題提出正面答覆，但他們也從金融體系的層面出發，詳細且深刻剖析中國政治、財經乃至社會層面等錯綜複雜甚至可能牽一髮動全身的種種問題，讓讀者得以更加認識中國，以及它未來的可能風險。

透過本書，讀者將看到中國改革開放以來官方主導下的金融體系運作內幕。財政部、人民銀行、各種銀行、國營企業、地方政府甚至有力人士之間令人嘆為觀止的複雜金錢網路，以及因這

個網路而衍生的種種弊端和巨額有待處置的隱藏呆帳等，在在令人不得不擔憂這個體系乃至整個中國的健全度。作者以龐氏騙局（Ponzi Scheme）來形容相關運作，雖不見得能獲得所有人的共鳴，但卻也凸顯出潛在問題的嚴重性。這種彼此輸送利益、隱匿呆帳的作法最後將如何收場，實不得而知。但誠如作者以「國王的新衣」寓言為例，即便最後外人看到的是一個實際上沒有穿衣服的裸體國王，他終究還是國王！二〇〇五年以人民銀行為首的勢力遭到壓抑乃至二〇〇八年金融風暴後，改革開始走回頭路。只要中國繼續維持對外界封閉的狀態，它暫時還是能用各種拖延手段來維持國內金融體系的運轉及表面穩定。再者，如今國際情勢詭譎，各國有各國的危機要頭痛，所以，中國也許還能暫時以華麗的假象來麻痺不知情的自家人和外部人，暫時偏安於地球的一隅。但若不能以痛定思痛的態度來中止這個「龐氏」循環，後果恐將愈來愈難以收拾。雖然前幾次銀行體系都順利完成巨額增資，但未來呢？尤其接下來幾年內，驚人的地方政府負債極可能淪為呆帳，社會上還充斥無數打著借錢不還餿主意的有力人士／企業，加上過去的呆帳根本沒有打消，這種種問題被披露後，還有誰願意大手筆「贊助」資金給中國銀行業？而一旦中國主要國有銀行未能順利取得資本挹注，最終受害者將是身為大股東的中央政府及存款人，其衝擊難以想像。

誠如序言中提到的，亞洲人對中國問題的見解似乎不像西方人那麼深刻。或許這一點特別值得我們省思，尤其是在兩岸政策趨向和解、合作，有心人及媒體大肆吹捧之際，身為投資人的我們更不該被這昇平的表象給沖昏頭，必須更謹慎評估箇中的得與失。畢竟天下沒有白吃的午餐，高潛在利潤的背後絕對隱含高風

險。

　　近幾年兩岸金融合作漸漸開展，二〇一二年八月底，台灣及大陸更簽訂了「兩岸貨幣清算合作備忘錄」。未來包括雙邊貿易活動結算、人民幣存放款甚至共同基金及債券等商品都將陸續上路。與此同時，國內金融機構及投資人也都躍躍欲試，企盼能在當前這個異常艱困的投資環境中，透過上述產品來追求安穩甚至亮麗的投資報酬。但人民幣及其相關產品安穩嗎？前景真的亮麗嗎？誠如作者在內文中所言，中國很可能是蓄意在目前借入昂貴的人民幣來建造國家認為必需的專案，然後到未來的某個時點，再以屆時不可避免將轉趨弱勢的人民幣來償還債務。根據本書提出的數據，中國中央及地方官方體系、金融體系乃至一般企業皆潛藏高額的負債，另一方面，人口加速老化，消費型態逐漸改變，代表金融體系主要資金來源的存款可能漸漸萎縮，在這種情況下，人民幣要長期維持強勢，確實有其難度，再加上中國出口因歐美景氣不佳而面臨壓力，因此一旦國內通膨獲得壓抑，中國官方想必也不樂見其貨幣維持強勢。而當人民幣貶值，所有人民幣計價產品都會貶值。而即便人民幣不貶值，「創意」的會計作業乃至投資評價極端不可靠的股票及債券，真的能讓人高枕無憂嗎？

　　當然，眼前至未來幾年間，國際財經情勢的演變仍難以捉摸，為規避風險，分散投資絕對有其必要，因此，多一些選擇，當然是投資人之福。但對單一國家／貨幣抱持不切實際的期待絕非智舉。想想看，如果國內任何一家銀行的利差因政策限制而遭到刻意壓縮、經常被迫大量放款給可能還不了錢的貸款人，並因此隱含難以解決的巨額呆帳，你會買它的股票或投資它的債券

嗎？如果一個國家的經濟實力多半建立在巨額外匯存底之上，但這些外匯存底卻多半存在一個隨時有貶值危機的外幣，而且國家隱含負債金額幾乎逼近這些外匯存底，那這個國家的貨幣真的安穩嗎？諸如此類的問題值得我們深思。無論如何，唯有擺脫一廂情願的看法並客觀評估，才是王道！

陳儀

二〇一二年十月

目␣␣␣␣␣錄

新版序言

　　自從本書出版後，各方反應之好，令人震懾。我們從未料想到會引發如此大的迴響，在此引用一位讀者所言：「中國的金融體系演變史……（可以）這麼吸引人。」我們當然知道它是一個引人入勝的故事，也和世界各地的讀者們交換過意見，並且很高興地發現其他人也是這麼認為。這次的第二版更新了書中某些資料，也添加了一點新的內容，但故事大體上是沒有更動的。事實上，自從二〇一〇年十一月本書首次出版後，從中國傳出來的新聞只是更加印證了我們的整體觀點。另一方面，讀者提出了很多有關中國金融體系與其健全度的好問題：有一些是我們未曾想過的，還有許多是我們沒有好答案可給的，畢竟我們並非無所不知。另外，一般總認為亞洲地區較接近中國，所以對於相關議題的意見交換應該能更深入，但我們發現一個有趣的現象：非亞洲地區人士對中國議題的對話反而比亞洲人更深刻。我們會試著在這一版的內文中回答某些提問，但至於其他問題，我們認為在這段序言中分開解答會更好。

　　我們最常被問及的問題堪稱「中國的經濟何時會崩潰？」以及「什麼事物能使它崩潰」。雖然闡述這些問題的答案可能會很有意思，但這並不是本書所要談的。本書的主題是要解釋中國共

產黨如何管理中國經濟，也要探討為什麼它未來還是會竭盡所能
地維持現狀。沒錯，經歷過去三年的放款狂潮後，我們相信從結
構上的觀點看來，即便只是與短短五年前相比，現在的共產黨已
經少了一些操作空間。中國現行政治經濟制度的幾個根本關鍵辦
法可能包括：1）中國民眾存放在大型國有銀行的儲蓄仍會維持
高檔（但願中國儲戶不會愈來愈傾向於把錢存在匯豐或花旗這類
國際銀行）；2）根據行政命令制訂利率、不可自由兌換的貨
幣，和持續的資本控制；3）維持逐漸崛起的中產階級對黨促進
國家快速發展的信心。二〇一一年，國際金融體系經歷了諸多動
盪，包括標準普爾（Standard & Poor）調降美國信用評等，這使
得中國脆弱的結構蒙受更大的壓力。即便如此，我們相信中國政
府還是有能力處理這些問題，但這整個封閉經濟體系所面臨的壓
力卻也持續在擴大。

　　這個問題的子題和中國銀行業——也是整個金融體系的支柱
——的健全度有關。雖然我們分析了中國幾家主要銀行的資產負
債表品質，但那只是粗略的分析，千萬不要把這些分析當成一份
完整的銀行分析研究報告。我們的目標只是要呈現中國各家銀行
——多數股權全都為共產黨所有和控制——如何在一個更大的體
系中扮演好它們的角色。從這個角度看來，分析銀行表現只是了
解中國整體政治經濟樣貌的第一步。然而，如果問題只關乎於銀
行風險，就算國際間和國內的民間投資者並不熱切支持，我們仍
確信中國政府有辦法處理問題貸款，也能持續增提銀行資本。

　　然而，我們必須了解到，即使到今天，若要結算和修正銀行
的資產負債表的缺陷，必定會導致系統槓桿隨之上升。過去十年
間有超過5,000億美元的問題貸款，大多還沒被沖銷。所以，在

考量中國銀行的同時，最好退一步，思考一下這整個體系的風險
負荷。有些觀察家認為，由於政府掌控了這整個體系的許多面
向，所以，他們暗示目前的金融布局是堅實而非脆弱的，並偏安
於這種一廂情願的推測。但我們卻認為，這個觀點似乎忽略了一
個問題：不當投資和通貨膨脹所衍生的實質經濟成本已導致系統
風險上升。如果社會上產生一股反腐敗投資決策或通貨膨脹的廣
大抗衡力量，並促使人民走上北京或上海街頭示威抗議，那麼這
種種金融辦法的健全性當然就會受到考驗！在中國，天命不只是
一個古怪的歷史概念。

　　在我們眼中，更重要的疑問似乎不是什麼因素將導致整個體
系崩潰，而是：共產黨對於金融體系的管理方式，將會讓中國、
中國人民和全球經濟付出什麼代價。但這個問題太過複雜，已超
過本書的範疇；此外，強為某些可能沒有價格的事物指定一個成
本，豈不是笨蛋的行徑。話雖這麼說，它其實有代價的，而且非
常巨大，只不過現在就要評估它有多高，可能稍嫌早了一些。然
而，最近我們已開始看到那代價的存在，就像許多中國人也開始
覺得：發展太快了、太不穩定了，也太不公平了。就目前來說，
也許更大的重點是，在歷經了一百多年的停滯、戰爭和政治紛亂
後，過去三十年的中國已經大幅前進，上億人的生活也都明顯改
善。從這個觀點看來，有些人會說，現在的政治經濟辦法的確是
符合國家的需要。但我們並不認為今後這些辦法還能符合國家的
需要。然而，基於本書提出的幾個結構性理由，短期內他們卻也
極端難以針對這些辦法做出重大變革。

　　在當前的環境下，歐洲各國和美國嚴重的金融問題已對它們
的政治人物與銀行家造成了無法承受之重，因此我們大可以說中

國的各種經濟辦法不會比西方各經濟體來得糟。沒錯，美國聯準會或歐洲央行不願讓企業或政府違約的作法，確實已嚴重弱化了市場的風險定價功能。即便如此，我們還是相信這種相對觀點（指中國的辦法不會比較糟）是出自不充分的資訊，而且更糟的是，它讓人看不見一個事實：中國目前的經濟架構在本質上並不如已開發經濟體的市場導向模式。

　　十年前，如果你無視於中國國內的種種金融辦法，那是可以理解的。然而，如今中國已成為世界經濟的要角，它的一舉一動都會大幅地影響到我們。正如本書試圖揭露的，當前的中國體制不允許資本價格回歸市場決定，而且還需要不停歇地挹注資本給它的銀行，另外，儘管經過三十年的改革努力，它卻還是創造了一個寡占且依舊缺乏競爭力的國營企業部門。雖然這個國家的確有許多成功之處，但它的金融體系還是無力承受資本帳開放的衝擊，迄今仍依賴行政命令來制訂資本的價格，而它的國內市場也因此無可避免地必須繼續對外國金融企業封閉。政府無力針對人民幣匯率及其未來交易方式推動果決的改革，已造成通貨膨脹的上升和資本流入／流出的高度失衡。上述的一切，全都發生在一個過去十年始終維持9~14%成長率的國家。

　　在中國的環境下，這個情況意謂著什麼呢？至少自一九九○年代中期以降，共產黨就將國家的名目GDP成長視為衡量經濟成就的唯一依據。事實上，如果說這是經濟發展的唯一準則，那麼中國就是那個深信不疑的經濟體，而共產黨更將之視為其職責。然而，把趕上美國的GDP規模當作一個衡量標準，實在是非常狹隘。為何這麼說呢？在一九一二年，也就是清朝崩潰的那年，中國的GDP是2410億美元，比當時的德國、英國都要來得

大，是僅次於美國的國家；另一個例子是：二十年後的一九三二年，日本的關東軍入侵滿州，當時的中國GDP可是日本的兩倍以上。簡言之，一國的GDP大小幾乎無法代表一個國家的經濟競爭力、整體實力或是人民的幸福度。

　　沒錯，今日中國因坐擁驚人的外匯準備而顯得富有，但它也彰顯了一個問題。中國的外匯準備來自於一直以來管理不當的貨幣。這些外匯準備隱含很多問題，包括它的價值太不實際、金額太高以致不知道該怎麼花、無法分散投資，而且它的實質價值也在滑落。事實上，中國可以將它的外匯準備做最好的利用，那就是用來清償所有的美國信用卡債、房利美（Fannie Mae）和房地美（Freddie Mac）持有的抵押貸款，還有莎利美（Sallie Mae）發出去的學生貸款！這些都是以美元計價；一旦美國的這些債務壓力減輕，它的經濟就能再次繁榮，而中國也能在下一個市場循環中繼續使用現行的發展模式。當然啦，這是完全不切實際的行動方針，但它卻闡明了中國金融層面確實遭到嚴重扭曲。的確，已開發市場在過去犯下了許多錯誤，而且在未來還會不斷重蹈覆轍，但中國使用過的資產管理公司和中央政府應收帳款等辦法，也絕對不會是用來解決當前債務危機的好選項。

　　最後，我們必須謹記在心，中國政府目前的政策絕對不是唯一可行的途徑。就如本書的描述，中國之所以能在二〇〇一年打開WTO的大門，有一部分是源於該國大力地重組金融和產業基礎結構。如果中國政府隨後就大刀闊斧地讓人民幣升值到位，並且在一定的資本控制下，允許人民幣更自由交易，那麼中國今日的GDP有可能小一點。然而，重點在於這麼做的話，中國的經濟幾乎肯定會更平衡，也不會那麼依賴政府投資和低技術水平產

品的出口。中國的根本問題就在於它進入WTO後，欠缺這些跟進動作。若他們還繼續以現有的方式來維繫國有部門的獨占勢力和沿革已久政治布局，中國的各種市場（包括資本市場）怎麼可能真的開放呢？從這個觀點看來，聲稱「中國經濟體制絕不比西方差，沒什麼好擔心」的意見其實很虛偽。或者，從另一個角度來說，如果中國體制跟西方體制差不多差勁，那麼我們究竟如何期待中國能展現出它的全球領導性或偉大之處呢？

　　一如第一版，我們要在本書的第二版感謝出版社John Wiley & Sons的所有朋友們，感謝他們持續不斷的支持。我們也要感謝所有曾經提出那麼多建設性問題的讀者們。我們對於這些問題的解讀，以及我們在此的所有寫作內容，都僅屬個人意見。若有錯誤，也都是我們的責任。至於我們的家庭，就像過去幾年許多國家發生的情況一樣，我們對家人們的虧欠只有更加深重；這次我們不再亂開支票了！

紐約和新加坡
二〇一一年九月

第一版序言

我們上一本著作《私有化中國》（*Privatizing China*）談論的是中國股市，經過三次改版之後，我們想要轉移眼光，談點新的題目。自從一九九九年開始研究股市之後，我們發現有關中國奇蹟的探究，除了從總體經濟的範疇出發之外，幾乎沒有人提出金融面向的研究。我們是第一個承認，即便在這個國家生活與工作了二十五年，可能還不足以讓我們成為中國經濟的專家。在銀行界工作了多到數不清的年頭之後，我們想要嘗試去了解中國和它的政權是如何為自己融資的。而且，我們知道這件事必須從銀行著手；因為事實上，它們就是中國的金融體系。話先說在前頭，這本書會讓那些期待看到腐敗內幕和貪汙情事的人很失望。我們認為，在這場改變了十億人生活的三十年經濟繁榮背後，其金融面向的故事才是更有趣的；所以，這就是我們在本書致力的目標：勾勒出當代中國「體制內」的政治經濟。

我們不相信中國是特例。儘管中國具有一些無可避免的特色，其經濟和他國並無二致。如果真有所謂的經濟法則，那麼它們在中國的運作，以及它們對中國企業的影響與其他市場也沒什麼不同。此外，我們也不相信中國銀行家和許多商界領袖近來表現出的優越感，那不過是一種外交伎倆。正如一位資深銀行家的

公開發言，中國的銀行之所以能度過全球金融危機，不過是因為其金融體系是封閉的。在仔細研究過一九九四年的墨西哥披索崩潰事件、一九九七年的亞洲金融風暴和接續發生的主權債務危機之後，中國高層就毫無意願將自身暴露在國際資本市場中。國內經濟和各個市場也刻意地被封鎖，而且未來將不太可能改變。中國的貨幣不可自由匯兌，除了永遠無須採市價計值（marked-to-market）且永不會出售的美國國債及商品投資之外，其他海外資產寥寥無幾；在種種條件下，一旦重大的國際危機爆發，這個體系怎麼可能比開放型經濟體蒙受更大的損失呢？中國的金融制度就是刻意設計地讓他人沒有機會利用它來對抗政府。

　　當然，在二〇〇八年和二〇〇九年，出口導向的私部門出現大量的失業問題和利潤減損，許多小公司更是關門大吉；但是，中國的銀行並沒有實質地涉足這個部門。很簡單的事實是，中國的金融體系和它的股市、債市與借貸市場都只為公部門服務，其中的成員就是赤誠的「國家冠軍」（National Champions）們。這些企業是中國國營經濟體的核心，也是處在所謂的「體制內」。民營經濟體無論再怎麼活躍，依舊是屬於「體制外」；而且事實上，它們任憑體制宰割。二〇〇八年秋的一連串事件讓中國共產黨更加決意要維持一個高度控制的封閉經濟體。「我不要看到任何失敗的模式，」是這些年來對中國官方的抑制。然而，中國的金融體制是否是個值得世人探究的模式呢？不論是現在或未來，中國能否以這樣的體系成為經濟上的超級強權呢？

　　心存著這些疑問，我們開始回頭檢視中華人民共和國的金融歷史。幸運的是，二〇〇八年是中國改革開放三十週年；為了慶祝這個高度成功的政策，官方準備了很多精采的歷史回顧。尤其

是中國人民銀行（The People's Bank of China），它保有許多非常有用的材料，有一些還讓我們之中一位回想起三十年前在北京大學開始研讀中國銀行的經驗。在此要特別強調，本書寫作時所採用的資訊完全來自於公共資源。在中國，所有重要的政府部會、企業和銀行都建置了很完善的網站，所以數據都在那兒等著大家去下載。特別是中國債券信息網（China Bond）和中國銀行間市場交易商協會（National Association of Financial Market Institutional Investors, NAFMII），後者是人民銀行的子部門；這兩個單位都有延伸網站，提供中國的固定收益市場的相關資訊。有關股市的數據一向很充裕，我們也相信其正確度很高，而等同於中國彭博社（Bloomberg）的上海萬得信息技術公司（簡稱「萬得資訊」）更是我們的一大資訊來源。此外，自從每一家銀行各自掛牌交易以來，中國各銀行經查核的財務報表也都可以從網路上取得。這些報表非常具有參考價值，我們十分建議其他單位也如法炮製，包括中共當局。

由上可見，當代科技將所有的點連結成線，勾勒出金融部門的樣貌。在本書中，如何以所有資訊拼湊出這個輪廓，完全是兩位作者的責任：我們相信，這是依憑著個人專業和經驗所能描繪出最棒的一幅圖象了。我們希望本書能夠像《私有化中國》一樣，提供讀者一個來自外人的建設性觀點，看看這些年來的中國政權是如何將我們認為非常脆弱的金融體系支撐起來。

無論如何，談到現行體制的脆弱，我們之一總是會想起一九七九年始於北京的中國之旅，當時的北京城可像極了平壤。如今，北韓再度因為各種不公不義的理由占據報紙頭條，我們應該記住並且承認，過去三十年的變化的確是給中國大多數人帶來極

大的利益。這一點永遠不能忘記，但也不應該以之為藉口，就對中國金融體制核心中的關鍵弱點視而不見。

　　我們想要感謝那些協助我們思索這個大議題的朋友（未依特殊排序方法）：Kjeld Erik Brosdgaard、Peter Nolan、Alan Ho、Andy Walder、Sarah Eaton、Elaine La Roche和Victor Shih。這些年來，我們也十分感謝在出版社John Wiley的朋友，有：Nick Wallwork，以及在二〇〇三年開啟我們的寫作生涯的出版人Fiona Wong、Jules Yap、Cynthia Mak和Camy Boey。以及所有的專家學者，他們讓寫作本書的工作變得簡單又有趣。John Owen編輯的速度快到令人難以置信，而我們的校稿者Celine Tng更是細心至極！我們謝謝以上諸位的有力支持。不論如何，我們永遠對書中的所有言論負責，它不代表我們的友人同事的立場，當然也不代表我們的工作單位的立場。

　　謹將本書獻給史丹佛大學（Stanford University）政治系榮譽教授約翰‧路易斯（John Wilson Lewis）。卡爾在中國的日子裡，約翰對他激勵頗多，也間接影響到了法瑟。持平地說，若沒有約翰的支持和鼓勵，這本書和這些年來我們在中國達成的一切也許都不會成真。我們兩位也仍舊對妻子和家庭感到虧欠，他們一直包容著我們對於中國金融事務的好奇心。如今，即便我們很清楚，在金融世界裡還有很多需要被探究的事物，包括信託公司和資產移轉交換等，但我們已承諾要暫時擱下這個主題。也許下一次吧。

北京和新加坡

二〇一〇年十月

第一章

回溯改革開放政策

「一覺睡到解放前。」

——不知名幹部，中國共產黨

二○○八夏

　　二○○八年夏天，中國東部的幾個大城在陽光下閃爍耀眼。對於西方的拜訪者來說，眼前的一切在過去只能從科幻電影裡看到。在北京，奧運的籌備工作在一番瘋狂趕工之下，即將接近完備——四千萬株盆栽只花了一夜工夫就排滿了道路兩旁。這座城市到處都是新建的地下鐵和輕軌電車線，還有一座無可比擬的全新機場航廈、令人嘆為觀止的鳥巢體育場、光采奪目的辦公大樓，以及最驚人的中央電視塔！數條超級高速公路向四面八方延展出去，而交通還頗有秩序的。在北京的陰影下，上海猶如浴火鳳凰般地重新挺立起來，似乎恢復到一九三○年代的繁榮高峰；街頭巷尾咖啡廳、小酒館林立，其蓬勃之況更是全亞洲無處可比擬。再往南走一點，就是廣州了。這座新興城市追隨著上海浦東的發展腳步，座落著兩棟高達百層的摩天樓和電視塔；另外還有一個嶄新的圖書館、一座歌劇院，以及隨處可見的玻璃帷幕大樓。看起來，每個人似乎都擁有一輛賓士（Mercedes

Benz）或BMW；這是個金錢淹腳目的國家。

就在那年夏天，中國站上這波成長趨勢的最高峰，達到此前未曾有過的繁榮程度。一股愛國的氣氛瀰漫各處，因為在所有人眼中，二十一世紀似乎毫無疑問地是中國人的時代：只要看看國際間的金融混亂吧！誰還會記得文化大革命、天安門事件或是大躍進？在短短三十年裡，中國似乎否決了共產主義，建立起自己的資本主義模式；而且，大概所有人都同意，他們已經準備好超越美利堅合眾國那個偉大又美麗的模範國度。看看中國的沿海城市，浸淫在跨國品牌的廣告霓紅燈中，街上滿是別克（Buicks）和賓士車，如此景象看在黨的幹部眼裡，也難怪他會作出這種評論：「一覺睡到解放前。」從很多面向上看來，過去三十年的中國的確見證了歷史性的倒帶，重返二十世紀早期的繁榮。

西方的評論家和投資銀行分析師從未預料到這等發展，所以他們都視之為奇蹟。畢竟，三十年前的中國在經歷文化大革命的摧殘之後，幾乎是倒地不起、無力振作。過去的北京環繞著雄偉的城牆，後來全都被拉倒，石磚被拿去建造工寮和空襲避難所；直到一九七八年，城牆幾近消失，那時的北京也大大不如一九四九年的北京了。一九七九年，有關《毛語錄》的宣傳畫都被塗掉，一幅新的畫作描繪了車水馬龍的長安街：路人騎著腳踏車川流往來，或是踱著緩慢的步伐經過。至於上海，過去人稱的東方明珠，已經在時光中停滯許久，甚至完全地荒廢；到處都沒有空調，遊民頂著灼灼烈日當街睡覺。當時的深圳不過是個產米的鄉村，廣州則是一片廢墟樣貌。哪兒都找不到啤酒，更不用說冰鎮的啤酒了；唯一喝得到的，只有室溫下的玻璃瓶裝橘子汽水，整齊畫一地堆放在木箱子裡。

三十年開放：一九七八年至二〇〇八年

　　相較於二〇〇八年的中國和同年的奧運盛況，一九七四年時值鄧小平第一次短暫的重掌政權，他帶領著大批中國代表團成員出席聯合國特別會議；對中國來說，這是自文革期間的自我隔離之後，在國際間邁出的一大步進展。在出發前往紐約之前，中央政府上下全體瘋狂地向北京的所有銀行籌措旅費。金額不多：他們總共只募到38,000美元[1]。這是自末代帝王溥儀之後，中國領導人第一次拜訪美國；如果連他都無法負擔最頂級的國際行程，那麼中國發展經濟所需的資金又要從哪兒來呢？

　　這一切究竟是怎麼開始的？因為它的確是發生了。只花了一代人的時間，中國付出了什麼代價才達到如此耀眼的成就？再往下推論：這個代價有多大？欲了解未來幾年間，中國將在全球經濟中扮演什麼角色，就必須先了解中國和中國共產黨是如何打造出它們自家版本的資本主義。各國經濟學家已經十分了解中國目前大體的經濟困境，但是其政經體制的安排和其中隱含的意義，就不那麼為人所知了。本書談的是中國金融業的各個單位──銀行、地方政府的融資平台、證券公司和企業──如何影響國家的經濟選擇和發展途徑。當然，這些金融實體的背後還有一個中國共產黨，而本書必然會談論到它的角色。

　　在二〇〇八年九月的雷曼危機之前，中國的金融發展大致上是遵循著其他先進國家已開好的道路而前進。對於任何一位曾經被當權者摧殘將近二十年，又在一九八九年承受更大衝擊的政治菁英來說，這種作法是不容易被採納的。然而，故事最後演變成了偉大中國的發展神話。一切始於一九七六年毛主席的逝世，以

及兩年後鄧小平的第二度復位。這兩件事解放了中國，讓它得以
搭上二十世紀最後二十五年間橫掃全球的金融自由化潮流（見圖
1.1）。回溯過往，美國所建立的金融模式，即取得資本的超級高
速公路，對於一九八〇年代末的中國來說，毫無疑問地是通往財
富的途徑。這個模式看起來在亞洲四小龍運作得非常成功，在中
國怎麼可能行不通？所以，中國如今也證明其成效了。

　　一九九〇年代，中國仿效美國盛行的去管制化作為，在國內
進行改革。一九九二年，鄧小平在深圳堅決表達了「資本主義不
專屬於資本主義份子」的觀點。他的決心讓改革的步伐即刻加
快。隨後，江澤民與朱鎔基史無前例地合治了十三年，而中國在
二〇〇一年打開WTO的大門，大概就象徵了這兩人多年努力的

圖1.1　三十年改革——管制的趨勢

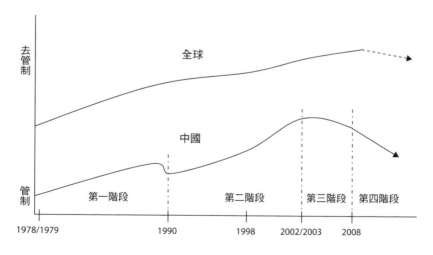

資料來源：參考自彼得‧諾蘭（Peter Nolan）於哥本哈根商學院（Copenhagen Business
School）發表的作品，December 4, 2008.

最高成就。中國的經濟何時曾讓來自上海這座大城市的國際化菁英們接手掌控？但到二〇〇三年，全新的第四代領導團隊上台，事情也開始發生變化。大家開始感覺到，社會上極少數的一群人以太快的速度取得太多的財富了。這個現象不僅危害到先前努力的成果，也對政府本身造成了極大的影響。新政權的政治傾向，加上在金融和經濟事務上虛弱的支配力，導致政治妥協的情況愈來愈多，經濟改革也因此愈來愈偏離原本的軌道。由於經濟的爆炸性成長，以及接二連三主辦可帶來財源的熱鬧活動——奧運、嘉年華（Big Parade）、上海世博（Shanghai World Expo）和廣州亞運（Guangzhou's Asian Games）——使得政策漂移的現象被忽略了。

　　中國現行金融體系的架構是江朱二人在一九九〇年代早期確立的。最具指標性的象徵就是成立於一九九〇年年底的上海股市和深圳股市。在一九八九年那樣黑暗的日子裡，誰能想到中國會在接下來的十年內，卸下對資本主義的全副武裝呢？一九九四年，好幾條通過的法案為獨立的中央銀行打下根基，並且確定讓幾家最大的國營銀行——中國銀行（Bank of China, BOC，簡稱「中銀」）、中國建設銀行（China Construction Bank, CCB，簡稱「建行」）、中國工商銀行（Industrial and Commercial Bank of China, ICBC，簡稱「工銀」），以及中國農業銀行（Agricultural Bank of China, ABC，簡稱「農行」）——走向徹底商業化，或至少是擁有更大的風險管理自主權，並強化它們的資產負債表結構，以確保經濟和政治體系不會暴露在相關的風險下。

　　一九九七年年底的亞洲金融風暴（Asian Financial Crisis, AFC）給中國上了一課，改革也因此隨之鞏固。當時擔任總理的

朱鎔基把握住這次良機，針對以世界標準而言已比實質破產更慘
的銀行業，推動一次徹底的資本結構調整，並為它們重新定位。
時任中國建設銀行董事長的周小川帶領了一支團隊與朱鎔基合
作，以一項國際間常見的技術來徹底重組銀行業的資產負債表。
周小川提議四大國營銀行各成立一家與美國的資產再生信託公司
（Resolution Trust Corporation, RTC）雷同的呆帳銀行。在二
○○○年和二○○三年，政府打掉了四大銀行資產負債表中總額
超過4,000億美元的呆帳，並將之分別轉移給四家呆帳銀行。接
著，當局為每一家銀行進行了資本重組，並吸引全球頂尖的金融
機構成為它們的策略夥伴。在打好如此堅實的根基之後，這些銀
行在二○○五年與二○○六年間陸續於香港和上海掛牌上市。經
過這麼多年堅決的努力，終於完成這項浩大的工程。不出所料，
中銀、建行和工銀的上市大獲成功，標誌了金融改革的高峰；有
那麼一小段時間，中國的各家銀行似乎就要成為真正實力堅強的
銀行，將會迎頭趕上全球性的匯豐銀行（HSBC）和花旗銀行
（CITIBANK）。

　　另外，歷經了十五年的艱辛協商之後，中國總算加入了
WTO。由於中國過去太常妥協於孤立主義，所以朱鎔基將WTO
會員國資格視為走向國際的堅定保證。他相信加入WTO會為中
國提供經濟轉型的動能，而且也會帶來一定程度的政治現代化，
不論未來的政權如何更迭。的確，他力促中國參與這個世界的熱
情獲得可觀的回報，因為接下來幾年，與中國貿易成了全球最熱
門的焦點。（圖1.2）

　　有進展的不只是貿易領域；外國直接投資也陸續挹注進來，
規模一下子就躍升至前所未聞的一年600億美元，並且在二○一

〇年增加至1,000億美元以上，因為許多世界級企業將製造部門移至中國市場（見圖1.3）。這些公司的董事會成員都相信，在朱鎔基的帶領下，中國正走上一條經濟自由化的不歸路。

　　這些外國商人並非基於單純的一股信念就投入那麼龐大的投資——在二十一世紀的頭幾年，中國市場的開放確實達到前所未見的程度。在一九八〇年代開始推動經濟自由化的早期，外國投資者因著名的「鳥籠」理論[2]的實際運作限制而頭痛不已。正如一百年前清朝時期，外國人僅能在通商口岸行動，此一階段的海外企業也受困於東部沿海地區畫限的經濟特區，並且被迫與本來

圖1.2　進口、出口和貿易總值的趨勢，一九九九年至二〇一〇年

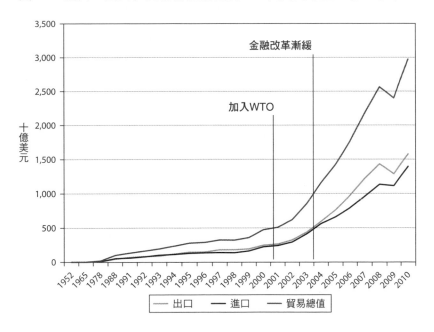

資料來源：《中國統計年鑑》與商務部

圖1.3　協議的外國直接投資，一九七九至二〇一〇年

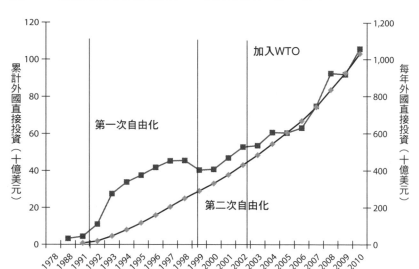

資料來源：《中國統計年鑑》與商務部

非必要的中國公司一起成立毫無效率的合資企業。後來，每個地方政府都想要畫出自己的特區、擁有自己的外國鳥兒，於是在一九九〇年代，經濟特區在中國各地迅速擴張，最終變得不再特別。儘管如此，即使到二〇〇〇年，在所有外國投資的公司結構中，合資企業仍占了其中五成。但中國加入WTO之後，這個情勢很快就改變。中國對於商業的態度似乎愈來愈開放，至少到二〇〇九年時，已有將近75%的外國投資都是採獨資企業結構（見表1.1）。最後，國外公司終於得以自由選擇投資的地點和形式，於是，通商口岸的制度似乎成了過去式。

表1.1　不同形式之外國直接投資，二〇〇〇年至二〇〇九年

	中外 合資經營	中外 合作經營	外商 獨資企業	單純持股	外國直接投資總值 （十億美元）
2000	36.2	16.1	47.4	0.2	40.3
2001	35.1	13.1	50.9	0.9	46.4
2002	28.4	9.7	60.5	1.3	52.4
2003	29.1	7.2	63.1	0.6	52.9
2004	27.1	5.1	66.4	1.3	60.5
2005	24.2	3.0	71.4	1.4	60.3
2006	22.5	4.0	73.4	0.01	65.8
2007	20.9	1.5	76.6	0.01	74.8
2008	18.0	2.0	78.2	0.01	95.3
2009	18.8	2.1	74.8	0.0	91.8

資料來源：美中貿易全國委員會（U.S.-China Business Council）；單位：占外國直接投資總值的百分比

　　在過去幾年間，這些海外公司毫無疑問地貢獻了他們的科技能力和管理技巧，並且學習如何與中國人才合作，打造出這台世界頂尖的出口機器，更製造了無數就業機會。但是這項工程的成果主要還是落實在中國的兩大區域：廣東與長江三角洲——包括上海和江蘇省南部（見圖1.4）。外資企業和民營公司在這兩個地區占有支配地位：實質上，這裡已經幾無國營單位存在。這些區域持續吸引超過六成以上的外國直接投資，並且為中國貢獻了七成的出口額。它們為北京當局創造了巨額的外匯準備，也使得這兩個地區的面貌起了變化。十分諷刺的是，過去的通商口岸在歷史上象徵了中國之於外國殖民者的軟弱與屈從，如今卻是中國躍為全球製造業和貿易強權的根源，在這個過程中，它們成為這個國家甚至全亞洲最生氣蓬勃的一環。

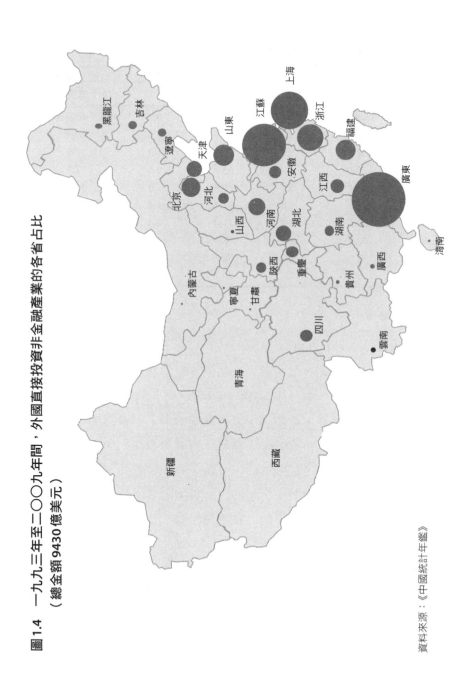

圖1.4　一九九三年至二〇〇九年間，外國直接投資非金融產業的各省占比（總金額9430億美元）

資料來源：《中國統計年鑑》

中國的經濟不只立基於地理，而是一個在地理和政治謀略上雙軌並行的經濟。這就是一般所謂的「體制內」經濟，而從中國共產黨的觀點看來，它才是真正的政治經濟。這個國家的所有金融、原料和人力資源，包括開放外國投資的政策，歷來都是受這個體制指導，未來也將是如此。自從一九七八年以來，黨各項改革努力的目標皆是為了改善與強化這個體制內經濟。朱鎔基或許稱得上是中國最偉大的改革者，但我們不能忽略的是，他的一切努力都是為了強化經濟在體制內的運作，而非試圖改變體制。在這個前提下，朱鎔基就是中國的戈巴契夫；他深信體制有改變的能力，更認為體制迫切需要改革。朱鎔基的所作所為從來不是為了削弱黨或國家的力量。

了解這個背景後，就會知道，唯有能夠創造就業機會（見圖1.5）乃至最重要的家戶儲蓄、科技與外匯的外國企業和民營部門才會得到支持。今日中國商業部門（不論是海外或在地的）與傳統商人（帶有明顯的儒家色彩）的相似之處非常顯而易見：它們全被用來作為黨的策略性工具，不准扮演主導和支配的角色。

十三年的改革：一九九二年至二〇〇五年

外國投資促進了中國某些地方的繁榮發展，居民也逐漸富足，當地面貌也因此全然改變。不過，相較於共產黨和它的體制，來自外國金融服務業的貢獻更是影響深遠。要說高盛（Goldman Sachs）和摩根士丹利（Morgan Stanley）造就了今日的中國國營企業，可一點也不誇張。若沒有他們的財務技術，國營企業可能會陷入一團混亂，被中國的民間企業家們打敗，就像

圖1.5　國家VS.外商和民營企業的雇員數，一九九〇年至二〇〇八年

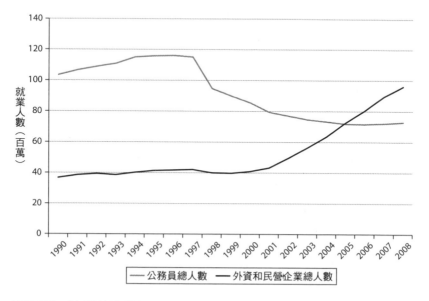

資料來源：《中國統計年鑑》

一九八〇年代的情況。當年除了北京吉普（Beijing Jeep，一間合資企業）或殖民歷史遺留下來的品牌——青島啤酒，有誰還說得出另一家中國企業的名號？鄧小平曾經在一九九二年一月一次歷史性的南巡來到深圳，在當地發表著名的談話，而後人們在原地架了一個大看板和一幅鄧小平的肖像。如果鄧小平當時沒說出資本主義工具也可以在社會主義下運作，誰知道中國現在會是什麼樣貌？他的這席話等於是為其他所有想要讓中國體制朝世界邁進的人（如朱鎔基）提供政治屏障。

　　一九九三年初，朱鎔基接受了香港恆生交易所主席的建議，選擇了幾家國營銀行，為它們打開在海外股市上市的大門，這可

說是中國改革的第一大步。但他也深知接受這個點子的話，中國的國營企業必須推動符合國際法規、會計和財務準則的結構重整，才能獲准上市。他希望外國的監管方式能夠給這些企業的管理表現帶來正向影響，而他的期待在許多面向上也實現了。經過多年的試驗，這些公司開始展現出真正的規模經濟，這是中國五千年歷史上首見。

這些躋身《財富》（*Fortune*）雜誌全球五百大的企業，諸如中國石化（Sinopec）、中國石油（PetroChina）、中國移動（China Mobile）和中國工商銀行等是從何而來的呢？答案很簡單：美國的投資銀行家將一堆管理不善的省級郵政電信公司，打造為中國移動，並且以國家級的電信通訊巨頭的名號，將這個新包裝賣給國際基金管理人。一九九七年十月，當亞洲金融風暴正在勢頭上，中國移動卻成功同步在紐約和香港證券交易所上市，募集到45億美元。隨著中國的石油公司、銀行和保險公司透過首次公開募股（Initial Public Offerings，簡稱IPO，本書隨後皆以IPO稱之）[3] 售出數十億美元的股份，它們就已沒有回頭路可走了，後續效應像是一連串鞭炮在全球資本市場嗶剝爆炸。而所有這些公司都是由美國的投資銀行家憑空創造出來並上市的。

政府規畫一個新的目標以象徵這次轉型。在中國移動成功地IPO後，將中國企業推上《財富》全球五百大成了北京當局的政策目標。國際級的投資銀行、律師和會計師事務所都樂見其成，有了他們的協助，中國的成果遠超出預期目標。如今，四十四家企業列名其中，驕傲地代表中國立足於世界（見表1.2）。其中有五家企業是銀行，包括總營收排名八十七的工銀（同期，摩根大通〔JPMorgan Chase〕則是二十五名）；中國石化和規模龐大的

表 1.2　中國在《財富》雜誌上全球 500 大企業榜上的公司

名次	公司名稱	收益（百萬美元）
7	中國石化	187,518
8	國家電網公司	184,496
10	中國石油天然氣集團公司	165,496
77	中國移動	71,749
87	中國工商銀行	69,295
116	中國建設銀行	58,361
118	中國人壽保險	57,019
133	中國鐵建	52,044
137	中國中鐵	50,704
141	中國農業銀行	49,742
143	中國銀行	49,682
156	中國南方電網	45,735
182	東風汽車	39,402
187	中國建築	38,117
203	中國中化集團	35,577
204	中國電信	35,557
223	上海汽車	33,629
224	中國交通建設	33,465
242	來寶集團	31,183
252	中國海洋石油	30,680
254	中國中信集團	30,605
258	中國第一汽車集團	30,237
275	中國南方工業集團	28,757
276	寶鋼集團	28,591
312	中糧集團	26,098
313	中國華能集團	26,019
314	河北鋼鐵集團	25,924
315	中冶集團	25,868
330	中國航空工業	25,189
332	中國五礦	24,956
348	中國兵器工業集團	24,150
352	中國中鋼	24,014
356	神華集團	23,605

368	中國聯通	23,183
371	中保財產保險公司	23,116
383	中國平安保險	22,374
395	華潤集團	21,902
397	華為技術公司	21,821
412	中國大唐集團	21,460
415	江蘇沙鋼集團	21,419
428	武漢鋼鐵	20,543
436	中國旅業公司	19,851
440	交通銀行	19,568
477	國電集團	17,871

資料來源：《財富》，March 26, 2010.

國家電網公司（State Grid Corporation）則分別是第七十名和第八十名。由此，「國家隊」可謂正式誕生。

在一九九〇年代初期，所有的中國公司都是不成熟的國營企業；十年之後，已有上百家公司在香港、紐約、倫敦和上海證券交易所上市。短短幾年間，銀行家、律師和會計師重整這些老舊國營企業的結構，使它們像極了現代企業，然後再將它們的股份出售與上市。說穿了，《財富》全球五百大企業裡的中國公司都可說是華爾街的產物；即使是在中國國內上市的投資銀行，也是仿效美國的投資銀行模式打造出來的，其中以市值達26億美元的中信證券（CITIC Securities）為代表。

如今，世界上最大型的IPO全都在中國的資本市場——包括香港——進行，而這些市場自然也就成為世界各地投資銀行家和股票發行者爭相覬覦競逐之地。在過去十年間，上海和深圳交易所的總市值達24兆5,000億人民幣（約3兆6,000億美元），並擁有超過一千八百家上市公司，兩者總和足以與亞洲所有的交易所

抗衡，包括東京交易所（見圖1.6）。如果把香港交易所也視為中國的——既然中國企業占了該交易所市值的48.1%[4]，這麼歸類也沒錯——那麼中國在過去十五年裡，已經一躍成為世界第二大權益資本市場，規模僅次於紐約。自一九九三年起開始辦理IPO到二〇一〇年年初，中國國營企業已經在國內市場募到3,890億美元，並且在國際市場募到2,620億美元，加起來共是6,510億美元的資本，這還不包括外國直接投資貢獻的9,430億美元。想想看，中國一九八五年的GDP才不過3,060億美元，一九九九年僅微升至9,710億美元，再到二〇〇九年的4兆9,000億美元，對照之下，這的確是很大一筆錢。

　　雖然錢就是錢，但是以上提及的兩種資本來源所造成的影響還是有所差異。外國直接投資為中國打造了一個截然不同的新經

圖1.6　中國、亞洲其他地區和美國的股票市值比較

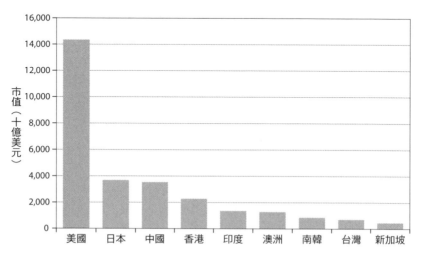

資料來源：《彭博社》，March 26, 2010

濟——非國營部門。多年來，西方的管理、生產技術以及外資企業的科技能力，都已傳授給中國的企業家，因而催生了許多新興國內產業。相反地，在國內外資本市場募集到的6,510億美元裡，有大部分都用來建立和強化體制內的企業。一九九三年一開始，北京當局就以國營企業改革為名，只讓國營企業擁有股票上市的特權。香港、上海和其他市場的市值都屬於受中國共產黨全面掌控的企業；但其中只有極少數股本被售出。

以上所有事件——國營企業和銀行改革、股票市場、國際股票IPO，以及最重要的，進入WTO——可說是江澤民和朱鎔基為了推動中國體制內部分經濟轉型的核心原創計畫。但到了二〇〇三年，由胡錦濤和溫家寶領軍的新一代黨領導團隊上台，這個改革計畫開始偏移，它甚至被攻訐是造成貧富差距的罪魁禍首。二〇〇五年，金融改革的大步躍進大多數都停擺了，直到二〇〇八年九月的雷曼兄弟破產事件爆發，更是讓一切計畫宣告陣亡。[5]

改革的終點：二〇〇五年

欲了解今日中國金融市場，二〇〇五年是個關鍵年——它象徵了江朱時代的最後一次衝刺。這年留下的成果至今還是顯而易見，它讓中國擁有了現代化市場和成功改革的華麗外表。股票、商品和債券市場讓北京當局得以豪氣宣稱它符合WTO定義中的市場經濟；但改革最終未竟全功，也讓中國的金融機構變得脆弱，特別是銀行。第四代領導人在二〇〇三年接手政權後，提出兩項重大的原創計畫。首先是針對一九九八年開始的銀行重組計

畫進行第二輪的問題資產處分；第二項是為一個規模更大的債市
打好根基，同時持續努力讓已經崩潰的股市恢復健康。在二〇〇
二年卸下證監會主席職務的周小川接手中國人民銀行（簡稱「人
民銀行」，即中國的央行）董事長，他可說是朱鎔基的御用建築
師。

　　一九九八年時，中國的銀行體制太過脆弱，這對整體經濟而
言，可說是一大威脅，所以周小川不得不從這一點著手。在中國
的資本市場尚未發展之際，幾乎所有的金融風險都集中在銀行手
裡。為了創造一個能減輕銀行壓力的機制，周小川試圖發展債券

圖1.7　各類債券發行人的發行量，一九九二年至二〇一〇年

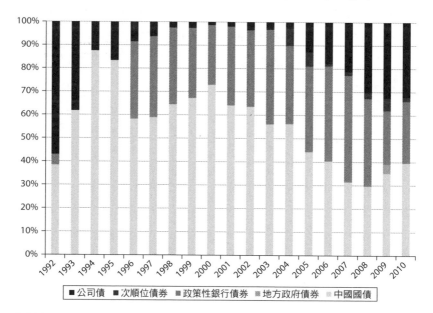

資料來源：中國人民銀行，《金融穩定報告》

市場。這樣的市場讓企業得以與投資者建立直接的財務關係，當然，有了債券市場後，當股市表現低迷或不具吸引力時，企業還能擁有較大的財務彈性。在二○○三年新領導人上台時，公司債只占了中國債券市場總發行量的3.5%不到（見圖1.7），至於從債市募集到的資金則只占了全中國總資本（包括貸款、債券和權益資本）的三成不到（見圖1.8）。

　　在二○○三年和二○○四年，周小川為他未來的政策原創計畫打下根基。首先，他主動量身打造了一份綱領文件，支持中國發展資本市場；這是自鄧小平在一九九二年的講話後，中國政府

圖1.8　募集自中國市場的公司資本，一九九三年至二○一○年

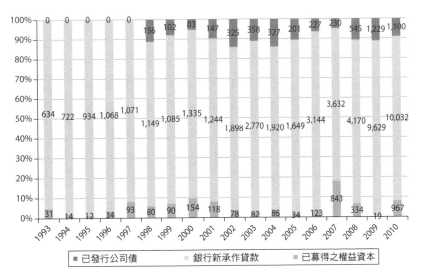

注：公司債包括企業債務和銀行發行的次順位債券。二○一○年的貸款總額包括了2.01兆人民幣的證券化貸款；這筆數額原本是記在信託項目下，而後金融監管單位要求反映在資產負債表中。

資料來源：中國人民銀行，《金融穩定報告》

首次正式就相關議題發表官方聲明。這份綱領後來被稱作《九條信綱》，於二〇〇四年初公布。黨於文中強烈肯定資本市場的關鍵角色，它將資本市場定義為債券市場和股票市場。

有了這樣的政治護航，周小川開始打造金融改革所需的機構基礎。二〇〇三年夏天，人民銀行成立了一個新的金融市場部門，負責領導債券市場的新政策與產品開發。另一項作為更具戰略考量了，二〇〇三年十二月六日，人民銀行成立一個新的獨資企業實體——中央匯金投資有限公司（Central SAFE Investments，一般稱為匯金），以及匯金的全資子公司——中國建銀投資證券有限公司（China Jianyin Investments）。這些機構成了四大銀行結構重組和資本重組的關鍵元素，並在二〇〇四年為建行和中銀引入新的資本。後來它們更成為整個金融體系萬雄競逐的目標。

雖然周小川看起來似乎是從銀行和不成熟的債券市場起步，但他真正的目標是股票市場。他深知債券風險的主要承擔者終究還是銀行，惟有股市可以真正讓企業直接向銀行體系之外的第三方投資人集資。然而股市的復興終究已經超出他的個人職權範圍——他很可能會踩到別人的痛腳。在江澤民於二〇〇四年年底從中央軍事委員會主席一職退下來之前，他都為周小川提供強力的支持，另外，他還有過去曾任上海市長，而後主管金融事務的國務院副總理黃菊的協助，最後，周小川開始惹人眼紅了。

自二〇〇五年初，人民銀行（見表1.3）與其他單位密切合作，開始執行與債市相關的一連串新原創計畫。該年二月，國際機構諸如亞洲開發銀行（Asian Development Bank）獲准發行以人民幣計價的債券（又名熊貓債券），銀行也可以成立基金公司，作為邁向全球性銀行的第一步。同年三月，資產擔保證券放

表1.3　跨監管金融改革的權責單位

改革原創計畫	主要負責單位
熊貓債券	人民銀行、財政部、國家發改委
銀行商業模式：共同基金子公司	證監會、銀監會
資產擔保證券	財政部、人民銀行、國家發改委
遠期債券交易	人民銀行、銀監會
商業本票	國家發改委、銀監會
銀行資本重組	財政部、人民銀行
拯救破產證券公司	證監會、人民銀行
匯率和利率政策	人民銀行／外管局、財政部、金融小組

行；五月，遠期債券交易和一種新的企業借貸工具——商業本票——也被引進。

　　若利率不是由市場力量決定，債券市場便無法正常運作，而這個問題又和外匯政策顯著相關。又一次，周小川成功了。二〇〇五年六月，人民銀行獲准將人民幣鬆綁，不再以一個固定匯率與美元連動。在接下來的三年裡，人民幣升值了將近20%。除此之外，二〇〇七年，利率一次調升了2%，外界認為這是實現由市場決定利率的第一步。這兩件事一起創造了活絡債市的條件。若是將所有以上動作一併考量，它們可說是中共當局為刺激債市發展所作的最顯著努力；然而，銀行部門發生的種種事件卻讓這些成果大大褪色。

　　二〇〇四年，建行和中銀都已完成資本重組。在外匯準備注入450億美元之前，兩家銀行已經打消了剩餘的呆帳。隨後，兩家銀行雙雙向國際上的策略投資客兜售股份。這些投資人扮演了兩個角色：首先，他們的投資意謂著向國際投資圈宣告，這兩家銀行已經成功重組，變成極具吸引力的投資機會；再則，這些策

略投資者等於和兩家銀行合作，協助他們推動公司治理、風險管理和產品開發等等所有面向的升級。簡言之，銀行改革的目標是要強化銀行在金融面與機構面的力量，讓中國的銀行家得以提供良性的判斷和建議。與其要求它們總是服從黨的命令，無限制地借錢給中央，周小川更期望打造出能幫助政府不再重蹈覆轍的真正專業機構。

二〇〇五年七月，美國銀行（Bank of America, BOA）買下中國建設銀行19.9%的股權；七月，新加坡的主權基金淡馬錫（Temasek）也買下5%。作為第一步，美國銀行和淡馬錫分別支付了25億美元和15億美元，以取得建行的9%和5.1%股權。但此舉卻被中國媒體大肆炒作，有關政治內幕的謠言甚囂塵上，輿論批評這是意圖將價值連城的國營銀行出賣給外國人。許多控訴是來自一個觀點：中國銀行既然宣稱打掉了所有呆帳，現在應該已經乾淨如新了；所以大家認為，如果外國投資者要買進，就應該支付高價，以補貼國家的損失。除了價格的考量，「對外國人門戶大開」的想法也令人擔心國家的金融安全會受到威脅。於是，整個銀行改革過程漸漸開始縈繞著這種來自國家主義左翼份子的攻訐。儘管有這類批評，人民銀行還是完成了建行和中銀的重組，IPO也依循計畫進行。但是自二〇〇五年起，政治環境發生變遷，銀行改革計畫的具體作法也開始走樣。

同時間，人民銀行又一次透過中央匯金，開始以金融穩定之名，買下破產的證券公司[6]。在過去，這個中央銀行總是拿出所謂的「棺材本」來補貼破產金融實體的小存戶。然而，這一次它卻採行了不同的方式：它買下這些證券公司的股權。在二〇〇五年的夏秋之際，中央匯金與其子公司中國建銀收購了十七家證券

公司的股權——包括大型的銀河證券和國泰君安證券，到小一點的民族證券和湘財證券。人民銀行希望採用回歸市場的方法，這意謂當它幫助這些公司恢復健全之後，期望能把它們轉售予新的投資者，以拿回它投入的資金；而新的投資者就包括了外國銀行。自二○○四年年底，人民銀行拿出一家中等規模的破產證券公司的51%股權來讓外國銀行競標。有一間銀行贏得了競標，而整份提案就在隔年夏初之際被送至國務院審核。周小川的想法是：有史以來第一次，他要讓整個國內股票市場都開放給外資直接參與。

千年以來，中國已經打造出官僚主義的藝術，或者可說已達到爐火純青的地步。而整個銀行改革歷程在二○○四和二○○五年的種種作為似乎忤逆了傳統官僚作為的每一條規範。銀行改革把財政部對建行和中銀的投資一筆勾消；而人民銀行讓證券公司和國營銀行發行短期債券的行為，也踩到了國家發展和改革委員會（National Development and Reform Commission, NDRC，以下稱「國家發改委」）企業債的紅線；至於把證券公司的大多數控制權賣給外國銀行，就是試圖侵略中國證監會的職權領域。就這樣，媒體間開始將中央匯金封為「金融類的國用資產監督管理委員會」（簡稱「金融國資委」）。更糟的是，人民銀行還為它成立一個超級監管單位的行為提出充分的理由，認為此舉可以將銀行、股市和債市都收攏在一個屋簷下，一次監管到位。倏然地，香港媒體公布了諸多骯髒醜陋的人身攻訐，全都朝著周小川而來，而且很顯然消息是出自北京當局。

除非擁有國家最高層領導的全力支持，一個如人民銀行的部級單位才能成功抵禦國務院中眾多同級機構的齊聲攻擊。江澤民

在那年稍早已經退休，而不幸的是，黃菊在二〇〇五年夏末被診斷出罹癌末期——周小川又失去一名關鍵同盟。因此，幾乎無可避免地，二〇〇五年十月的國慶日假期，國務院開始縮減周小川這整套計畫的規模，以重建官僚體系的平衡。假期後，財政部很顯然已重掌對銀行的影響力；而證監會則成功阻止由外資控制多數股權的實體進入它管轄的市場；國家發改委的職權也被強化。即使是立場十分傾人民銀行的《財經》雜誌，都為國家發改委製作了一個封面故事。這種種結果的影響迴蕩至今：一個整合性的金融改革戛然而止。餘下的只是零碎又侷限的片段，而且分別歸屬於不同監管單位的職權。

　　從一九九八年開始，朱鎔基和周小川陸續為金融市場的全面改革打造合適的架構，包括成立呆帳銀行、強化好銀行、建立國家社會保障基金、拓展債券市場的投資者群，以及同樣重要的，大幅對外國投資者開放股市。除此之外，隨著人民幣不再緊盯美元，貨幣改革也從此逐漸開展。但直至二〇〇五年人民銀行遭遇挫敗，這個機構基礎架構都還不完整；更糟的是，從那時開始，它還是被用來解決它從來都不想解決的問題，而且未來這個情況不會改變。為什麼會這樣？箇中緣由其實還頗容易理解的：自二〇〇八年年初，人民幣的匯率再度盯住美元，利率和市場也因此而失去彈性[7]。美元大量流入中國（見圖1.9）造成人民幣供給激增，並使體制內面臨極大的壓力。由於缺乏整合性的政策，政府在共識決策和妥協下，成立五花八門的特別單位，祭出各式各樣的調整措施。到了二〇一〇年，這個偷工減料的金融體系遂被困在蘇維埃的過去和前途未卜的資本主義的未來之間。

圖1.9　中國的外匯準備，一九七八至二〇一〇年

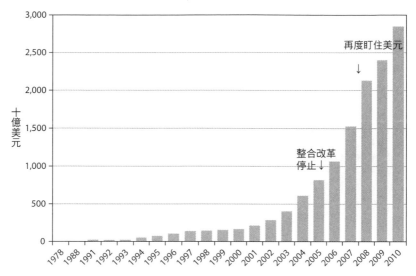

資料來源：《中國統計年鑑》

中國是一個家族事業

那一波金融改革最顯著的特點在於，各項措施是全面的、以轉型為目的，而且持續地推行。無法堅持到底可能本來就是無可避免的問題，畢竟這個國家的主要政治單位「中國共產黨」裡充斥著特殊利益團體，使得整個政治體系的結構零碎片段，步調難以一致。驅動這個體制前進的動力不是市場經濟和供需法則，而是一個小心翼翼地走在鋼索上的社會機制，搭起這條鋼索的則是由政治菁英組成的革命家族，而社會機制就圍繞著他們的特定利益打轉。中國是一個家族事業。一旦統治團體改朝換代，各方利

益的平衡就會無可避免地出現變動；不過，這些家族成員共同擁護一個最高利益：體制的穩定。社會穩定，他們才能追求特殊利益。這就是「和諧社會」口號的意義。

　　一九九八年，亞洲金融危機爆發及廣東國際信託投資公司倒閉後，家族成員群起團結。一致認定金融體系的脆弱會威脅到體制，所以支持向國際經驗借鏡，展開徹底的銀行重組。但多年後的如今，全球金融危機爆發時，中國銀行及經濟體系因與外界隔離之故而未受到顯著影響，這個結果卻反倒凸顯了中國表面上的成功；於是，這些家族成員對於自己的成就更有信心了。當外匯準備達到接近3兆美元，而且許多銀行都躋身《財富》五百大企業的排行榜了，哪裡還會有問題呢？除此之外，江朱時代的改革創造出一群空前富裕的「國家冠軍」（National Champion，又譯作「國家領導性機構」），許多家族成員都是其中的要角。家族事業在中國成了大企業。北京奧運、上海世博和廣州亞運雖花了超過1,200億美元，但對中國來說，這個數字似乎只是小錢；而建國六十週年大閱兵數億美元的花費更不算什麼。每一次事件、每一個場合都更大、更好，造價也更昂貴，遠超出其他任何國家的能力範圍。不過，這一切的一切和一個開著賓士600或拎著最新款LV包的暴發戶並沒有太大不同：表面上他們都擁有驚人的財富，當然也就代表成功；而這一切全成了一個自我應驗的預言。有了表面上如此強大的金融體系，哪裡還需要任何改革呢？

　　若不了解無拘無束的西方資本主義對活在這個缺乏法治或道德相抗衡的社會與文化中的中國菁英家族造成了什麼影響，就不能了解今日中國的現實。這個體制內國營經濟體以保護主義高牆來掩飾它的貪婪，貪婪才是驅動它的主要力量，而金錢則是它的

語言。他們持續以國家所有權的名義，行國家資產私有化之實，只不過，政治意識型態讓人無法看透這堵高牆後的真相。主宰中國國內局勢的幾個寡占企業被封為國家冠軍和中國社會主義市場經濟的支柱，但它們也都受那一批家族成員控制。就如一位國營企業領導人明智地評論：「誰握有財富並不重要，重要的是誰可以花用它。」在中國，每個人都想要花那些錢，但幾乎沒有人願意為如何花用而負責。

　　在中國有句大家口耳相傳的玩笑話：中國如今正經歷卡爾·馬克思（Karl Marx）口中的「原始資本積累階段」。偶爾傳出的聳動貪汙醜聞就像是關鍵的線索，讓人得以一窺私有化過程中常見的情況：為了搶占日增的經濟和政治利益而發生的派系鬥爭。中國的統治者、家族成員們、各種關係人士和公僕們正在瓜分名義上「屬於全體人民所有」的國營經濟體，他們只關心自己。自從一九七八年的政治緊張稍緩，經濟力量就開始活絡起來，並打造出兩個涇渭分明的經濟體——內需導向的國營經濟和出口導向的私人經濟。前者就是體制內運作的國營經濟，也是許多人不了解的部分。由國家全力資助與支持的這部分經濟體系，從過去到現在一直是政治菁英施恩予惠的最大受益對象。它是中國後一九七九年時期政治結構的基石，也是共產黨用來自我保護和維持統治權力的高牆。

　　過去三十多年，中國的公部門偽裝成西方企業的模樣，許多公司在外國的證券交易所上市，善加利用了相關專業人士如會計師、律師和投資銀行家。這掩飾了它的真實本質：以黨的「名單」[8]為中心的統治體系。這些龐大的國營企業採納了國際競爭對手的金融技巧，募集到數十億美元的資金來擴展業務，其經濟

規模更擴張到中國史上前所未見的程度。不過，這些公司沒有自
主性：它們幾乎不能算是企業。它們的管理高層甚至企業本身的
命運，都全然掌握在它們的政治大老手中。中國的國營經濟體是
一個家族事業，但這些家族成員的忠誠是彼此衝突的。在維護政
治勢力和做生意的迫切需求之間，其關係可是劍拔弩張；但迄
今，前者總是勝出。

　　當然，國家冠軍掌握了大筆財富，有一位官方稱之為「這些
金錢製造機」；也因此，它們周遭包圍著黨內的各方利益團體。
然而，判斷失準是所有人的特質；簡單地踏錯一步，就足以拉倒
一台財富製造機，同時壓垮跟隨其後的家族成員。於是課題成
了：如何在維護好機器的同時，挪走各個政治目標。共產黨——
也就是獲勝的那個利益團體——可以基於任何方便的理由介入干
預，也許是更換執行長、投資新的計畫，或是命令進行合併。由
於這些特性，各種法令、會計準則、市場，以及其他國際資本主
義機制的採用都只是形式罷了，而這正是今日中國的特徵。名義
上都和西方相同，但是表面底下的真相和運作模式卻不是這麼一
回事。有鑑於國家在一些重要產業占有極大規模，再加上政府的
龐大權力，這個施恩體系的影響已遍及中國經濟的各個面向，也
必然對其表面上努力與國際接軌的機構造成傷害。

　　實行改革與開放政策的這三十年，可說是中國過去一百七十
年歷史中，最和平且經濟上最成功的時期，成功把超過三億人從
貧窮的泥淖中拉起來。這個成就不可否認。但是，中國式資本主
義卻有幾個鮮明的特色，包括政治菁英和特定機構、企業和經濟
部門聯合；政府和各式各樣的利益團體大肆利用西方的金融知
識；以及這個國家在過程中所遭遇到的種種危機。畢竟，每個國

家和各種經濟、政治體系都會經歷興盛衰亡、醜聞和瘋狂的投機熱潮；差別只在於每個國家如何善後。本書的目標是要拉開中國的帷幕，窺探這幕後的光景，比對一下這個體系實際的運作情況和他們慣常自詡的名號有何落差，然後秉持著「體系的透明化將對所有人都有利」的信念，展望未來。

附注：

1　見 Xing 2007: 739.
2　譯注：這是中國經濟學家陳雲提出的觀點。他把社會主義比作鳥籠，把經濟體制和經濟發展比作籠子裡的鳥，鳥兒可以在鳥籠裡自由飛翔，但卻無法飛出鳥籠。
3　編按：指企業透過證券交易所首次公開向投資者增發股票，以期募集資金以幫助企業發展的過程。
4　這個數字可能更高，因為計算 H 股企業市值時，只計入香港證券交易所掛牌股份的市值，不含非 H 股的其他所有股份。
5　見 Wu 2009.
6　欲知更多詳情，見 Walter and Howie 2006: Chapter 9.
7　二〇一〇年六月，人民銀行宣稱人民幣匯率將隨著一籃子貨幣自由浮動，但終究那只是個聲明罷了，自然也不可能為人民幣價值帶來顯著的變化。
8　譯注：蘇聯術語為 nomenklatura，這是列寧主義政黨任命政治機構的方式，以此確保國家統治的中央集權。

第二章

中國的堡壘銀行體系

我們不該把美國那一套直接用到中國來。更確切來說，我們應該
根據自己的需求，發展並建立自己的銀行體系。

中國國家開發銀行董事長　陳元

二〇〇九年七月

銀行業代表中國的整個金融體系，在這裡，幾乎所有金融風險都集中在銀行業的資產負債表。更糟的是，自始至終這項風險幾乎都是中國大無畏的儲蓄者在承擔。在這個由黨控制一切的經濟體系裡，人民儲蓄者是唯一的大筆資金來源。所以，金融體系堪稱中國所有經濟及政治安排中最弱的一環，而且歷任國家領導人大都對此心知肚明。這就是歷經過去三十年的經濟實驗以來，中國當局總是竭盡所能地保護銀行業，讓它們免於承受激烈外來競爭及倒閉命運的主要原因。儘管有WTO條款約束，外國銀行占國內金融資產總額的比率迄今還不到2%：簡單說，外國銀行在中國根本無足輕重。黨除了幫忙銀行排除競爭壓力，還把它的銀行當成基本公用事業，要求它們無限制提供資金給藏在黨羽翼下的眾多國有企業。而由於銀行的所有業務都是受黨控制，所以，一般人總認為銀行的風險絕對不會失控。

　　儘管如此，過去三十年間，這些銀行在每十年即將結束時都面臨實質（儘管不是真正）破產的命運，最後都是在黨全力、慷慨且大手筆的支持下，才得以繼續苟延殘喘。一九八〇年代時，在各地方政府的堅持下，銀行放款活動變得毫無節制，除了在社會上引發二位數的通貨膨脹，甚至差點引爆內戰，最後導致整個銀行體系幾乎全面重建。另外，一九九七年的亞洲金融危機促使中國的國際大型金融機構如廣東國際信託投資公司（GITIC）真正走向破產。這個事件迫使政府公開承認銀行體系不良債權率高達25%，並推展一場由下而上（bottom-up）的銀行業重組。其實，追本溯源，這場銀行重組運動應該是一九九四年就已展開，當時相關單位草擬了一套幾乎完全以國際協定為藍本的制度，包括一家獨立的中央銀行、幾家商業銀行和政策性銀行。然而，一九九四年的種種努力最後功敗垂成，因為當時通貨膨脹率狂飆——一九九五年的通貨膨脹率最高曾超過20%，控制通貨膨脹成了當然的優先任務。總之，中國的銀行業巨擘歷經資本不足、管理不善且就實質意義而言已經破產的不堪過往，距今不過十來年而已。

　　如今，第三個十年剛過不久，在這段時間，各銀行完成重組並開始接受國際治理（governance）及風險管理標準的約束。二〇〇六年時，四大國有銀行中，已有三家圓滿完成國際IPO。二〇〇八年全球金融危機爆發後，這些銀行更是迅速嶄露頭角，儼然躍居傲視天下的地位，以市值來說，它們不僅超越已開發經濟體的金融同業，甚至一度躋身《財富》五百大之首。表面上看起來，它們似乎已安然度過全球金融危機。然而就在此時，面臨中國外銷導向經濟的明顯崩盤，黨不得不重新啟用它一貫的手段：

為驅動經濟的繼續向前推進，命令銀行業無限制地放款。這個放行令很可能已經抹殺了銀行經營階層在過去十年間學習到的所有治理及風險控制標準。

　　到二〇〇九年年底時，銀行放款金額已超過9.56兆人民幣（1.4兆美元），此時，警報聲開始響起，它們的資本適足率（capital adequacy ratio）[1]已降到國際明令規定的最低水準。到二〇一〇年，這些銀行一邊連續第二年承作巨額放款，一邊急就章地安排高額的新資本挹注，挹注總額超過700億美元（包含農行的 IPO）。展望未來，這兩年的瘋狂放款可能會（幾乎確定會）導致問題債款大量增加，並迫使銀行業在未來兩到三年間，展開第三度的資本重組。代表金融產業國家冠軍的中國大型國有銀行，似乎即將陷入一個和一九九八年時非常類似的窘境。不過，事實上，它們的問題絕對會比一九九八年時更嚴重，因為一九九〇年代的那一批舊問題債款，其實只是被刻意隱藏起來而已，並未真正打消。事實上，當年承受那些不良債權的「壞帳銀行」一開始就架構不良，所以，事到如今，只剩下好銀行可出面承擔新的責任。其實，不用等到二〇〇九年、二〇一〇年及二〇一一年的放款開始變成不良債權，中國銀行業的金融實力早就嚴重受到侵蝕，因為中國政府向來偏好尋求特別的融資辦法、不願開放問題放款市場供外國參與，更誤以為它能永久擱置虧損的實現。這種種現象，老早就對中國銀行業的金融實力構成威脅。

　　中國的銀行外強中乾，而就這部分而言，它們其實堪稱整個國家的象徵。中國人向來精於經營表面功夫，而且很懂得怎麼透過時間的消逝來隱瞞攸關重大的細節。過去的經驗顯示這個策略相當管用。不過，如今的中國已和這個大世界緊緊綁在一起，回

顧過往漫長的歷史，它和外界的關係恐怕不曾像現在那麼密切過。如果不是受制於國際金融協定，廣東國際信託投資公司絕對不會倒閉。相似地，目前中國的金融體系已變得愈來愈複雜，而這樣的複雜度已開始侵蝕到黨解決問題的一貫手法的效率：過去黨向來都是單純地把錢從左手轉到右手，接著便把後續其他剪不斷理還亂的問題留給時間和淡化的記憶來解決。而面臨當今這種混沌的金融困境，就算中國銀行體系規模及範圍再大，能取得的資本再多，都已不可能根絕銀行業的問題。

中國的金融體系就是銀行業

在中國，四大銀行和交通銀行（簡稱「交行」）可說是所有資金的來源和去處。若再納入十二家二線銀行、城市及農村銀行、郵政儲蓄銀行和信用合作社等，整個銀行體系共有數千個實體。不過，這個體系的心臟其實只有四家銀行，包括中國銀行

表2.1　中國金融資產之相對持有金額，二○一○年會計年度

（單位：兆人民幣）

兆人民幣	2006年	2007年	2008年	2009年	2010年	2010年 兆美元
人民銀行	12.86	16.91	20.70	22.75	25.93	3.9
銀行	43.95	52.60	62.39	79.51	95.30	14.4
證券公司*	1.60	4.98	1.19	2.03	1.97	0.3
保險公司	1.97	2.90	3.34	4.06	5.05	0.8
	60.38	77.39	87.62	108.35	128.25	19.4

注：*包括證券經紀商及基金管理公司
資料來源：人民銀行，《金融穩定報告》。

（中銀）、中國建設銀行（建行）、中國農業銀行（農行）以及四家當中最大的中國工商銀行（工銀）。二〇一〇年時，受國家控制的商業銀行共持有15兆美元的金融資產，四大銀行就占了其中的60%（見表2.1）。另外，這四大銀行共控制了中國金融資產總額的45%。

多數低所得國家也常見到金融資產顯著集中在銀行體系的類似情況[2]（見圖2.1）。然而，中國與眾不同的是，中央政府對這整個產業有著無可動搖的控制力。外國銀行充其量也只持有略高於2%的總金融資產（二〇〇九年的放款狂潮後，這個比率更降至1.7%），而在國際上較低所得國家族群中，外資持有金融資產的百分比接近37%。短期內，這個情況不可能轉變。二〇一〇年年初，一個非常資深的中國銀行家被問及政府對外國銀行的策略以

圖2.1　國家對商業銀行資產的所有權百分比──依國家所得分類

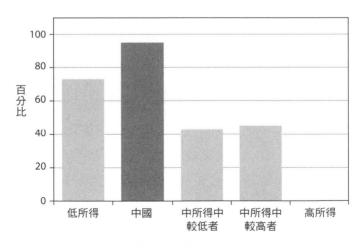

注：在41個國家中，國家控制的商業銀行資產約當商業銀行總資產之百分比
資料來源：Demirguc-Kunt and Levine（2004）：28

及外國部門未來五年內在中國的可能進展。他沉吟了一會兒後回答：「我不認為有人曾認真深思這個問題；我預期五年內，外國銀行占銀行總資產的百分比還是只有大約2%至3%。」儘管過去三十年間的經濟開放努力成果不容否認，更何況還有WTO協定的約束，但北京當局依舊掌握了中國金融產業的絕大控制力。目前政治圈子似乎還不太願意承認有將金融風險分散的必要。

如果觀察增額資本募集的情況，就會發現顯然香港、深圳和上海股市只是被當作補充零頭的管道。銀行放款和債券的發行才是讓中國國有經濟體系高速運轉的引擎。舉個例子，二〇〇七年，中國權益型資本募集金額創下歷史記錄，一共募集到超過1230億美元，不過，同年銀行承作的新貸款總額卻高達5300億美元，而在債券市場發行的債券總額也達到3350億美元。過去十年間，權益資本約當資本募集總額的百分比都停留在個位數，相較於貸款和債券，可謂小巫見大巫。那麼，那些固定收益債券是誰負責承銷和持有的？答案是：銀行持有超過70%的債券，包括財政部（MOF，見第四章）發行的債券。更進一步觀察股市的情況，會發現那些尋求在初級市場取得配售股票的機構投資者所預繳的巨額保證金，也都是以銀行貸款的方式取得。在中國，銀行代表一切的一切。黨深知這一點，而且也順理成章地把銀行當成攻擊用的矛和防禦用的盾。

中國的銀行都是大銀行

話雖如此，但表面上看起來，中國銀行體系和美國差不多複雜。它包括5大主要國有商業銀行（包括交通銀行）、3家政策性

銀行、12家稱為股份制銀行（shareholding bank）的中型銀行，1
家郵政儲蓄銀行，147家城市商業銀行，85家農村商業銀行，
223家農村合作銀行，63家信託投資公司，還有非常多金融及汽
車租賃、貨幣經紀公司、金融公司、40家在中國註冊的外國銀
行子公司，當然，還有至少4家資產管理公司。全部加起來，整
個體系共有高達3769家金融實體，196000個營業據點和接近300
萬個職員。

　　但光看表面絕對會被誤導：事實上，在那麼多實體當中，只
有四大銀行和交行才真的舉足輕重。這五家銀行握有59%的國
債、85%的人民銀行票據，還有44%的公司債務。它們為其他
銀行提供32%的銀行間及固定收益集資，76%的非銀行機構如
保險及信託公司融資也是它們提供。相反的，12家股份制銀行
如中國招商銀行和中國中信銀行等，整體僅持有大約17%的國
債，承作21%的企業放款，以及25%的銀行間放款。

　　進一步觀察銀行業的資金來源（見圖2.2），便可了解完整的
情況：四大銀行加交行共握有58%的家庭存款，50%的企業存
款，而且其總權益資本約占整個金融體系的50%。股份制銀行握
有29%的企業存款，但僅持有9%的家庭存款，所以，這類銀行
過度仰賴銀行間市場，它們占銀行間市場的34%銀行放款和
30%的非銀行放款。所以，股份制銀行族群的資本似乎不足，其
權益金額僅占整個金融體系權益型資本的10%。

　　從這裡就可看出農村商業銀行及信用合作社的可貴：它們握
有約16%的中國家庭儲蓄。如果和同樣擁有類似農村客戶群的
中國郵政儲蓄銀行合併計算，這些實體握有的家庭儲蓄百分比將
達到總數的26%。這些默默無聞的實體才是中國金融體系流動性

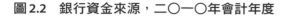

圖2.2　銀行資金來源，二○一○年會計年度

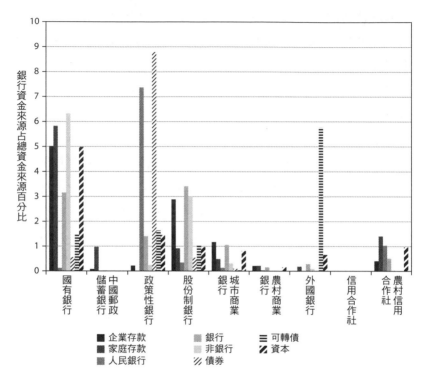

注：每個集資來源（如企業存款）加起來等於100%。舉個例子，國有銀行握有50%的
企業存款，股份制銀行握有接近30%，等等。
資料來源：人民銀行，《金融穩定報告》。

的主要提供者，只不過鮮少人知道這一點。另外，值得一提的是
獨特的中國國家開發銀行（China Development Bank，簡稱「國
開行」）：它的資金來源幾乎完全仰賴債券的發行和人民銀行的
貸款，第五章將進一步詳述相關內容。

　　由於四大銀行都是那種大到不容倒閉的機構，所以，它們和

龐大但高曝險的中國國家開發銀行，都扮演著中國金融體系的關鍵組成要素。它們是黨驅動經濟發展的傳送帶，故若能仔細審視政府如何使用這幾個機構，就能了解這個體系的詳細情況。

危機：刺激銀行改革的要素——一九八八年及一九九八年

　　過去幾場金融危機（這些金融危機分別是在改革後第十年和第二十年左右時結束）促使中國進行長達三十年的改革，所以今日的銀行體系可說是那些金融危機的產物。一九七六年文化大革命結束之際，中國已完全沒有銀行或任何其他機構還維持正常的功能性運作。那時，北京當局面臨了制度設計方面的嚴厲挑戰，這是當然的，因為一直以來，它都高度依賴當年參照蘇維埃模式制訂的傳統辦法。大致上說來，這些辦法包括大預算、財政部和主要以承作短期放款為業的小銀行，在這當中，中央銀行的角色並不吃重。最重要的是，銀行業的主要經營階層並非北京當局在集中管控，而是受各省的黨委員會（地方的黨永遠都在缺錢）控制。在整個一九八〇年代，這個安排漸漸促成了一股放款狂熱，最後導致通貨膨脹情況惡化、貪污盛行，更幾乎在一九八九年引爆一場內戰。一九九二年時，鄧小平在深圳的一席話激發了黨的動力，一舉帶領整個經濟及其金融體系回復一九八八年的盛況。在這段期間，很多壯觀的泡沫形成而後破裂，其中最值得一提的是一九九三年的大海南房地產泡沫的破滅（本章稍後將詳述）。

　　為配合一九九〇年試行資本主義模式的股票市場的決策，北京當局在一九九四年揚棄蘇維埃的銀行模型，改採主要以美國經

驗為基礎的版本。它導入新的銀行法令和會計法規，接著採行獨立超然的中央銀行制度，並將四大國有銀行轉型為商業銀行等。另外，它也成立三家政策性銀行來支持非商業貸款。然而，由於當時朱鎔基的優先目標是控制國內飆升的通貨膨脹，結果導致這一連串的努力功敗垂成。後來，亞洲金融危機及一九九八年廣東國際信託投資公司的破產，才又促使當局痛定思痛，重新依照一九九四年通過的基礎架構，努力推動銀行改革。

中國前後期的領導人都知道，國家的金融機構是最可能危及金融及社會穩定的最大亂源。每個人都想把這項威脅降到最低，但各人的作法卻大相逕庭。黨向來都是主張透過原始且徹底的掌控來降低潛在威脅。但對銀行體系來說，這其實是代表缺乏控制及新危機的產生。朱鎔基深知這個缺陷，所以，他的團隊從一九九八年起就改採一個更精緻老練的方法。這個團隊採用一個非常類似他們當年改革國企的方式，希望能藉由採納國際通行的公司治理及風險管理方法，創造出一個更獨立的銀行體系。一旦銀行體系更獨立後，接下來的關鍵決策就是進而讓這些銀行到香港（而非上海）掛牌，把一切成果交給國際監理機關、查核人員、投資人和法律來詳細審查。只要觀察中國銀行業在一九八○年代和一九九○年代的經驗，便可看出為何朱鎔基會訴諸那樣的方法，當然也終於讓人搞懂為什麼銀行業會有二○○九年那種大肆放款的行為。

擴張的一九八○年代

中國在一九七七年破產，當時它的商業及政治機構全都殘破不堪，一切可謂百廢待舉。那時根本沒有一個真正的全國性經濟

體系，有的只是一個殘破的黨組織和一大堆各立山頭的地方性「封邑」。要用什麼策略將那分崩離析的一切重新結合起來？回顧一九五〇年代初期，中國在一群蘇維埃顧問的協助下，尋求建立一個中央計畫制度。不過，認真探究，在一九五〇年到一九五七年反右運動的那幾年，他們只不過起了一個頭。從一九五七年到一九六二年間，毛澤東陷中國於第一次的長期失序狀態，更把所有蘇俄顧問全都請回家。當大躍進運動的秋後算帳顯示國家付出龐大代價後，毛澤東短暫失勢，但他旋即東山再起，並在一九六六年讓整個國家再度陷入另一個混沌的十年。

在這種混沌的環境下，一個政府的運作怎麼可能多有條理？更何況一個計畫性的制度？不管答案是什麼，到四人幫在一九七六年垮台時，中國根本已經沒有銀行體系可言；一切都得重建，但當時所有人都只知道一個以蘇維埃顧問早年留下的藍本為基礎的模型。在一九七八年改革世代伊始，中國只有人民銀行一家銀行，而且，它只是被埋沒在財政部大羽翼下的一個小部會。不過，以這個只有80名職員的小團體為起點，中國展開了一個有關制度建立的大暴衝歷程。

由於政府熱情推動當時所謂的金融現代化（見表2.2），新銀行和非銀行金融實體簡直如雨後春筍般大量成立。到一九八八年時，光是銀行機構就有20個，另外還有745家信託及投資公司，34家證券公司，180家當鋪，還有不計其數的金融公司，雜亂地向全國各地擴散。每一個層級的政府陸續成立屬於它們管轄的一系列金融實體，這和目前各級政府不斷成立各式各樣的融資平台簡直如出一轍。當時他們似乎以為只要掛上帶有「金融」字眼的招牌，錢就會神奇地憑空出現。

表2.2　一九八〇年代金融機構如雨後春筍般冒出

機構的型態及數量	創辦日期
1）　20家銀行機構，包括：	
中國人民銀行	一九七八年一月
中國銀行	一九七八年一月
中國人民建設銀行	一九七八年八月
中國農業銀行	一九七九年五月
中國工商銀行	一九八四年一月
中國投資銀行	一九九四年四月
廈門國際銀行	一九八五年十二月
郵政儲蓄銀行	一九八六年一月
嘉華銀行	一九八六年四月
城市信用合作社	一九八六年七月
愛建銀行信託公司	一九八六年八月
溫州鹿城城市信用合作社	一九八六年十一月
交通銀行	一九八七年四月
中國招商銀行	一九八七年四月
中信實業銀行	一九八七年九月
煙台住房儲蓄銀行	一九八七年十二月
深圳發展銀行	一九八七年十二月
豐富住房儲蓄銀行	一九八七年十二月
福建興業銀行	一九八八年八月
廣東發展銀行	一九八八年九月
2）　745家信託及投資公司，包括	
中國國際信託投資公司	一九七九年十月
廣東國際信託投資公司	一九八〇年十二月
中工信託	一九八六年四月
瀋陽市政信託投資公司	一九八六年八月
中國農業信託投資公司	一九八八年
中銀信託投資公司	一九八八年
中國經濟發展信託	一九八八年
3）　34家證券公司	一九八八年
4）　180家當鋪	一九八四年起
5）　不計其數的金融公司	一九八四年起

　　由於當時還處於重生的初期階段，加上缺乏任何專業的職員，所以，那時的銀行其實什麼也不是，充其量只是黨組織裡的一個附屬品，而且，黨根本不了解要怎麼使用銀行。從政府為銀行業設計的任務聲明便可見一斑：「中央銀行及專業化銀行應該以經濟發展、貨幣穩定及提高社會生產力為目標。」這個聲明同時列出「經濟的成長」和「穩定的貨幣」兩個目標，而在黨的控制之下，前者絕對是較受重視的。更糟的是，制度設計本身就存在一個基本的缺陷：銀行完全是根據政府的行政制度組織而成。儘管人民銀行似乎是隸屬位於北京的國務院，但它的主要作業辦公室卻是屬於省級單位，而且受地方黨委員會管轄。整個一九八○年代至一九九○年代，地方黨委控制了人民銀行高階分行經理人乃至其他銀行的高階經理人的任免權。地方政府當然是以經濟成長為重，而且絕對希望貨幣永遠寬鬆、容易取得。這種心態造成一九八○年代末期通貨膨脹大幅上升，而這也清楚證明，訓練不良的職員和政治熱情結合在一起，終將玩火自焚。

　　一如二○○九年時的情形，這些機構無限制地承作放款，所以，到一九八○年代末期，官方通貨膨脹率就已飆到近20%（見圖2.3）。行政管制措施實施後，地方銀行的分行開始出現擠兌情事。通貨膨脹、貪污和領導圈子的缺乏經驗，最終引爆了一九八九年的「種種事件」。經過一九八九年和一九九○年的鎮壓，一切又從頭來過：一九九二年年初，鄧小平在廣東發表幾場演說後，金融體系再一次失控。大海南房地產泡沫的破滅便是當時金融失控的最貼切實例。

圖 2.3　通貨膨脹及貸款成長（一九八一年至一九九一年）

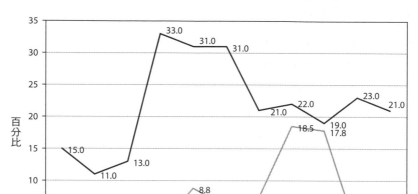

資料來源：《中國統計年鑑》；中國金融統計，一九四九年至二〇〇五年。

大海南房地產泡沫的破滅

　　一九八八年四月六日，整個海南島省被納編為經濟特區。當時海南島還沒有如今四處林立的超高級五星級度假村和高聳的摩登汽車旅館，只是一個落後的熱帶島嶼，除了美麗的風景和接近南海油田及天然氣田的優越地理位置以外，它幾乎沒有任何天然資源。然而，拜北京當局的決策之賜，它意外成為中國版的大西部（the Wild West），儘管這種好時光沒有維持很久。由於預期三十多個有利的投資政策可能創造可觀的經濟成長，數十萬名熱情奔放的年輕人湧入海口和三亞等迅速崛起的城鎮。這些投資政

策原本是要鼓勵大家創造出口產業，而這又進而預期將帶來旅館、娛樂設施以及（理所當然的）房地產的榮景。

如果深圳是最西化——因為地理位置接近香港——的經濟特區，那麼海南就是純中國版的經濟特區。21家信託公司在這個約當台灣大小且完全沒有任何金融機構的疆域裡迅速成立。在當時的海南，信託公司就代表銀行產業，其他什麼都沒有。在中國這個最接近處女經濟空間的區域，競爭其實非常激烈。沒有人想搞出口產業，因為所有人都了解機會在哪裡：房地產。想在中國賺錢，搞房地產就對了。信託公司的特殊地位，加上新政策允許出售土地使用權，最終創造了爆炸性的大量獲利機會。兩萬家房地產公司突然憑空冒了出來，等於島上每80個人就有一家房地產公司。房價則是在三年內漲了一倍。

海南房地產狂潮的催化劑來自外部：日本開發商熊谷組（Kamagai Gumi，後來在亞洲金融危機時破產）取得海南島一片廣達三十平方公里土地的七十年使用租賃權，這一片土地涵蓋了整個海口的口岸區域。想像一下那是什麼樣的一筆交易！熊谷組最後並沒有開發港口設施，取而代之地，它轉而發展住宅，並以每畝三百萬人民幣的價格，賣出九百畝（約一百五十英畝）的土地。當時工業土地的售價只有十三萬到十五萬人民幣，想想看，在這種情況下，怎麼可能有任何商人會想開發港口設施？面對這麼潛力無窮的機會，開始有人放話要買下海口的每一吋土地，而這種話在當時聽起來，一點都不像在吹牛。到了一九九二年，海南那種快速致富的商業模式很快就引來全國各地的豔羨，那一年，中國好像即將開創另一個歷史，任何事都變得可能。

但進入一九九三年後，朱鎔基開始整頓全國經濟，尤其是房

地產部門。那些生金蛋的鵝還有它們產下的金蛋全都就此消失；
投機客逃跑，留下了大約600棟未完工的建築物和高達300億人
民幣的呆帳。光是這個經濟特區就公共化（publicize）了約當
10%全國預算的債務，它也約當全國不良房地產型資產總額的
8%！看看這種創意十足的中國地方性融資活動幹了什麼好事！
讓我們將時序快轉到二〇一〇年，眼前的整個情況竟和當年那麼
相似：全國各地每一省的省會同樣在由黨驅動的大量銀行放款的
支持下，創造出和海南島相同類型的房地產榮景。

　　海南的災難是促使黨在一九九四年採用好銀行／壞銀行[3]法
來進行金融改革的直接導因。這一次金融改革涵蓋非常多原創計
畫，其中值得一提的是，黨成立了三家政策性銀行——包括目前
表現吸睛的中國國家開發銀行，並指定這幾家銀行承作策略性但
非商業的貸款。在此同時，四大銀行正式成為完全商業化的機
構。然而，這個旨在將四大銀行現代化的策略卻未能獲得更多人
的支持，直到一九九八年廣東國際信託投資公司破產時，情況才
終於改觀。

廣東國際信託投資公司

　　海南島的「爆炸」還在中國體制可控制的範圍內，但廣東國
際信託投資公司的內爆就不是這麼一回事了，因為該公司和廣東
省的觸角皆已伸向全球經濟體系。一九九八年廣東國際投資信託
的財務崩潰，對中國造成一個重大的實質威脅，只不過如今中國
人已淡忘這件事。其實廣東國際信託投資公司本身和它受廣東省
黨委控制的種種情況，和當今各金融機構受管理及監督的方式並
沒有太大的不同。例如就在不久前的二〇〇八年，盛極一時的中

信泰富公司才因一筆純粹投機且未進行避險的外匯賭注而燒掉超過20億美元（最後不得不進行資本重組）。廣東國際信託投資公司的問題是在亞洲發展模型隨亞洲金融危機被戳破時爆發的。儘管中國對外表現得很冷靜，但當時借道廣東省（不管是以前或現在，廣東省受國際貿易及投資影響的程度都非常大）的出口需求因金融危機之故而大幅降低，確實對整個國家造成嚴重影響。畢竟十年前，中國的總外匯存底大約只有1450億美元，國際債務則有1390億美元。

　　廣東國際信託投資公司的破產（這迄今仍是中國第一宗也是唯一的大型金融實體正式破產案）讓人看清了黨的金融辦法中一些讓人難以下嚥的現實。它讓人開始懷疑中央政府全力支持本國最重要金融機構的承諾甚至能力。在一九九〇年代，廣東國際信託投資公司的地位顯赫，它是規模僅次於中信泰富（全國規模最大且最卓越）的信託公司，而且更扮演中國最富有省分——廣東省——的國際借款窗口。在一九九三年廣東國際信託投資公司首度（也是唯一一次）到美國發行1.5億美元債券以前，穆迪（Moody's）和標準普爾給它的信用評等甚至和中國財政部相同。它的高階經理人也因積極參與跨境外匯及衍生性金融商品市場，而在外國銀行圈頗負盛名。它的子公司之一在香港公開掛牌，而該公司董事長則曾經當上《商業週刊》（*Business Week*）封面故事的主角[4]。所有外國銀行家全都和黃董事長維持密切的朋友關係，也全都曾在該公司位於廣州某六十層大樓的頂樓俱樂部裡，品嚐過他的頂級葡萄酒。總之，廣東國際信託投資公司是眾多國家冠軍出現前的國家冠軍之一。

　　這個畫面讓人感覺似曾相識，很多經營不善的企業都出現過

類似的情況，而最後的發展[5]也說明了朱鎔基有多嚴肅看待道德風險及贏弱金融體系可能帶來的威脅。他的方法和政府在二〇〇九年時為因應銀行業問題所使用的方法完全相反，關於這部分，我們將在稍後段落討論。廣東國際信託投資公司破產的近因是：它在一九九八年時無力償還1.2億美元給外國放款人。該公司高到無法計算的金融損失讓朱鎔基震怒，並命令時任廣東省資深副省長的王岐山在一九九八年結束廣東國際信託投資公司的營運。一九九九年一月，它聲請破產，這在國際金融圈投下了震撼彈，因為這個作法和外界過去所熟知的中國模式迴然不同。接著，謠言開始迅速擴散，「中國商業銀行實質上已破產」的說法甚囂塵上。而這些造成嚴重威脅的說法迫使朱總理在一九九九年三月全國人民大會會後的一場記者會中，對媒體記者發表以下澄清：

> 我認為那些（國際）銀行和少數金融機構對這個問題的推估過於悲觀；換言之，他們認為中國已經陷入一場金融危機，沒有能力履行付款義務，而且也沒有信譽可言。但中國的經濟目前仍在快速成長；我們擁有1470億美元的外匯準備，還有平衡的國際收支。我們絕對有能力償還負債。問題只在於政府應不應該償還這種負債。[6]

基於國際間的憂慮程度上升，加上國內各方對於強化金融紀律的期許，朱鎔基下令根據國際標準繼續完成廣東國際信託投資公司的破產程序。這整個過程完全透明，由國際會計師事務所安侯建業（KPMG）擔任該公司的清算人。廣東國際信託投資公司遭到非常徹底的公開調查，調查的深入程度應該超過有史以來和

之後的所有中國金融機構。最後的調查結果已是公開的記錄，它
不應該被淡忘。它的破產規模極為驚人。根據安侯建業一九九九
年四月對該公司的初步財務審查報告，它的總資產為26億美
元，但負債卻高達44億美元。在為期四年的清算期裡，494個債
權人共正式提出總額56億美元的索賠，其中有47億美元是320
個外國債權人提出。

最後，廣東國際信託投資公司的債權人終於不得不接受一個
殘酷的事實：該公司不可能履行90%的貸款和承諾。因為它投
入廣東省各地105個專案的權益型投資當中，有80%也都已經破
產，變得一文不值。廣東國際信託投資公司本身的回收率為
12.5%，而它的三家主要子公司的回收率則介於11.5%至28%。
這家大型金融機構的實際營運狀況讓人感到十分震驚，就算到今
天都還是非常駭人聽聞：究竟那幾十億美元去哪兒了？答案是：
很多向廣東國際信託投資公司融資的房地產及基礎建設專案都還
在那裡，只不過，它們的所有權現在都已落到其他政府機構手
中。

相對來看，二○一○年時，銀行主管和監理機關官員也是輕
描淡寫地承認二○○九年的多數放款都流向無法立即創造現金流
量的專案，像是房地產和高速鐵路等。但他們隨即補充：儘管如
此，未來這類基礎建設將價值不斐。他們所描述的那些放款行
為，簡直就是廣東國際信託投資公司融資模型的翻版。唯一的問
題是：到最後，將會是那個實體出面承擔今日的呆帳？

回過頭來看，一九九八年時，朱鎔基並未對不良放款抱持這
麼樂觀的看法。廣東國際信託投資公司的破產導致全國各地數百
家信託公司和數千家城市信用合作社結束營業。更重要的是，這

個事件促使北京當局開始嚴肅展開將四大銀行掌控權收歸中央的種種行動，這幾家銀行的重組歷程也就此展開。朱鎔基深知問題的癥結：如果廣東國際信託投資公司是個令人不安的財務騙局，那中國各個國有銀行又有什麼不同？答案是：沒有不同。於是，他沿用當時被視為世界最先進的美國模式，開始大刀闊斧整頓中國的銀行體系。

二○一○年的中國堡壘銀行體系

經過這次全球金融危機的洗禮，中國銀行業仍屹立不搖，這證明朱鎔基要求執行的大規模銀行重組作業確實成效斐然。儘管已開發國家的很多大型銀行因二○○八年的危機而破產，但事實證明中國的銀行似乎沒受到影響，甚至有人認為中國的銀行反而因危機而變得更加強盛。例如，有六家在香港及上海交易所掛牌的中國銀行，在《財富》五百大排名中名列前茅，工銀甚至一度成為全球市值最高的企業，以及整體第二大企業，僅次於艾克森美孚公司（ExxonMobil）（見圖2.4）。而美國目前最強盛的銀行摩根大通，則遠遠落後，僅排名第十九。相較於一九九八年，中國銀行業的不良貸款率已從接近40%的水準大幅下降。

中國銀行業目前的體質確實是比十年前強，銀行職員也比以往更專業。高階經營團隊很快就有樣學樣地學會銀行業者的那一套，銀行監理機關也變得更精練、更通曉國際情況。然而，進一步檢視便可發現，組織奇蹟終究只是奇蹟，因為好的銀行迄今仍只是鳳毛麟角。圖2.4所示的市值數據比較，根本是拿橘子和蘋果比，很容易產生誤導效果。以摩根大通來說，不管是在哪一個

圖2.4　二○○八會計年度中國銀行業市值與摩根大通之比較

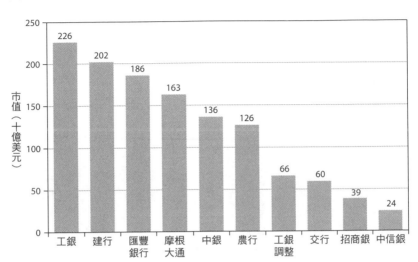

資料來源：《彭博社》

交易日，它的股票都是百分之百流通，那它適合被拿來和諸如工銀這類只有不到30%股份流通的銀行做比較嗎（見圖2.5）？市值數字等於每股市場交易價格乘以銀行的總股數，換言之，這個計算方式是假設一家公司的全數股份都可掛牌交易，而在國際市場上，這個假設並無不妥。因此，這種方式算出來的市值數字代表眾多投資人對特定公司之繼續營運價值的共識。誠如我們在別處曾提到的[7]，由於A股[8]、H股[9]和中國各種著名的非流通股份，全都有著不同的估價，所以，如果採用不同的參考價來計算，工銀的市值數字將會有極大的差異。

　　《彭博社》的分析師在計算工銀的市值數字時，是把該銀行在香港掛牌的股份總值加上所有國內股份的總值。不過，國內的

圖 2.5　二〇〇八會計年度掛牌銀行股票釋出比率比較

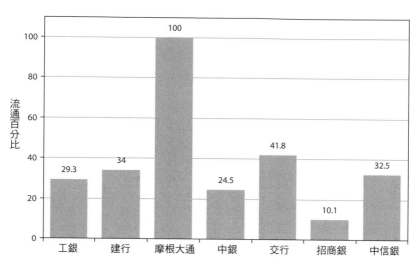

資料來源：萬得資訊

股份包括在上海市場交易的A股，還有先前不流通但目前掌握在
政府機關手上的限售股。他在計算這些限售股的價值時。還是以
可完全流通的A股股價來計算。但如果政府決定賣出70%持股
中的一小部分，那工銀A股的價值會有什麼變化？從二〇〇一年
六月證監會售股計畫所引發的市場反應，便可知這個問題的答
案，它的股價一定會崩盤[10]。其他所有中國銀行和企業也都潛藏
這個和股份結構及企業評價有關的問題。總之，實在沒有任何好
方法可算出足以和已開發市場及私營經濟體掛牌企業比較的市值
數字。

　　為進一步闡述這個詭異的問題，讓我們看看以下的簡單計
算：以工銀30%流通市場浮動籌碼的市值600億美元來倒推，它

的總市值數字約為2010億美元，這可作為該銀行市值的粗略估計值。這個方法已經考量到若該銀行另外70%股份變成流通籌碼後的稀釋效果。儘管這個結果很粗糙，但應比其它數字更精確。不管數字為何，只是凸顯出中國銀行業的價值其實比《彭博社》分析法所計算出來的數字稍低的事實罷了。

市場並不只是一個評價機制。國際上各證券交易所之所以被稱為市場，是因為我們能在這些交易所購買或出售企業。但在中國和香港，基於政府掌握了絕大多數的控制權，所以這些交易所只能交易股份，卻無法交易整個企業。主要的合併及收購（M＆A）交易不會透過這些交易所發生；這都是政府以人為價格合併國有資產所造成的結果。如果任何人都有可能透過收購掛牌股份及公開收購的方式，取得一家掛牌中國銀行或證券公司的控制股權，那不知道該有多好！

若要針對美國和中國銀行進行直接的比較，倒是可以拿它們的總資產作為比較基礎。很多國際銀行業者的規模本來就理當超過中國幾家最大型的銀行，因為很多已開發經濟體的人均GDP都比中國大上好幾倍。不過，誠如圖2.6上的資料所示，四大銀行的規模和它們的國際同業比較起來，卻是不分軒輊，而且遠遠超過中國的二線銀行。從資產規模的概念可看出這些銀行對經濟體系的重要性，但若只考慮這項要素，它卻不是衡量銀行體質強健度的好指標，相對的，資產品質才是重點。

資產品質才是問題的真正核心。只要了解中國銀行這一路上是靠什麼方式來擺脫問題貸款的負擔，便能搞懂它們長期以來的弱點是什麼。圖2.7的數據顯示，到二〇一〇年為止，商業銀行不良放款總額明顯下降。一九九九年四大銀行的不良貸款率（簡

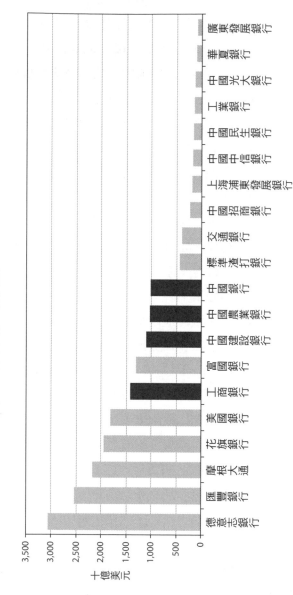

圖 2.6　二〇〇八會計年度精選國際及中國銀行之總資產

資料來源：《銀行家》雜誌及各家銀行的年報

圖 2.7　中國前 17 大銀行不良貸款趨勢（一九九九年至二〇一〇年）

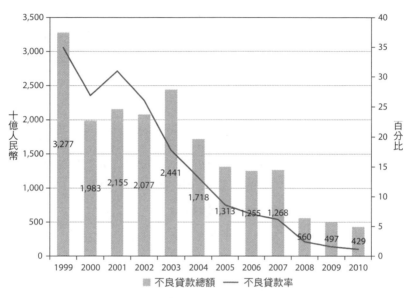

注：一九九九年至二〇〇二年的數據係以中國的貸款分類制度為基礎；從二〇〇三年起，則是根據國際分類制度。

資料來源：一九九九年至二〇〇二年：李利明：195；二〇〇三年至二〇一〇年：中國銀行業監理委員會

單說，就是指呆帳除以總貸款金額）高達39%，不過，到了二〇〇〇年時，它們將第一批總額達1700億美元的呆帳切割出來。從二〇〇一年至二〇〇五年間，工銀、建行和中銀還進一步切割或沖銷了2000億美元的呆帳。二〇〇七年時，最後一家進行重組的大型銀行——農行——又切割了1120億美元的呆帳，所以，總計四大銀行處理掉的呆帳高達4800億美元左右。

　　一般認為其中絕大多數呆帳起源於一九八〇年代末期和一九九〇年代初期，當時的銀行貸款活動和二〇〇九年一樣明顯失

控。若真是如此，這筆接近4800億美元的呆帳大約等於中國一
九八八年至一九九三年（朱鎔基在這一年啟動了抑制措施）那五
年GDP的20%。也許更重要的一點是，銀行業默默地承擔這些
呆帳長達五年的時間後，才開始動手處置，而又過了十年，據說
它們才終於解決了這些呆帳（但並未沖銷）。

　　我們可以透過美國一九八〇年代的儲貸危機（savings and
loan crisis），更正確了解中國處理不良貸款的成果。根據聯邦存
款保險公司（The Federal Deposit Insurance Corporation, FDIC）
的計算，在一九八六年至一九九九年期間，美國共有1043家儲
貸機構結束營業，它們共持有5190億美元的資產；而在一九九
九年[11]清理過程結束時，儘管經過償還，但這次危機還是導致納
稅人和整個儲貸產業產生了1530億美元的淨損失。換言之，回
收率超過60%。但相反的，一般認為中國經過十年的努力，不良
貸款回收率僅約20%。

　　這兩國的不良貸款金額相當，但回收率卻差異甚大，再配合
參考圖2.7上所顯示的不良貸款大幅減少，讓我們不禁產生非常
多疑問。如果中國銀行業的不良貸款率真的已經有長足的改善，
那是因為它們目前只放款給較優質且擁有較佳還款能力及意願的
企業，或者只是因為原本的國企客戶又開始還款了呢？如果是後
者，那為何先前的問題貸款回收率會那麼低？我們可以排除客戶
群大幅改變的可能性：因為目前中國銀行還是和以前一樣，大量
放款給國企，當然，那多半是基於它們認為國企是可靠的，不像
私營企業。但事後回顧，這個態度似乎是錯誤的。

　　黨要求銀行放款給國企，但黨卻似乎沒有能力要求國企償還
貸款。這就是問題的癥結：黨要求銀行無論在什麼環境下都必須

全力支持國企。如果國企未能履行還款義務，黨並不會因銀行虧本而怪罪銀行的經營階層；倒是若銀行業者沒有依照他們的指令行事，最後一定會被咎責。光是改革銀行業並無法改變國企的行為或黨本身的作為。因此，過去十年不良貸款率的改善，只有幾個可能，包括國企客戶履行其貸款義務的意願有所提升、國企選擇真正能產生現金流量的投資案，或銀行改採其他呆帳處理辦法等。

二〇一〇年對資本及現金股息的需求突然激增

如果放款標準確實已明顯緊縮，也許就沒必要擔心二〇〇九年至二〇一〇年的放款狂熱會產生什麼後遺症；畢竟如果放款標準真的改善，那中國銀行業資產負債表的品質應該還是非常好，呆帳沖銷的水準也理當還在可管理的範圍內。然而，從二〇一〇年年初起銀行業對資本的急切渴求來看，情況似乎並非如上所述。工銀執行長楊凱生曾以罕見的直率態度，寫了一篇分析中國銀行當前挑戰的文章[12]，他在文中描述中國的金融體系：

> 以我國現有的經濟發展水準，我們必須維持每年8%的總體經濟成長率，而這將不可避免地需要一個等量齊觀的資本投資水準。我國金融體系的主要特質是間接融資（透過銀行）；直接融資（透過資本市場）的規模有限。

這份事實聲明點出了兩個和中國銀行體系有關的重要現象，首先，它有一個「8%整體年度經濟成長目標」，而這個目標需

要資本投資襄助；第二，中國的資本主要仰賴銀行業提供。換言之，銀行放款是讓中國達成8%的GDP成長率的唯一管道。

根據對貸款成長、獲利能力及股利發放率的估計，楊凱生又接著表示，從二〇一〇年起的五年內，三大銀行加上交行，將需要4800億人民幣（700億美元）的新資本[13]。楊凱生表示要「以五年的時間來募集」，但這些銀行卻試圖在二〇一〇年那一年內籌到這個金額。除了農行預定要達成的290億美元IPO目標，到二〇一〇年四月，其他銀行更已宣布了2787億人民幣（421億美元）的集資計畫（如表2.3）。事實上，到二〇一〇年年底，四大銀行的確成功募集到超過3300億人民幣的新資本。

這個金額相當驚人，因為這是在二〇〇五年及二〇〇六年募得高達540億美元的資金之後，短短四到五年內就達成的集資成果。楊凱生又接著說，倘若考量市場風險、營運風險以及愈來愈嚴厲的資本適足定義，銀行業需要的資本將更多。不過，他倒是沒有提及呆帳的風險。楊凱生描述這些事實的用意似乎是在暗示，中國目前由黨領導的銀行業相關辦法根本不管用（儘管政府對外界展現出相關辦法成效良好的表象）。他這一席話是在為朱鎔基一九九八年提出的模型辯護。

過去三十年的經驗顯示，中國的銀行及其商業模型極端資本密集。銀行業蓬勃發展，但一九七〇年代、一九八〇年代乃至一九九〇年代末期，它們也全都規律地出現泡沫破滅的情況。如今十年又過了，而銀行業再次耗盡它們的資本。即使它們外表看起來還算健康，二〇〇九年和二〇一〇年發布的盈餘數字都創下歷史新高記錄，問題貸款率也降到歷史低點，但三大銀行的第一類資本率卻快速從二〇〇五年和二〇〇六年完成IPO後的11%降到

表2.3　二〇一〇會計年度五大銀行之集資計畫與成果

	IPO資本（十億美元）	IPO後核心資本適足率	2009會計年度核心資本適足率	資本重組計畫	計畫募集資本（十億人民幣）	2010會計年度實際募集資本		2010會計年度核心資本適足率
工銀	21.9	12.23	9.86	A股可轉債	25	A股可轉債	50.3	9.97
				A股現金增資（大陸稱供股）	45	A股現金增資	44.2	
建行	9.2	11.09	9.57	A股＋H股現金增資	75	H股現金增資	59.3	10.4
						A股現金增資	2.4	
中銀	11.1	11.44	9.37	H股現金增資	60	H股現金增資	59.3	10.9
				A股可轉債	40	次順位債券發行	85.7	
交行	2.2	NA	7.90	H股＋A股現金增資	42	A股現金增資	17.1	8.08
						H股現金增資	31.2	
農行	NA	NA	7.74	A股及H股IPO	200	A股及H股IPO	143.8	9.97
合計	**44.4**				**487**		**493.3**	
合計扣除農行					**287**		**349.5**	
合計美元（十億）	**44.4**				**71.4**		**75.9**	

資料來源：銀行經查核之H股財報；《彭博社》

接近9%。當然，這兩年的放款狂潮是近因。誠如某大型國際銀行的一名分析師所評論：「中國銀行業的成長模型讓它們不得不每隔幾年就回到資本市場（搶錢）。沒有其他解決方案，而且這對市場而言，將會是長期的威脅。」[14] 不過，導致銀行業長期需金若渴的原因不只是放款狂熱或甚至商業模型，另一個問題出在它們的股利政策。

　　圖2.8列出三大銀行在二〇〇四年至二〇〇九年間實際發出現金股利的數據，這三家銀行都是在那段期間組成公司組織，並接著在香港及上海掛牌。這張圖也列出了這幾家銀行透過各自的IPO向國內及國際權益型投資人募得的資金。以股利形式發出的

圖2.8　銀行辦理IPO其實等於是在為股利發放做準備。二〇〇四年至二〇〇九年

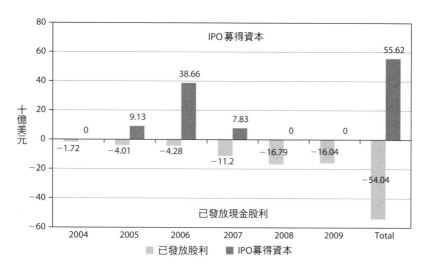

注：IPO金額包括H股及A股的IPO。
資料來源：IPO金額來自萬得資訊，現金流量表則來自銀行的年報。

金額約當540億美元，這正好等於它們在市場上募得的資金。這代表什麼？這意味國際及國內投資人投入那麼多現金給已掛牌中國銀行，只是在幫它們的股利發放做準備而已，而這些股利主要是發給財政部和中央匯金投資公司。這些股利代表銀行將它們從實質第三方取得的現金直接移轉給國庫。那為什麼國際投資人一開始不自己保留這些現金？

　　當然，掛牌企業本來就會定期發放股利給它們的投資人；事實上，高股利發放率是吸引投資人買進銀行股的原因之一。然而，以中國銀行業的案例來說，大規模股利發放及資產負債表極快速擴張的時間點，正好都和它們辦理大規模資本募集作業的時點很接近，再加上國家早已詳細規畫好要將銀行股利分配到哪些特定目的，這一切的一切皆顯示，銀行的現金股利發放計畫其實是經過事前謹慎規畫的計謀（見圖3.8）。

　　投資人（而非投機者）將資金投入企業（包括銀行）股票的目的，是期望經營階層能為他們創造價值。不過，這三大銀行並沒有實現投資人的期望，因為投資人的資本並沒有被留在銀行裡。沒錯，作為少數股東的國際投資人是取得了股票，而這些股票的價值確實會因市場波動而有所差異，從而讓人誤以為這些投資能為投資組合創造價值，但其實不然。投資人對各項因素（包括中國的整體經濟表現）可能對市場造成什麼影響的種種猜測，才是引發市場上下波動的主要原因。我們不應誤把這種投資當成價值型投資：中國銀行並沒有投入資金設法為投資人創造資本報酬。光是這個理由，便足以證明前述的市值排名不足採信。

　　對於持有這些銀行絕大多數股權的中國官方來說，這麼龐大的股利發放，代表銀行在IPO後勢必得繼續到資本市場集資。這

又進一步代表政府實質上必須將它獲配的股利，重新吐出來挹注銀行的權益資本，以避免它的股權遭到稀釋。一家銀行只能辦理一次 IPO 和一次純第三方資本挹注[15]，這麼說來，國家經營這些銀行雖可收到豐厚的股利，但轉個身又得把收到的錢重新投入，那它投資這些銀行究竟有何意義？為什麼要維持 50% 甚至更高的股利發放率？這看起來已經非常類似某種龐氏騙局（Ponzi Scheme）[16]，但這一切究竟是為了誰的利益？

當然，問題其實更嚴重，畢竟它們代表的是中國的金融體系。不過，誠如那個分析師所言，以其商業模型來說，這些銀行每隔一段規律的時間就會需要極大量的新資本。由於它們的股利發放金額非常高，加上資產快速膨脹，本來就不可避免得考量問題放款的議題。像中國那麼大的銀行，怎麼可能在資產負債表一年成長 40%（如二〇〇九年的中銀）的情況下，卻完全沒有考量到不良放款的問題？即使是在正常的年度，四大銀行每年都以大約 20% 的成長率，透過放款來膨脹它們的資產。但在二〇〇九年一整年，儘管銀行持續承作巨額的貸款，它們的高階經營團隊卻還是不斷強調銀行的放款標準沒有改變。那麼，為何某家主要的二線銀行風險長會早在二〇〇九年之前就大聲質疑：「我就是不懂這些銀行怎麼維持那麼低的呆帳率，而我卻做不到？」他的驚訝也暗示這些大型銀行徵信部門所採用的貸款管理標準可能極不嚴謹。這一點千真萬確，絕對無庸置疑。

表面上看起來，中國銀行業資產負債表品質沒有什麼異樣，但其實背後問題叢生。更重要的是，那絕對不只是一般常見的會計假帳或甚至浮濫放款等簡單的問題。畢竟無論走到哪裡，這些問題幾乎都很難避免。要了解真正重要的問題何在，必須回溯黨

在一九九八年至二〇〇七年間調整銀行業資產負債表時所採的金融辦法。進一步檢視這些銀行當初是怎麼被重組的，就能清楚了解當局在這長達十年的過程中做了哪些政治妥協。時間讓所有人都淡忘了這些妥協：舉個例子，現在的中國國家領導人極有可能真心相信他們的銀行已經能打遍天下無敵手。在過去，這種「將歷史掩蓋起來」的作法也許還行得通，因為世人有可能真的淡忘那一切。但今天，即使對這個體系的內部運作者而言，這一套都幾乎已經行不通了。目前和過去最主要的差異是，追求中國銀行業現代化的種種努力，已讓它們成功從國際策略性投資人手上募到了新資金，並在國際市場上辦理IPO。如今中國的主要銀行皆已成為國際資本市場中的要角，但同時也必須接受更嚴謹的檢驗與更高績效的標準約束……一如朱鎔基當年所規畫的那般。

附注：

1　編按：銀行的資本總額和風險資產加權總額的比例，用以衡量銀行財務狀況的穩定性。

2　見Demirguc-Kunt及Levine，二〇〇四年：28

3　譯注：即呆帳銀行。

4　一九九四年五月《商業週刊》〈深入紅色資本的世界：黃炎田的金融勢力團體正協助再造中國〉。

5　譯注：放手讓該公司破產。

6　Li, Liming and Cao, Renxiong，《一九七九年至二〇〇六年中國金融大變革》，上海世紀出版集團，474。

7　Walter and Howie, 2006:181ff。

8　編按：又稱人民幣普通股票，指那些在中國註冊、上市的普通股票。

9　編按：又稱國企股，指在中國註冊成立的企業，在香港上市的外資股。

10　Walter and Howie, 2006: Chapter 9.

11　Curry and Shibut，二〇〇〇年。

12　《21世紀經濟報導》，二〇一〇年四月十三日：10。

13　楊凱生未將農行計入，它在二〇一〇年稍晚才進行股票掛牌。

14　〈工銀表示中國的銀行業需要七百億美元的資本〉，《彭博社》，二〇一〇年四月十三日。

15　第一波透過IPO募集的資金牽涉到新股的出售。這為銀行導入新資本，但同時稀釋了原始股票的權益。在這之後，若銀行再次出售股票，中國政府就必須挹注資金，否則它的股權就會被稀釋。

16　編按：騙人投資虛設的企業並許諾高額報酬，將新投資者的錢作為快速盈利支付給原先的投資者，誘使更多人上當。即台灣俗稱的「老鼠會」。

第三章

脆弱的堡壘

「持續成長壯大是讓中國銀行業賺更多錢的最佳途徑……然而，這個成長模型既無法確保銀行產業的長期穩定發展，也不能滿足平衡經濟及社會結構的需要。事情非常複雜，未來的解決方案也絕不單純。」

肖鋼，中國銀行董事長

二〇一〇年八月二十五日[1]

當一九九七年亞洲金融風危機威脅到中國的金融機構時，一群以時任建行董事長周小川為中心的改革者在總理朱鎔基的支持下，共同商討出一套計畫。很快地，財政部在一九九八年挹注新資本到各銀行，讓外界不致對銀行業失去信心。以周小川為首的小組的第二步是提出一套好銀行／壞銀行法來強化四大銀行的資產負債表。這個方法是以美國資產再生信託公司（RTC）為模型，根據這個方法，每一家銀行必須各自成立一家資產管理公司（AMC，亦即所謂的壞銀行）。這些資產管理公司將成為持有銀行原不良貸款的呆帳銀行，而原本的銀行就成為所謂的好銀行。這些呆帳銀行將得到政府的融資，而資產管理公司的任務就是盡可能還原不良貸款的價值。接著，國務院核准這項

計畫，並在一九九九年正式成立各資產管理公司（請見書末附錄中，因這項計畫而形成的中國金融體系組織圖）。

　　二○○○年時，龐大的問題放款組合被轉移給資產管理公司，銀行業者終於擺脫了沉重的負擔，同時得以引進一些績優的策略性投資人，如美國銀行和高盛。當年政府引進這些國際投資人，主要並不是看上它們的錢，而是希望能將它們的專業技術轉移給中國的銀行。然而，隨著批判聲浪日益高漲，保守派及國家主義者竟聲稱這是對外國利益團體投誠的背叛行為。儘管如此，二○○五年時，建行在香港的IPO還是大獲全勝，籌集到數十億美元的新資本。這次IPO讓朱鎔基和周小川的努力終於沒白費，更實現了非常耀眼的成就，因為在短短幾年前，很少人相信任何一家中國銀行有可能完成這樣的任務。遺憾的是，儘管銀行改革非常成功，但這卻更讓一直處心積慮想挫挫周小川和人民銀行銳氣的制度宿敵們（包括發改委、證監會、銀監會及財政部，其中財政部尤其明顯）坐立難安，它們趁機結合保守派批判者，以更猛烈的攻勢來打擊改革陣營。它們一個鼻孔出氣的批判終於對整個金融重組流程造成了顯著的影響，先是工銀，接著一直延續到農行。另外，這些批判最終也導致周小川未能貫徹他那一套資本市場及監理改革整合方法。

　　這一次銀行改革的實質結果是：它創造了兩個不同的資產負債表重組模型。當然，即使財政部在二○○五年接手主導工銀及農行改革的地位後，原本周小川陣營針對四大銀行設計的計畫，表面上還是獲得保留。因為儘管這些人的批判砲火猛烈，但最終他們自己也想不出更好的概念，所以，四大銀行還是各自透過IPO來募集資本。不過，各銀行的重組途徑確實有所不同，不良

貸款組合的處置方式也不一樣。根據這兩種不同的方法，被保留在銀行資產負債表上的主要金融負債如表3.1所示。這張表上的資訊是從各銀行的財務報表「被分類為應收款的債務型證券」附注中擷取而來。從這張表可清楚看出中國主要銀行持續且大幅暴露在十年前為了重組而創造的證券的風險中。這些應收款傳達的訊息很簡單：以往的呆帳並沒有消失；它還是隱藏在銀行資產負債表裡，只不過被重新分類，其中一部分被歸類為可能永遠也無法回收的應收款。

　　讓我們先來看看這些資產的本質和價值是什麼。各種人民銀行證券以及一九九八年的財政部債券明顯屬於主權債務。不過，要怎麼認定資產管理公司債券或者財政部應收款的價值？顯然，表面上看起來，財政部欠各銀行的應收款應該很類似國債。然而，國債必須經過國務院和全國人民大會核准，它屬於國家預算的一部分，而且這種國債一旦到期，不是以國家收入來償還，就是另外再發行新債來償還。這種借條（也就是指財政部應收款）的發行是誰批准的？未來將怎麼還？例如工銀是怎麼收回這筆錢的？這些都是很重要的問題，因為每一家銀行都大幅度暴露在這些證券的信用風險之下。舉個例子，工銀持有的這類重組型資產的總額將近是它二○○九年總資本的兩倍，其中有53%是資產管理公司的債券。以下幾個段落將試著釐清這些債務是怎麼產生的，還有，為了判斷這些債務的價值，還有它們對整個銀行體系的結構性寓意，我們也將探討它們實際上所代表的意義。

表3.1 重組銀行資產負債表上的「應收款」

十億人民幣	中銀		建行		工銀		農行	
	2009	2010	2009	2010	2009	2010	2009	2010
一九九八年財政部債券	42.5	42.5	49.2	49.2	85.0	85.0	93.3	93.3
一九九九年資產管理公司債券	160.0	160.0	247.0	206.3	313.0	313.0	0	0
財政部應收款	0	0	0	0	62.3	0	635.5	568.4
人民銀行特殊票據	0.8	0.8	63.4	0	434.8	4.3	0.1	64.9
人民銀行目標票據	113.5	0	0.6	0.6	0	0	119.7	0
銀行次順位債務，其他	14.6	16.5	57.1	48.9	237.1	99.4	9.3	14.9
總應收款	331.4	219.8	417.3	305.0	1,132.2	501.7	728.8	741.5
總資產	8,748.2	10,460.0	9,623.4	10,810.3	11,785.1	13,458.6	8,882.6	10,337.4
核心資本	608.3	676.2	492.0	634.7	586.4	709.2	342.8	542.1
應收款／總資產	3.8%	2.1%	4.3%	2.8%	9.6%	3.7%	8.2%	7.2%
資產管理公司債券／總資本	**26.3%**	**23.7%**	**84.8%**	**48.1%**	**53.4%**	**44.1%**	**無意義**	**無意義**

資料來源：銀行經查核之H股財報，二〇〇九年及二〇一〇年十二月三十一日

中國人民銀行的改革模型

從強化銀行體質的觀點而言，原始的人民銀行模型是最有效率的，它透過兩個方法來為銀行業提供額外的資本，包括：一、挹注新資金；二、給予問題放款更高評價。一九九八年的第一步是先將銀行資本補充到國際標準所規定的最低水準。接著，在完全不打折扣的情況下，將1700億美元的銀行不良貸款組合移轉給各家資產管理公司。這些呆帳銀行是以付現的方式向各銀行取得這些呆帳組合，而它們的資金則來自人民銀行貸款和資產管理公司自己發行的債券。然而，在為銀行挹注這些現金時，社會上的通貨膨脹正好也蠢蠢欲動。於是，人民銀行為了沖銷銀行資產負債表上新增的現金，遂強迫銀行購買人民銀行票據，這種票據不能使用在任何更進一步的金融交易。表3.1上所列的各種人民銀行證券就是這麼來的。二〇〇三年時，建行和中銀資產負債表上剩餘的額外呆帳，在不超過其各自的總資本金額範圍內完全被打消，總打消金額達930億人民幣（120億美元）。接著，當局再以國家外匯準備和外國策略性投資者的投資，重新補足這兩家銀行的資本。透過這種方式重組後，建行和中銀成功在二〇〇五年及二〇〇六年完成IPO。

四大銀行的局部資本重組，一九九八年

廣東國際信託公司的倒閉和甚囂塵上的銀行破產謠言，促使朱鎔基在一九九八年命令火速推動四大銀行的資本重組，他的目標是至少要讓資本結構達到國際標準的最低水準，這是當時中國唯一可參考的標準。一九八〇年代末期及一九九〇年代初期製造

的巨額呆帳被晾在一邊整整十年，這並不奇怪，因為中國官僚體系向來都用這種方法來因應棘手的問題。然而，到一九九八年時，問題已經嚴重到政府不得不正視，因為舊有的鴕鳥因應方式將會導致系統風險上升。當時中國的銀行從未接受過任何嚴謹專業標準的查核，甚至應該說它們沒有經過任何專業標準的查核。一如廣東國際信託投資公司的情況，沒人能斷言銀行的問題到底有多大。基於總理曾在震怒之下斥問王岐山一系列有關廣東國際信託投資公司黑洞的問題，就可以想像當時處境類似的財政部人員感受到多大的壓力——他們必須設法算出一個能讓朱總理滿意的數字。

當然，他們並沒有時間進行實際的查核，不過，有人聰明地算出一個據稱足以將銀行的資本適足率提高到總資產8%（符合巴賽爾協定〔Basel Agreement〕對國際銀行資本標準的規定）的數字。最後，數字揭曉——2700億人民幣（350億美元）。對一九九八年的中國來說，這可是個天文數字，它約當那一年的國債發行總額，外匯準備的25%，以及大約GDP的4%。為了達成使命，財政部將多半屬於中國人民所有的儲蓄存款予以國有化（nationalize）。（見表3.2）

人民銀行的第一步是調降它對銀行業的存款準備率規定，從13%降到8%。此舉釋出了2700億人民幣存款準備金，接著再以每家銀行的名義，將這筆錢全數用來購買財政部發行的特殊目的國庫債券（見圖3.1）[2]。至於第二步，則是由財政部把它透過發行債券而取得的資金，用來貸款給銀行，讓它們充實資本（見圖3.2）。透過財政部發下這2700億人民幣的作法，實質上等於是讓銀行的存款人——消費者和企業——變成銀行的股東，但他們

表 3.2　四大銀行存款組成，一九七八年至二○○五年

十億人民幣	總額	家庭	政府	企業	其他
1978	113.5	27.2%	40.3%	32.4%	0.0%
1983	276.4	34.9%	32.6%	31.3%	1.2%
1988	744.9	44.7%	9.2%	39.4%	6.7%
1993	2,324.5	55.7%	5.2%	33.0%	6.1%
1998	6,978.2	57.1%	4.9%	36.2%	1.8%
2003	13,465.0	56.7%	7.9%	30.9%	4.5%
2004	15,355.7	56.6%	8.3%	31.6%	3.5%
2005	18,112.1	55.8%	9.9%	29.5%	4.8%

資料來源：中國金融統計，一九四九年至二○○五年

圖 3.1　四大銀行資本重組的第一步，一九九八年

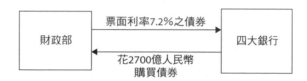

圖 3.2　四大銀行資本重組的第二步，一九九八年

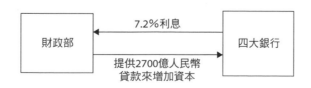

對此完全不知情，更沒取得應有權益。

　　為配合二〇〇三年的改組計畫，建行和中銀將這些總額約930億且名義上屬於財政部的資金完全移轉到呆帳準備科目，並進而將這筆錢用來沖銷等額的呆帳[3]。這麼一來，將來得負責還錢的變成是財政部。對銀行來說，這個買賣非常划算，因為從此以後，還款義務變成是財政部要承擔，而且它得用自己的錢來還那些原本銀行該還的錢。難怪這些財政部債券的到期日會被展延到二〇二八年，更難怪財政部會不支持人民銀行的銀行改組方法。畢竟若沒有國務院和人民大會的支持，它根本不可能取得那麼龐大的資金，在這種情況下，它又怎麼能贊同人民銀行的方法？

壞銀行和好銀行，一九九九年

　　透過這種會計戲法來穩住銀行業後，當局便開始為最終目標──IPO──做準備。周小川提議採用國際上慣用的好銀行／壞銀行策略，畢竟這個策略在北歐國家和美國的實施成果良好。這個策略是：成立一家壞銀行來承接從好銀行切割出來的問題資產。周小川建議四家國有銀行全都各自成立一家名義上稱為資產管理公司的呆帳銀行。這項計畫的關鍵條件之一是，當不良貸款組合處分完畢後，各資產管理公司就得結束營業，屆時它們的淨虧損將被具體化並進而沖銷，他預期這整個過程要花上十年的時間。一九九九年時，國務院核准了這個計畫，於是，四家資產管理公司就此成立。

　　財政部藉由購買特殊資產管理公司債券的方式，為每一家資產管理公司提供資本，每一家的資本為400億人民幣（見圖3.3）。

圖3.3　財政部和每一家銀行為資產管理公司提供資本，一九九九年

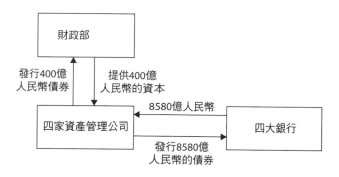

為了配合這些公司十年後結束營運的計畫，它們的債券到期期間也訂為十年。不過，400億人民幣根本不夠收購銀行的不良貸款組合。它們需要更多的資金，但除了銀行本身的資源以外，還能去哪裡找錢？於是，資產管理公司對各自的所屬銀行發行十年期債券，總金額達8580億人民幣。

資產管理公司債券是人民銀行銀行重組計畫裡的主要缺陷。這些債券的重要意義在於，儘管問題放款名義上已從銀行的資產負債表中移除，但各銀行事後卻因為買了資產管理公司的債券，而繼續高度暴露在舊問題放款的風險之下。換言之，銀行只是用一套顯然不良的資產來換取另一種價值高度可疑的資產罷了。相較於各銀行的資本金額，這麼大規模的曝險部位著實驚人。但以中國當年的金融能力來說，它似乎不太足以處理這麼大規模的銀行資本重組問題，所以，政府除了仰賴銀行，實在也沒有太多選擇。不過，這個方法和國際慣用模式並不一致，所以最後當然也未能解決問題。

根據北歐和美國的經驗，相關國家的國庫不僅為呆帳銀行提

供資本，也為呆帳銀行提供融資，讓因此產生的好銀行無須繼續暴露在舊呆帳的風險中。換言之，呆帳就此成為國庫的問題，而呆帳所造成的成本，最終將是由國家稅收買單。但在中國並非如此。不過，只要政府依賴銀行為資產管理公司提供資金的這一套作法不出國內經濟體系的大門，那問題可能不大。畢竟只要一個以支持這個作法為宗旨的銀行監理機關出面，裁定各資產管理公司債券擁有約當半主權實體債券的地位，那就沒有人會再質疑資產管理公司的信用度。然而，一旦這些銀行到國際市場上掛牌，並開始接受其他監理機關及投資人的詳細檢驗，國際查核人員將不可避免地會質疑這些債券的評價方式是否公允。各資產管理公司的資本非常低，僅約50億美元，但它們發行的債券總額卻高達1050億美元，而且就定義而言，這些資產管理公司拿錢換來的資產幾乎毫無價值可言。如果這些資產管理公司無法充分回收這些不良貸款組合來償還二○○九年將到期的債券，到時候該怎麼辦？

資產管理公司收購的不良債權組合，二○○○年

新成立的資產管理公司從二○○○年開始收購銀行的呆帳組合，並在當年度完成收購作業。總額達1.4兆人民幣（1700億美元）的不良貸款被等額——一塊錢換一塊錢，完全不打折——從銀行移轉給資產管理公司。收購的資金來自（資產管理公司的）債券發行，另外，人民銀行也提供了6340億人民幣（750億美元）的額外信用（見圖3.4）。這種種作為讓人不禁產生很多疑問，其中最明顯的是：如果這些不良貸款真的還保有約當面額的價值，那為何各銀行一開始要把它們切割出來？這麼做的可能理

圖3.4　人民銀行對資產管理公司的進一步融資，二○○○年

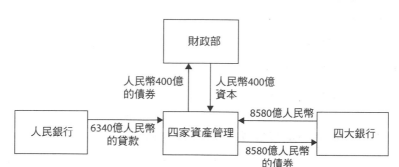

由有幾個。其一是，如果各銀行在二○○○年時提列任何帳面呆帳損失，有可能會一舉把財政部在一九九八年剛挹注給它們的資本耗盡，這麼一來，銀行業就必須再次挹注新的資本，而當時各方尚未就新資本的來源達成共識。基於涉及的金額龐大，所以，可能的選擇終究有限。這肯定是上述問題的部分答案。另一部分答案是，這次呆帳移轉等同於間接挹注資本，因為以現金來取代銀行帳面上的呆帳，將能釋出它們的貸款損失準備金（如果有任何準備金的話）。再者，這能降低銀行提列貸款損失準備的需要，從而改善銀行獲利能力和資本水準。

　　剩下的答案是，政府根本無法就這些呆帳的評價達成共識。畢竟這些全都是當初借給國有企業的貸款，而國企屬於國家所有。如果呆帳的評價低於面值，就等於是暗示國家無法履行自身義務，就黨的理論倡導者的立場來說，這簡直是個詛咒。不過，這卻是癥結所在：國家確實是無力履行這些義務。基於以上種種原因，黨選擇不放手讓所有國有企業貸款人（基本上那含括了整個工業部門）破產，而是選擇把潛在損失集中保管在銀行的資產

負債表裡。黨沒有下定決心透過認列貸款損失的方式來解決這個問題，相反地，它決定把問題留到以後，讓將來的政治人物去頭痛。當然，拖到二〇〇九年，黨還是根據相同的思維做了相同的決定，於是各資產管理公司的負債問題又額外被推延了十年。這就是體制內的運作模式。

人民銀行重新調整建行及中銀的資本結構，二〇〇三年

官方數據顯示，在這第一批呆帳於二〇〇〇年被移除後，四大銀行的帳面上仍存在高達2.2兆人民幣（2600億美元）的呆帳，而且，這還是在二〇〇二年實施較嚴謹的國際貸款分類系統之前的事[4]。政府費盡思量推敲，希望能找到改善銀行資本水準的方案，不過，它的自有資源還是非常有限。這種保守處置方法後來進一步延伸為迴避國債的增加。但問題是，如果真的有心強化銀行體質，它們就需要獲得資本挹注，而且需要非常非常多。而根據周小川評估後的結論是：只能靠國際投資者提供資本。不過，問題是，要怎麼把銀行資產負債表和營運展望編得亮麗到足以吸引外國人掏錢出來？

這個問題可以局部歸結為：每一家銀行實際上能承受得了多少呆帳沖銷金額。人民銀行發現，四大銀行中只有中銀和建行擁有足夠的保留盈餘和註冊資本可以在一筆勾消所有剩餘呆帳後，資本科目尚餘一點正數，但工銀和農行都沒有能力在二〇〇三年達成這個目標，而且一旦這麼做，這兩家銀行的資本將立刻變成負數；換言之，它們將陷入實質破產的窘境。但如果中銀和建行的930億人民幣資本要被沖銷掉一部分，它們又要去哪裡找錢來重建資本？經過激烈的辯論，周小川建議了唯一的可能解決方

案：利用外匯準備。誠如一向以敢言著稱的謝平（時任人民銀行勢力強大的金融穩定局局長）所言：「這一次我們不只是玩一場會計遊戲（砲口直對一九九八年財政部所採用的方法），錢是真的進了銀行體系。」

　　周小川的計畫得到國務院的核准，二〇〇三年最後一天，這兩家銀行都將約當其資本及保留盈餘[5]的金額轉移為呆帳準備，並一次全部予以沖銷。換言之，財政部貢獻給這兩家銀行的資本——930億人民幣——全都被沖銷光了，但財政部卻還是得繼續背負它一九九八年發行的特殊債券的還款義務。光是這個事實就足以凸顯出黨確實真的有心徹底重組銀行業，同時也象徵人民銀行的地位就此超越財政部。透過人民銀行旗下的實體——中央匯金投資公司（將在第五章更詳細討論），這兩家銀行各從國家的外匯準備收到225億美元。不久後的二〇〇四年五月及六月，這兩家銀行再次透過人民銀行支持的拍賣流程，進一步處分了總額達4420億人民幣的額外問題資產。這個拍賣流程是事先安排好的，目的是要製造貸款回收的機會，同時進一步挹注兩家銀行的資本帳戶。拍賣完成後，中銀和建行已具備吸引外國策略性投資人的條件，最後也終於在二〇〇五年順利完成IPO（見表3.3）。不過，副作用就是因銀行改革而起的政治鬥爭變得更加激烈：此時人民銀行成為建行和中銀的百分之百所有權人。[6]

商業不良債款處分，二〇〇四年至二〇〇五年

　　資產管理公司的第二波不良貸款收購活動仍是依照人民銀行的藍圖進行，二〇〇四年和二〇〇五年間共收購了1.6兆人民幣（1980億美元）。除了第二批來自工銀的7050億人民幣呆帳以

表 3.3　人民銀行／匯金對主要中國銀行機構的所有權

%	成立日期	匯金	建銀	財政部	其他國家單位	外國策略性投資者	公眾（A+H）
IPO 前							
中銀	2004 年 8 月 26 日	100	–	–	–	–	–
建行	2004 年 9 月 9 日	85	10.88	0	4.12	–	–
工銀	2005 年 4 月 2 日	50	–	50	–	–	–
農行	2009 年 1 月 15 日	50	–	50	–	–	–
國開行	2008 年 12 月 16 日	48.7	–	51.3	–	–	–
	IPO 日期						
IPO 後							
建行	H 股：2005 年 10 月 27 日 A 股：2007 年 9 月 25 日	59.12	8.85	–	2.03	14.18	15.92
中銀	H 股：2006 年 6 月 1 日 A 股：2006 年 7 月 1 日	67.49	–	–	0.85	–	31.66
工銀	H 股及 A 股；2006 年 10 月 27 日	35.4	–	35.3	4.6	7.2	17.5
農行	H 股及 A 股：2010 年 7 月 16 日	40.93	–	40.2	3.87	–	15.0

注：IPO 案件的日期包括香港（股）及上海（A 股）的 IPO。「其他國家單位」投資人包括策略性中國投資人，例如國企。全國社保基金（4.46%）和外國策略性投資人（13.9%）對中銀的所有持股全都在 IPO 時被轉換為 H 股，而且被納為「公眾」項目的數字。建銀是匯金 100% 的子公司。
資料來源：匯金、各銀行年度財報，及農行股份發行公開說明書。

外，這些組合還包括來自眾多小型二線銀行的 6030 億人民幣呆帳。人民銀行為這些交易提供了必要的資金來源，估計授信金額高達 7000 億人民幣（見圖 3.5 與表 3.4）。不過，這一次人民銀行已經直接複製財政部一九九八年的劇本來取得頭期款：二〇〇四年，它發行總額高達 5672.5 億人民幣（700 億美元）的強制特殊票據給中銀、建行和工銀。這些票據不能出售到市場上，而其到

圖3.5　人民銀行為工銀不良貸款處分及商業貸款拍賣提供資金

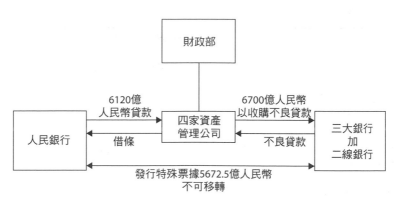

期日（二〇〇九年六月）的設計，也是配合未來解散資產管理公司的辦法而定。

　　人民銀行在發行這些票據的同時，也實現了兩項任務。首先，它移除了當初為協助銀行切割不良貸款而提供的融資所製造出來的流動性；第二，它實質上從銀行手中吸走了部分預付款，金額大約占它對資產管理公司最大放款金額的33%。所以，實質上來說，這項特殊票據可說是財政部在二〇〇七年發行的巨額特殊債券（為了幫中國投資公司提供資本）的前身，而且，它們的發行多半是基於同一個理由：控制超額流動性。

工銀及農行的資本重組，二〇〇五年及二〇〇七年

　　財政部參與工銀的模式，和它參與中銀及建行的模式（財政部一九九八年的現金資本撥款被完全沖銷，但它自己卻還要背負債務）相反，以工銀的案例而言，財政部原始挹注的850億人民幣還在，所以，人民銀行／匯金的貢獻降到150億美元，約當工

表 3.4　資產管理公司因集資而產生的負債，一九九九年至二〇〇五年

十億人民幣	資產管理公司帳面				
	面值	價值（十億美元）	帳面價值	來源	集資金額
第一批，2000 年					
四大銀行不良貸款組合	1,293.9	156.3	1,293.9	資產管理公司債券	857.0
中國國家開發銀行銀行不良貸款組合	100.0	12.1	100.0	人民銀行貸款	634.0
第二批，2004 年					
建行、中銀轉移已沖銷貸款給資產管理公司	163.2	19.7	0		
人民銀行拍賣建行、中銀不良貸款	278.9	33.7	90.6		
人民銀行拍賣交行不良貸款	53.3	6.4	19.5		
第三批，2005 年					
工銀處分不良貸款予華融資產管理公司	246.0	30.1	246.0	人民銀行貸款	619.5
工銀拍賣不良貸款予四家資產管理公司	459.0	56.2	121.6		
人民銀行拍賣二線銀行不良貸款	603.0	73.8	190.5		
2000-2005 年總額	**3,197.3**	**388.3**	**2,062.1**		**2,110.5**

資料來源：《財經》，二〇〇七年七月二十五日，65；銀行 IPO 公開說明書；人民銀行，《金融穩定報告》。

銀股東權益的50%。兩年後，也就是二〇〇七年，農行也循工銀的模式進行資本重組，但情況似乎已完全改變。一如既往，匯金從外匯準備中貢獻了高達190億美元的新資本給農行，而財政部一九九八年的貢獻也還留在帳面上。不過，誠如我們將在第五章討論的，到這個階段，匯金已屬於財政部，而非人民銀行。

　　儘管表面上看來，一切似乎都還是和人民銀行所採用的方法一致，但整個銀行所有權的架構其實已經轉變，現在又回歸到改革前的情況，掌控權回到財政部手上。不僅所有權被影響，問題放款組合的重組方式也整個改變，當然，政府對待銀行的態度也丕變。也因如此，由於中銀和建行顯然已成功復興，所以，黨實質上等於要求銀行：「換你們開始分擔一點責任了。」而這促成了二〇〇九年的放款狂潮，銀行的角色再度轉換，變回單純的公用事業。

財政部的重組模型

　　二〇〇四年以前，財政部在銀行重組事務方面一直都處於挨打的局面，必須從屬於人民銀行，當然，它對此很不開心。這幾乎堪稱有史以來雙方第一次的地位逆轉。然而，誠如先前描述的，從二〇〇五年起，財政部便再次奪回它對銀行體系的影響力，整個過程在二〇〇七年年底中國投資公司（見第五章）成立時達到最高峰。財政部和人民銀行兩個重組方法的根本差異是，財政部直接承擔集資和問題貸款處分後的還款等責任。這事實上似乎是將整個改革的內涵稍微推進到較接近國際模型的狀態。人民銀行原本成功奪走財政部對改革流程的掌控力，但它關於不良

放款處分計畫的相關集資辦法過於複雜，儘管由於政府力量有限，所以使這個辦法顯得可行，但它卻絕對不是一個好的解決方案。打從一開始，各資產管理公司的資本就嚴重不足，而且它們還背負著一個毫無希望的任務：要回收百分之百的問題放款。在先天不足、後天失調的情況下，怎能期待這些資產管理公司還錢給人民銀行，更遑論還錢給銀行？

然而，更深入檢視便可發現，財政部的解決方案也有一些缺點。當它二〇〇五年奪回對工銀後續重組事務的控制權後，財政部便以它的本票來取代部分資產管理公司債券。在那一年，有2460億人民幣的呆帳組合被轉移到一個共同管理帳戶（見附錄），但工銀卻沒有收到現金，這和中銀及建行的案例不同。取而代之的，它取得了一種可被稱為「財政部借條」的資產，還有傳統的資產管理公司債券（見圖3.6）。

最能代表這個方法的案例是農行。它的大約80%不良貸款──6651億人民幣（975億美元）──被等額以一種尚未取得資金來源的借條取代，根據其年度財務報表相關附注裡的說明，這傳達了財政部「未來幾年」將還款的模糊承諾。以工銀的應收款來說，這個期間是五年，農行則是十五年[7]。

正面來看，這項應收款有其優勢，因為它是財政部的直接負債，同時也讓銀行得以擺脫所有問題貸款的負擔。此外，由於工銀和農行並沒有收到現金，所以不會衍生流動性過剩的問題。這些都是這個方法的優點，但它也有一些缺點。

這兩家銀行的相關交易細節顯示，這個方法一樣是把問題留到長久的以後再解決。這些問題放款的所有權被轉移到財政部所屬的共同管理帳戶。銀行則在財政部的授權下，提供不良放款處

圖3.6 工銀及農行的不良貸款重組，二〇〇五年及二〇〇七年

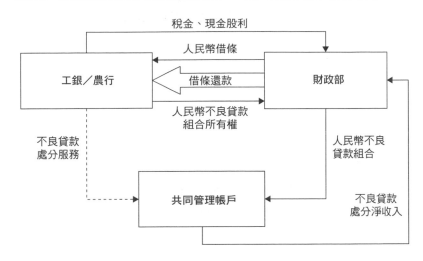

分服務。不過，財政部借條究竟是什麼東西？它可能代表財政部本身的債務，但儘管財政部在債券發行方面代表國家主權地位，但它的借條真代表中國政府的直接負債嗎？如果財政部直接發行一檔債券，用發行債券所收到的錢來為資產管理公司提供資金，資產管理公司再用現金收購那些不良放款，那事情就會獲得較徹底的解決。這樣就完全不需要人民銀行提供信用。美國發生儲貸危機期間，它的財政部就是用這種方式來為資產再生公司提供資金的。

這個方法理當能完全清除銀行的負擔，而這項負債無疑將就此屬於那個擁有課稅職權的部會，即財政部。然而，如果要完成上述任務，財政部就必須在國家預算裡納入它所需要的債券發行計畫，同時取得人民大會的核准。相反地，一個尚未取得資金來源的借條完全屬於表外（off the balance sheet），而且因為它只是

整體銀行重組計畫裡的一環，所以只要取得國務院的批准即可，事實上，借條的使用甚至可能無須取得國務院的許可，因為這些工具是完全沒有資金來源的或有負債。至少就公開的版本而言，或有負債並不會被納入國家預算或任何其他地方。

　　這麼一來，當然也就不能指望以國家預算來償還財政部的這項借條：到最後大家才發現，原來銀行本身是將來財政部償還借條款項的唯一資金來源。工銀經查核的財務報表附注和農行的IPO公開說明書上都暗示，（財政部）償還這項借條的資金，將來自問題放款的回收、銀行股利、銀行稅票（tax receipt）和銀行股票的出售。換言之，這兩家銀行將在未來幾年內，間接幫財政部償還這筆錢給它們自己，因為財政部根本不可能出售（或被許可出售）兩家銀行的任何持股。事實上，真實情況的確如此（見圖3.7）。因為這種集資來源代表未來的一系列還款支出，所以，共同管理基金似乎只是以「寄賣」的模式，持有這兩家銀行的不良放款，充其量來說，這些基金只能算是一種可供暫時停泊的停車位。基於各資產管理公司在回收問題放款（請詳後續內容）方面的經驗，銀行的表現實在不太可能比它們好多少。二○一○年年初，北京金融資產交易所的成立，便讓人高度聯想到銀行將以什麼方式來處分那些共同管理帳戶裡的呆帳。這個新交易所位於北京金融區的心臟地帶，它的股東包括信達投資公司、光大銀行和北京證券交易所。它的明訂任務是要透過拍賣流程來處分不良貸款。也許這個交易所未來將會主導這兩家銀行的處分流程。不過，哪些實體擁有那麼強大的金融能力能收購如此巨額的不良貸款組合？誰又必須負責提列最後絕對不可避免的損失？說穿了，財政部最後還是必須發行一檔債券來支付那兩張借條的淨

圖3.7　銀行的現金股利被用來支應財政部負債的還款，二〇〇四年至二〇一〇年

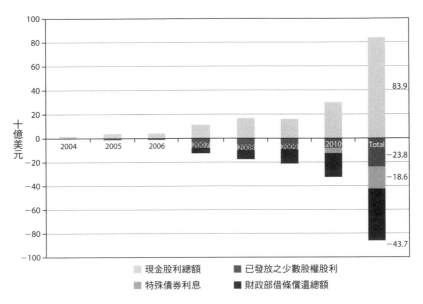

資料來源：銀行經查核之Ｈ股財報

餘額，要不然，就是得延展這些借條的到期日。使用借條除了能迴避人民大會的程序之外，實在看不出這個方法還有其他什麼利益可言。

　　這一切的一切，讓人不由得又把鎂光燈聚焦在一個實用的還款來源：銀行股利。於是，這讓我們又回想到第二章提及的銀行股利政策。誠如下一章和中國投資公司有關的討論，財政部的辦法隱含了顯著的缺點，即使人民銀行的模型看似問題重重，但比較起來，財政部版本的缺陷顯然更多。

銀行績效不彰及其所隱含的寓意

　　二〇〇六年年底時，中銀、建行和工銀全都已完成各自的IPO，而各資產管理公司很快也隨後完成不良放款處置。基於各資產管理公司占每一家銀行資產負債表的比重非常大，所以，我們一定得問一個問題：這些呆帳銀行的營運表現究竟如何？二〇〇五年時，即使在第二輪切割後，四大銀行和眾多二線銀行的帳面上還是有超過1.3兆人民幣（1580億美元）的呆帳。前兩輪的呆帳面值總額加上二〇〇五會計年度的那些餘額，總共是4.3兆人民幣。這些資產管理公司透過債務模式取得總額2.1兆人民幣（2600億美元）的資金（詳見表3.4）。根據原本的設計（儘管不高明），將來是要利用不良貸款回收所取得的現金來償還上述負債的。顯然一開始決定用面值來收購第一批1.4兆人民幣不良貸款組合和第二批的部分組合的作法，就注定會產生資產管理公司無力還款的結局。打從這些資產管理公司開張的第一天起，它們基本上就已破產，而且實質上來說，它們和目前財政部所使用的共同管理帳戶並無太大差異。

　　二〇〇六年年底時，第一批問題放款中，有超過80%已處理完成，據報回收率大約只有20%，這些錢連償還各種債券和貸款的利息都不太夠。儘管第二批（多半是商業貸款）的回收率稍微高一點，但產業情報來源顯示，實際回收率還是低於它們為此付出的代價。隨著二〇〇九年來了又去，黨面臨一個頭痛的問題：如何沖銷可能高達各資產管理公司80%資產組合的損失，這個金額大約是1.5兆人民幣。不過，實際的虧損極有可能超過那個數字，甚至連長期參與這個產業的人都不確定那個數字可能

會是多少。

　　各資產管理公司的員工大約有12000人，它們得負擔自己的營業費用，包括借貸資金的利息費用。資產管理公司不含任何貸款沖銷的營業虧損估計如表3.5。這份表格將回收的貸款用來作為營業收入的來源，就會計處理原則而言，這麼做並不正確。不過，有很多報告顯示，這些資產管理公司確實是把回收款拿來償還對人民銀行及各家銀行負債的利息。因為如果不這麼做，各銀行將被迫在帳面上針對資產管理公司的債券提列損失準備，否則，財政部就必須出面代償這些利息費用。不過，沒有任何跡象顯示財政部有這麼做。為了歸納出一個營業虧損估計數字，表3.5中的回收款是假設當初它們以完整面額收購進來的貸款將能回收20%，而透過拍賣取得的貸款將能回收35%，關於透過拍賣取得的部分，我們也假設各資產管理公司是以面額的30%收購這些貸款。營業費用是根據不良貸款處分金額的10%來計算，這是財政部明文規定的標準。

　　最後分析出來的結果顯示，四家資產管理公司不只虧掉了各自的400億人民幣的資本以上，估計還有2.3兆人民幣（2760億美元）的沖銷有待吸收。這代表大約75%的虧損率。儘管各資產管理公司的損益數字只是一個粗略推估，但沖銷數字卻較精確，而且，這些沖銷金額迄今還在那四家非公開、不透明的企業的資產負債表上。

　　沒有認列呆帳帳面損失的原因非常簡單。不管是局部或全部沖銷，都會導致這些資產管理公司立即破產，並使政府隨即面臨一個困難的抉擇：一則是各銀行將因持有資產管理公司債券（變得毫無價值）而產生嚴重虧損，一則是財政部必須承受這個負

表3.5　資產管理公司估計損益表，一九九八年至二〇〇八年

第一輪：一九九九年至二〇〇三年	十億人民幣	
	2003 會計年度	十億美元
總收購金額	1,393.9	168.4
假設處分金額	1,156.6	139.7
回收金額，假設 20%	231.3	27.9
減：		
人民銀行貸款／資產管理公司債券之利息費用，一九九九年至二〇〇三年	190.0	22.9
營業費用：假設為財政部設定之目標：處分金額之 10% 的一半	57.9	7.0
營業費用總額	247.9	29.9
稅前利益／損失	−16.6	−2.0
註冊資本	40.0	4.8
保留盈餘	−16.6	−2.0
累積沖銷金額──第一輪	−925.3	−111.8
第二輪：二〇〇四年至二〇〇五年	**2005 會計年度**	**十億美元**
總收購金額──面額	1,639.7	198.1
總收購金額──拍賣價值－假設 30%	491.1	59.3
第一輪留下的不良貸款	237.9	28.6
假設處分金額──100%	1,639.7	198.1
拍賣不良貸款之回收金額，假設 35%	81.9	9.9
第一輪剩餘不良貸款之回收金額，假設 10%	23.7	2.9
總回收金額	105.6	12.8
減：		
人民銀行貸款／資產管理公司債券之利息費用二〇〇四年至二〇〇五年	95.0	11.5
營業費用，假設為財政部目標：處分金額 10% 的一半	82.0	9.9
營業費用總額	177.0	21.4
稅前利益／損失	−71.4	−8.6
註冊資本	40.0	4.8
保留盈餘	−88.0	−10.6
累積沖銷金額──第二輪	−1,361.9	−164.5
沖銷金額──第一輪＋第二輪	−2,287.2	−276.3

注：美元價值：人民幣 8.28 兌 1 美元

資料來源：《財經》，二〇〇八年五月十二日，77-80 與二〇〇八年十一月二十四日，60-62

擔，並負責向人民大會解釋。其實在改革流程剛展開及呆帳銀行
成立時，這些呆帳銀行未來的結束營業及全額沖銷——包括財政
部代償它們的債券——全都是計畫好的，而且都已做過解釋。

　　然而，多年後，這整個計畫已經變質，而且由於財政部在文
官鬥爭中戰勝了人民銀行，所以它也接下相關的權責。到二〇〇
九年時，各銀行已表現得好像所向無敵，而資產管理公司也大言
不慚地炫耀著它們手上的全套金融執照；所有人都選擇刻意遺忘
過去的歷史。這是當然的，如果能把決策拖延到比較方便的時機
再做，那財政部又何必搬石頭砸自己的腳？

　　實際上的情況也是如此。二〇〇九年時，各資產管理公司的
債券終於到期，但它們並未結束營業，也沒有償還那些債券。取
而代之的，國務院批准將債券到期日再延展十年。為了支持這些
債券在銀行資產負債表上的完整面值，財政部向國際查核公司提
交一份書面的支持聲明，表示它將支持債券利息及本金的付款。
每一家銀行的年度財務報告中都包含類似以下擷取自建行二〇〇
八年年報中的文字：「根據財政部公告，自二〇〇五年一月一日
起，若信達投資公司無力償還完整利息，財政部將提供金融支
持。財政部也將在必要時提供債券本金還款的支持。」當然，一
份公告絕對稱不上保證，財政部絕對不會做這種書面的擔保承
諾。其實它那一份公告的真正意思是：它將以某種方式支持這些
負債的償還，直到它不願意或無法這麼做為止。畢竟愈是不方便
的時候，愈容易碰上履行保證的問題，一如他們在二〇〇九年展
延上述債券到期日的情況所示。直到那一天的到來，建行、中銀
和工銀都將繼續以完整面值來列記這些債券的價值。誠如表3.1
所示，一旦這些債券違約或是這兩家銀行開始認列相關債券的帳

面虧損，它們的資本基礎都會受到嚴重損害，而屆時銀行將不可避免地需要展開另一波資本重組作業。

對人民銀行的「永久賣出」選擇權

以上有關資產管理公司如何被用來解決銀行問題貸款危機的所有說明，凸顯出一件堪稱銀行體系最重要的事：人民銀行給予各資產管理公司的永久「賣權」。事實上，人民銀行不僅把這種賣權給了資產管理公司，還給了整個金融體系，但這同時卻導致推動改革的種種努力大打折扣。這是黨用來抵擋金融災難的盾。黨打著「金融穩定」的旗號，要求人民銀行為所有金融清理作業提供保險，相關的作業不知凡幾，從一九九〇年代信託公司的徹底失敗、二〇〇四年至二〇〇五年證券公司的破產，再到銀行等。到二〇〇五年年底為止，根據公開估計（可能低估），以上種種作為的成本超過3000億美元（見表3.6）[8]。基於銀行經營階層隨時可動用這個選擇權，所以他們幾乎無須在意貸款評價、信用及風險控管的問題。只要將放款的錯誤對外推給資產管理公司，例如用一種所謂的協商商業基礎（negotiated commercial basis），這些資產管理公司就幾乎能自動獲得人民銀行的資金奧援。

因此，人民銀行會在二〇〇五年八月成立它自己的資產管理公司來承接其資產負債表上長期堆積的「歷史遺毒」，一點也不令人意外（見圖3.8）[9]。在那場短暫的記者會當中，它說明匯達資產管理公司將是第五家資產管理公司，不過，從二〇〇五年迄今，這家公司的營運一直都很神秘，因為它並沒有把那一大堆沉

表 3.6　至二〇〇五會計年度為止，人民銀行為維持金融穩定而產生的估計歷史成本

期間	金額 （十億人民幣）	用途
一九九七年至 二〇〇五年	159.9	轉融資給結束營業的信託公司、城市銀行合作社及農村農業合作社，讓它們償還個別與對外負債。
一九九八年	604.1	轉融資給四家資產管理公司，供其進行第一輪銀行不良放款收購。
自二〇〇二年起	30.0	轉融資給十一家破產的證券公司，供其償還個別負債。
二〇〇三年及 二〇〇五年	490.2	匯金重新調整中銀、建行及工銀之資本結構。
二〇〇四年至 二〇〇五年	1,223.6	轉融資給四家資產管理公司進行第二輪的銀行不良貸款收購。
二〇〇五年	60.0	額外放款給破產的證券公司供其償還個別負債。
二〇〇五年	10.0	轉融資給投資人保護基金。
總額	**2,577.8**	
換算為美元（十億）	**315.5**	

資料來源：《經濟觀察報》，二〇〇五年十一月十四日，3。人民銀行，金融穩定報告，二〇〇六年，4；《財經》，二〇〇五年七月二十五日，67。

重的負債組合賣給外部投資者，匯達的營運理當是要配合匯金。匯金是投資製造問題資產的金融體系，而一旦人民銀行以維持金融穩定為由而承接和這類問題資產有關的貸款後，則換匯達負責幫忙收回那些未償還的貸款。

　　一如匯金，匯達是人民銀行金融穩定局所創造，而它的所有高階經營團隊也都在該局任職，一如匯金的其他高階人員[10]。不

圖3.8　匯達資產管理公司的成立，二〇〇五年

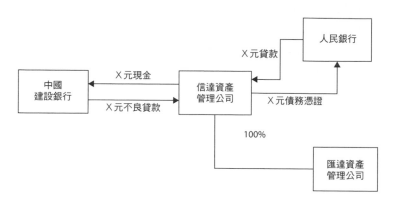

過，不同於匯金一心只想投資好銀行，人民銀行只想把問題資產從它的資產負債表上移除，因此，匯達的實際權益投資人必須是第三方，而和人民銀行關係匪淺的信達資產管理公司，遂成為非常理所當然的選擇。

　　有哪些資產要被歸類為那種問題資產？根據匯達商業執照上所言，它的目標資產和海南及廣西的房地產貸款，還有當年因廣東國際信託投資公司及廣東企業（Guangdong Enterprise）破產而承接的貸款組合有關。有趣的是，這些數字都沒有被列在表3.6，但倒是估計得出來，據估計，相關數字可能達1000億人民幣[11]。儘管它在執照上明確寫出它的目標，但當時金融圈子卻相信，人民銀行的真正意圖是要讓匯達負責處理人民銀行在二〇〇〇年時借給四家資產管理公司的貸款；這些貸款總額超過6000億人民幣。由於匯達的資本額只有1000億人民幣，所以不管它是要承接舊的問題資產，或是承接人民銀行近年來所借出去的任何資產管理公司貸款，它的槓桿都將大得驚人。

假定匯達真的承接了人民銀行對各資產管理公司的部分或全部貸款，類似那種交易的流程可能會如圖3.9所示。誠如先前描述的，人民銀行在二○○○年放款給信達資產管理公司，讓它有能力購買中國建設銀行的問題貸款組合，而且是以完全不打折扣的面額購買。這些貸款後來成為人民銀行資產負債表上的資產，而它接著又將之出售給匯達。然而，除非人民銀行反過來借錢給匯達，否則匯達根本沒有錢可買這些貸款，而實際上，它們的確也是採用這個模式。這樣一筆交易的淨成果是：匯達持有了和信達有關的貸款型資產，而人民銀行本身現在則是持有匯達的貸款型資產。人民銀行機智地藉由財政部對信達的所有權來使力，善加利用財政部假想中的類主權信用評等。

這個辦法的唯一問題是，匯達是信達資產管理公司的100%子公司，換言之，信達對人民銀行發行的貸款憑證（最終來說，是對匯達發行的貸款憑證）等於是由它自己持有。如果這樣的帳

圖3.9　將資產管理公司貸款組合轉移給匯達的模式

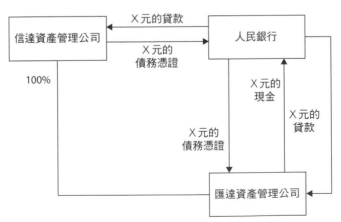

戶能合併，那麼，資產就會抵銷掉負債，一切都會就此消失！
這實在完全沒有道理可言，但官僚們可不這麼想：至少人民銀
行得以藉此將問題資產從它的資產負債表上暫時移除，而信達
（一個未掛牌且無疑無須接受查核的實體）則無須將匯達合併到
它的資產負債表上。充其量而言，這些貸款成為一種或有負債
（contingent liability，中國稱表外負債）：如果匯達無力收足那些
貸款，那人民銀行就收不回它借給匯達的貸款。但誠如先前提到
的，以中國的金融運作而言，或有負債（即表外負債）並不會被
視為真實的負債。看看信達資產管理公司歌功頌德的網站，裡面
找不到任何顯示匯達是它的100%子公司的證據，由此便可清楚
了解這一點。在這種情況下，很難叫人不懷疑中國金融體系內是
否還有第六家或第七家資產管理公司在偷偷運作。

新大躍進經濟

除了一九九〇年代迄今尚未解決的貸款，從二〇〇八年開始
一直延續到二〇〇九年甚至二〇一〇年的放款狂潮，到二〇一一
年似乎都還沒有退燒的跡象。儘管政府目前已開始積極控制信
用，但來自傳統銀行體系內、外的新資金來源，卻已源源不斷冒
出。或者這其實都是定義的問題。事實上，人民銀行、國家審計
署和銀監會對現況各有一套說法。情勢顯示，為回應源源不斷的
資本需求，整個體系已出現很多漏洞。這只是更證明過去三年
間，中國的經濟已經出現重大轉變。從中國企業在集資方面的創
新和獨創性，便可見它們多有創業精神、多有創意，然而國家卻
拒絕擁抱這個活力，一味強迫企業甚至銀行繼續大量沿用老舊的

直接金融方法，再設法尋找新的方法來規避新的資本適足規定。

　　在這樣的環境下，最後勢必走向一個不可避免的結果：銀行問題貸款將在近期內大幅增加，其資產負債表的壓力也愈來愈沉重。這一次，貸款者及貸款專案和上一個循環並沒有什麼不同，包括基礎建設專案、國有企業和地方政府融資平台（詳情見第五章）。不過，這一次的整體放款規模卻大非常、非常多。二〇〇九年時，媒體甚至以「放款大躍進」來形容這個情況，這讓人不免聯想到毛澤東在一九五八年至一九六一年間推動的那一場規畫不周且以失敗收場的大躍進運動，只不過，這一次中國不再是搞後院煉鋼爐，而是蓋了很多高速鐵路和鬼城。

　　二〇一〇年年初，監理機關及黨的發言人紛紛表示，長期以後，這種投資一定能產生正面效果。當時，世界各地的分析師也相繼呼應這樣的說法，不過，黨本身對其中的寓意心知肚明。誠如一個官員的簡單描述：「近期內不會產生現金流量。」換言之，上述大部分貸款（據說有一半以上〔假設10.7兆人民幣是這兩年所有信用的一半〕是流入地方）其實已經違約了。二〇一一年年初，一份非正式風向球顯示，北京正考慮將2至3兆人民幣（3000至4500億美元）的地方貸款從銀行資產負債表中移除[12]。這個數字約當GDP的7%，且幾乎等於國有銀行不到十年前才剛切割出來的呆帳總額。二〇一一年年中，野心勃勃的鐵道部揭露它已合併了1.98兆人民幣的債務，這導致它的營運活動現金流量轉為負數。

　　然而，令人想到就不寒而慄的是，這個風向球所說的地方貸款，幾乎確定是指銀行對地方實體而非國有企業所承作的貸款，所謂地方實體是指那些涉足房地產且可能介入地下銀行業務市場

的主要實體和金融家；鐵道部最終究竟要付出多少代價，目前依舊是個未知數。二〇一一年五月，人民銀行導入一個更廣泛的信用衡量指標（稱為社會融資規模）後[13]，整個局面變得更怵目驚心。這項衡量指標不僅包括銀行貸款，也包含各種不同的其他工具（見表8.2的詳細分類），包括證券化貸款──銀行監理機關先前設定的二〇一〇年證券化貸款額度為1.6兆人民幣。根據人民銀行的結論，假定將這些全都列入考量，二〇〇九年及二〇一〇年提供的總信用金額各達到14兆人民幣，比二〇一〇年較單純的銀行貸款指標── 7.9兆人民幣──多約一倍左右（見圖3.10）。讓人更摸不著頭緒的是，銀監會主席曾提到，有3兆人民幣的銀行貸款趁機流入地下放款市場，不過，兩天後，銀監會卻出面否認他的上述發言[14]。

　　但最先發難並吸引世人注意到信用在如此廣泛領域大幅成長的國際信評機構惠譽（Fitch）卻認為，人民銀行的數字還是漏掉了一些東西。它的結論是，信用成長速度還是遠超過GDP成長。根據惠譽的估計[15]，二〇一一年的總融資金額可能高達18兆人民幣，比人民銀行的數字高出3.5兆人民幣，而且，其總額大約是GDP的42%。如果這個數字精確的話，它大約是二〇〇九年單純貸款數字的兩倍。如此失控的數字衍生了許多問題，例如，各資產管理公司真的能像當初規畫那樣，順利達到目的並終止營運嗎？事實上，基於事實將再次證明這些資產管理公司的使用具有關鍵重要性，所以，怎麼能允許它們到香港辦理公開發行（即使只是考慮）？而財政部又能繼續發出多少借條？

　　在這個背景之下，很多人開始質疑人民銀行是否還有能力繼續為黨如此鬆散的國家金融管理模式買單。有趣的是，人民銀行

圖3.10　新增銀行放款及社會融資總額，一九九三年至二〇一一年初估數字

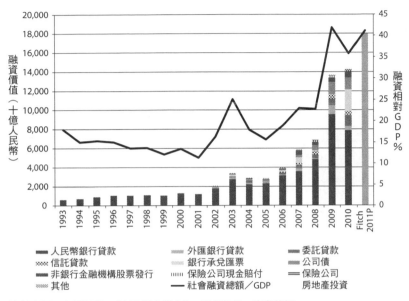

資料來源：人民銀行，《金融穩定報告》，萬得資訊，惠譽信評

從二〇〇七年起，便定期公布它的資產負債表（見表3.7），同一時間，便開始流傳當局正在討論人民銀行資本重組的謠言。[16]這可能足以解釋（至少局部解釋）為何財政部會為了支持工銀及農行的重組而開出借條。不過，相較於人民銀行兩極化的資產負債表所呈現的大局，這些都只是雞毛蒜皮的小細節罷了，畢竟這張資產負債表體現了中國過去三十年的經濟發展策略，這是何等的大事！從資產端可見到中國龐大的外匯準備，它被標記為「外國資產」，而在另一端，廉價且無法轉換的人民幣負債則是源自於中國的出口。換言之，中國透過人民銀行向國民借來廉價的人民

表 3.7　中國人民銀行資產負債表，二〇〇七年至二〇一〇年

十億人民幣	二〇〇七 會計年度	二〇〇八 會計年度	二〇〇九 會計年度	二〇一〇 會計年度	十億美元
外國資產	12,482.5	16,254.4	18,533.3	21,541.9	3,314.1
對中央政府債權	1,631.8	1,619.6	1,566.2	1,542.1	237.2
對其他存款性公司債權	786.3	843.3	716.2	948.6	145.9
對其他金融性公司債權	1,297.2	1,185.3	1,153.0	1,132.6	174.2
對非金融性公司債權	6.4	4.4	4.4	2.5	0.4
其他資產	709.8	802.8	779.9	759.8	116.9
總資產	**16,913.9**	**20,709.8**	**22,753.0**	**25,927.5**	**3,988.8**
貨幣發行	3,297.2	3,711.6	4,155.6	4,864.6	748.4
金融性公司存款	6,841.6	9,210.7	10,242.9	13,666.5	2,102.5
非金融性公司存款	15.8	0.0	0.0	0.0	0.0
金融性公司其他存款	0.0	59.1	62.5	65.7	10.1
發行債券	3,446.9	4,578.0	4,206.3	4,049.7	623.0
國外負債	94.7	73.3	76.2	72.0	11.1
政府存款	1,721.1	1,696.4	2,122.6	2,427.7	373.5
其他負債	1,483.7	1,358.7	1,864.9	759.3	116.8
總負債	**16,892.0**	**20,687.8**	**22,731.0**	**25,905.5**	**3,985.5**
自有資本	**21.9**	**21.9**	**21.9**	**21.9**	**3.4**
總負債加資本	**16,913.9**	**20,709.8**	**22,753.0**	**25,927.5**	**3,988.8**

資料來源：人民銀行，《金融穩定報告》，二〇一一年

幣，並進而累積了龐大的外匯準備。這一切都是以維持中國出口部門競爭優勢的策略為考量，因為當局深知就業機會來自出口部門。

　　但這個部分只和體制外的經濟有關。而為取得國家本身在這個體制內的利益，就必須把利率維持在低水平。儘管維持低利率可能也有助於壓低匯率，但這並不是中國刻意維持低利率的主要

原因。在中國受管制的各級利率中，銀行的借款成本被蓄意維持在最低水準，原因有兩個：第一是要支持銀行的獲利能力，第二則是要讓國有部門的資金成本盡可能維持在最低水準。這其實就是以人為方式在補貼體制內的經濟，在這個體制內經營超大型基礎建設專案的國有寡占企業當然也會因此受惠。這一點非常重要，因為這類企業為很多人民提供就業機會，所以，它們堪稱維護黨政治力量的支柱。過去三年，這種受廉價銀行資金驅動的投資，對中國GDP成長的貢獻度高達50%以上，而到二〇一一年時，這個貢獻度還是維持不變（見表3.8）。

表3.8 GDP成長驅動因子，二〇〇〇年至二〇一一年六月三十日

	2000	2007	2008	2009	2010	6/30/2011
投資	35%	38%	38%	92%	55%	53%
消費	62	39	47	53	37	48
淨出口	2%	24	16	−45	8	−1
名目GDP成長率	8.4	14.2	9.6	9.2	10.3	9.6

資料來源：萬得資訊

　　要怎麼基於某個新的發展策略而把這個長期支持黨且將極高比例的中國人帶離貧窮境地的金融基礎架構（儘管它採行金融抑制〔financial repression〕[17]）予以拆除並將之重組？很多人認為，因為中國已擁有龐大的外匯準備，所以它現在很有錢。但這其實是一種錯誤的財富表象。當人民銀行取得這些外國貨幣時，它已經同時在國內經濟體系創造了人民幣。這些外匯在什麼情況下可以再次被用到國內，但又不會創造更大的貨幣壓力？3.2兆的美元要怎麼花？就像現在，這些準備金只是單純暫時投資到一些低

收益率的外國債券，而這些外國債券的幣值似乎注定會讓債券的貶值幅度超過其利息收入。事實上，有人可能會納悶，在美元兌人民幣貶值的情況下，中國的中央銀行要怎麼維護它的帳戶，因為每當美元貶值或人民幣升值，它都會產生可怕的市場虧損。

　　然而，人民銀行旗下的國家外匯管理局並不認為這是個問題。外匯管理局表示「若以人民幣計值，人民幣對美元的匯率變化會導致這些儲備面值產生變化……這不是一種實質虧損，所以將不會影響外匯準備的實質海外購買力。」[18]。這純粹是為了國內消費而進行的政治宣導。外匯管理局說美元的數字價值並未降低，換言之，100萬美元依舊是100萬美元。的確如此。儘管中國的本國貨幣升值，但它卻沒有虧掉任何一毛錢。不過，貨幣是一種相對指標，不是絕對指標。過去幾年間，美元的價值確實是降低的。這意味美元相對於很多種不同貨幣（包括人民幣）是轉趨弱勢的，所以，現在用1美元能買到的東西已經比以前少了。因此，「實質海外購買力」當然已經下降！不過，若對內承認這件事，將會導致很多人質疑外匯準備的管理效率以及人民銀行資產負債表的強度。

　　其實在當前的政治經濟架構下，北京當局也不太有能力在國際上使用這筆外匯存底，因為它掌控的國內寡占型企業雖然規模龐大，但卻缺乏必要的經營經驗，所以並未能快速有效運用這些資金。更重要的是，一旦較積極推動這個政治經濟架構的自由化，就會直接衝擊到專為黨及這些寡占型企業創造利益的系統核心。所以，難怪政府似乎缺乏意願來因應這些棘手的主題。

　　至於中國銀行業，歷經二〇〇五年的痛苦掙扎後，積極推行金融改革的壓力已日益減輕。這些銀行再次被淹沒在黨一手主導

的貸款洪流中，回到整個資本重組計畫開始時（一九九八年）的狀態。一如在五十年前展開的大躍進運動時期，它們目前仍舊是受黨指揮的金融公用事業。相關的思維還是：不管發生什麼問題，橫豎都能用一些鮮為人知或終將被淡忘的無名實體來解決。這就是目前黨提出「問題貸款將在可管理的範圍內，而且未來不會發生硬著陸」說法的原因。

中國最新的銀行體系模型

誠如陳元所評論，中國不應該把「美國那一套直接套用到中國……它應該建立自己的銀行體系。」中國目前確實是朝這個方向在前進，各家資產管理公司已經把舊金融體系的種種業務全部重新組合在一起。在最後一波的中國農業銀行清理過程中，以及二〇〇九年貸款急速成長前，四大銀行內部和國務院都曾積極討論過這些資產管理公司的命運。不過，事態的發展顯然將會脫離合理的模式，一如他們當中一名高階經理人所形容：

> 對於因第一套政策性不良貸款而產生的虧損，國家將負起承擔的責任。透過商業管道取得之不良貸款所衍生的虧損，則是必須以資產管理公司扣除人民銀行轉融資利息後的營業利益來支應。如果購入不良貸款的價格不理想，導致人民銀行的貸款產生任何損失，將以資產管理公司的資本來彌補。最終來說，最可能的結果是，資產管理公司將不得不和國家起爭端[19]。

　　這個資產管理公司主管心知肚明，若各資產管理公司真的開始沖銷呆帳，就會面臨破產命運，並迫使財政部介入，代為償還它們流通在外的債券及對人民銀行的貸款。若財政部不願意這麼做，銀行的資本勢必會蒙受損失，而不管是過去或現在，銀行業都無法承受這個打擊。

　　然而，雷曼兄弟公司在二○○八年九月的破產，徹底改變了整個遊戲規則。國際銀行體系動盪且瀕臨崩潰邊緣的景象，讓中國政府如夢初醒。因為至少在一九九四年──更確定的是一九九八年起，銀行改革和監理全都是以美國的金融經驗為基礎。花旗銀行、摩根士丹利、高盛和美國銀行全都曾被視為金融業務及智慧的縮影。但雷曼事件的發生，讓外界立刻不再信任這個美國模型，更不相信銀行監理機關及其他市場導向改革者積極將中國金融發展導入這個基本架構的所有努力。儘管如此，這個架構終究是無可取代的。很顯然的，突然擺脫所有限制的銀行開心地繼續它們著名的放款狂潮，同時也盡可能尋求掌握眾多的新金融執照。誠如一個資深銀行業者所言：「沒有人知道新銀行模型將便變成什麼模樣，所以在這個時刻，最好是竭盡所能取得所有執照。」要找到大量這類執照，最輕鬆的方法就是找資產管理公司。但它們又是怎麼取得那麼多執照的？

　　除了承接銀行的問題貸款組合以外，當年各資產管理公司也承接了很多破產證券公司、租賃公司、金融公司、保險公司和商品經紀商的債務憑證。但外界對幾年前中國金融體系這類公司的破產幾乎毫無所悉。以其中一些案例來說，各資產管理公司理當是要將它們的債權重組為股票，接著再將股票賣給第三方。出售這類股票的所得理當是要部分或全部（如果協商得宜的話）用來

償還舊債。不過，最後資產管理公司並未能順利賣出其中絕大多數的「殭屍企業」（zombie companies）[20]，但這些公司卻也沒有結束營業。最後它們只是改個名稱，讓員工繼續保有工作，並就此成為各資產管理公司的子公司。舉個例子，東方資產管理公司曾吹噓它整個集團旗下擁有11個成員，包括證券公司、資產鑑價公司、金融租賃公司、信用評等公司、旅館管理公司、資產管理公司、私募基金以及房地產開發公司等。而規模最大且最積極的信達資產管理公司則擁有12個成員（含匯達則為13個），包括證券公司、保險公司、信託公司、期貨公司和房地產開發公司等（見圖3.11）。中國銀行業者只要收購那些代表母公司的資產管理公司，就能一次取得許多表面上可讓他們加入全方位銀行陣營的多樣化執照。

　　當然，銀行其實是被各資產管理公司懲惠的，因為這些資產管理公司壓根兒不希望自己關門大吉。另外，銀行此舉也帶有一點為資產公司平反的意味，畢竟資產管理公司承接了當年銀行基於重組目的而藉機切割出去的多餘員工。於是，銀行和資產管理公司雙雙和政府展開了一場膽小鬼遊戲（game of chicken），而這場遊戲的目標就是不良貸款的沖銷。到二〇〇九年年中時，有關工銀和建行計畫收購其旗下資產管理公司的謠言四處流竄，謠言指稱它們已各自向國務院提出一份至多投資20億美元以取得各自旗下資產管理公司49%股權的具體計畫。這個想法非常嚇人，不過，後來謠言不再只是謠言：到二〇〇九年年底，《財經》雜誌便報導國務院已核准建行投資信達49%的股權，投資金額高達237億人民幣（35億美元），根據這項計畫，財政部將繼續持有剩下的股權[21]。於是，據報導，含財政部原始投入的

圖3.11　信達資產管理股份有限公司組織圖

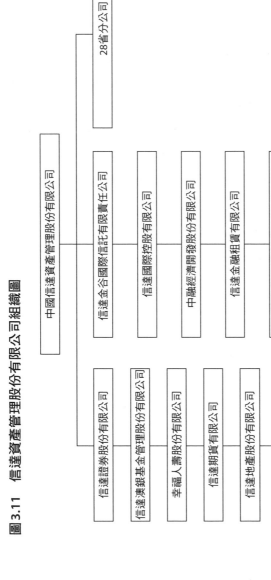

資料來源：信達資產管理公司網站

100億人民幣，信達的總註冊資本將變成337億人民幣。這實在只能用無法無天來形容，因為這代表信達完全不用為它過去十年的虧損——包括營業虧損及信用虧損——負任何責任。即便信達是四家資產管理公司當中營運最好的一個，但發展成這樣，卻也實在太不可思議了。還是說它旗下無數新子公司的營運已經幫它抵銷掉那些虧損了？這真的只有天知道了。

即使信達沒有破產，任何人都應該會對上述交易高得離譜的評價感到納悶。信達及它不為人知的子公司——匯達——和當年造成安隆公司（Enron）破產的那些特殊目的工具（special purpose vehicles，一開始好像很賺錢，但後來卻虧損累累，最後還導致母公司破產）甚至二○○八年幾近崩潰的美國金融體系有任何不同嗎？不僅如此，這些新的安排還有其他可議之處：就在信達的交易即將敲定那一天，財政部就適時宣布建行持有的信達債券——高達2470億人民幣——到期日將再延展十年。這個行動無疑也代表它接下來將繼續延展其他三家資產管理公司的存續[22]。

一九九八年起展開的銀行改革在二○○九年時走到終點。未來整個產業的局面看起來好像還是會回歸到舊蘇維埃指揮模型（一九八○年代至一九九○年代初期），只不過外表看起來光鮮亮麗一點罷了。最後信達的交易並未能依照它原本提議的形式進行。然而，到二○一○年年中，信達的新結構出爐，它組成股份有限公司，財政部則變成它的唯一股東，它將手上眾多沒有價值的資產——包括它欠人民銀行的貸款——一股腦兒全都切割到一種目前愈來愈普遍的共同管理帳戶，同時換取更多財政部借條。這讓信達得以開始善加利用它手上的大量執照，最終更讓它得以在香港辦理IPO。從負債持續循環的情況便可發現，儘管黨——

當然還有財政部——擁有驚人的財富，但似乎欠缺完成一九九八年起的那一波銀行改革的智慧及決心。

評估各資產管理公司的價值

　　儘管這些資產管理公司沒有能力履行它們自身的義務，但各資產管理公司透過浮誇的記者會及網站內容，還有對媒體圈的大獻殷勤，將它們的企業形象改造得煥然一新。更甚的是，改變的不只是它們的形象：這些公司不透明的財務反而引發很多誇張的猜測，且多半和它們管理的資產價值有關。成立迄今十年，這些資產管理公司一直都被擺在一個夢幻又不切實際的金融環境裡，這裡的資金完全免費，而且多到超出經濟或理性原則可計算的範圍。

　　每一家資產管理公司都有一個網站，上面可以找到許多吹噓其豐功偉業的新聞及數據。然而，卻沒有任何一個公司的網站提供類似損益表或資產負債表等報表，連最陽春的都沒有。舉個例子，華融公司曾發表一份長達96頁的年報，但這份報告讓讀者產生的疑問卻多過它給人的答案。華融的經營團隊宣稱他們透過53億人民幣的商業營收實現了20億人民幣的利潤。這顯示那33億人民幣的費用當中，包含付給工銀及人民銀行的債券利息，不過，事實上絕對不可能是這個數字，因為這個數字太小了。華融也宣稱它將「國有資本提高了159%」。華融的原始資本額僅僅100億人民幣，還用完全不打折扣的價格（面額）收購了7200億人民幣呆帳，這讓它不得不承受沉重的利息負擔。如果它真的交出上述成績，那它無疑是世界最優秀的不良資產基金經理公司。

這些聲明究竟要怎麼解釋才對？誠如建行的董事長在事後所言：
「儘管中國建設銀行已表達投資信達的意願，但最困難的問題卻
還是在於資產管理公司本身的評價。」[23]

　　也許檢查某些可供檢驗的公開資訊能讓我們找到於資產管理
公司評價問題的部分答案。檢視它們持有的公開掛牌股票，應該
就可略窺一二。儘管這些持股記錄並不詳盡，但從中可看到的情
況，卻已經讓人完全樂觀不起來。信達、華融、東方和長城這四
家資產管理公司持有大約85檔掛牌證券，幾乎清一色是國內的掛
牌證券。到二〇一一年年中，這85檔持股的總價值是69億美元，
其中有40億美元集中在六檔股票（見表3.9）。這份清單不可能是
完整的，因為各資產管理公司當然已經賣掉某些部位來償還銀行
借款的利息。再者，在市場表現良好的年度，它們無疑是非常活
躍的股票市場交易者，買賣動作一定是相當頻繁。但儘管如此，
我們實在無法從這些投資看出它們擁有謠傳中的龐大財富。

　　在這85檔持股中，大約有15%已被監理機關打入警示狀態
（ST status）。這意味它們不是虧本的企業，就是違反某種金融監

表3.9　資產管理公司的某些持股，二〇一一年七月三十一日

交易所代碼	持股名稱	資產管理公司	評價
601600 CH	中國鋁業（中鋁）	信達	1,288
600657 CH	信達地產	信達	776
601989 CH	中國船舶重工	華融及東方	614
601268 CH	中國二重重型工業集團	信達及華融	519
002430 CH	杭州漢陽羽絨	華融	428
601398 CH	工銀	華融	317
		合計	**3,942**

資料來源：《彭博社》，萬得資訊

理規定，而且，這也顯示那些經營不善的企業很可能是國家以受託管理的名義分配給各指定資產管理公司的。所以，這些企業根本沒有市場價值可言。在這類經營不善企業中，最顯著的例子包括德隆和中國新科技風險投資公司，這是中國過去20年來最引人注目的企業破產案之二。

至於清單上的「大咖」如中國船舶重工和工銀，無疑是來自政府邀請各資產管理公司參與它們的IPO交易，請參考第七章的詳細描述。因為這麼一來，資產管理公司就可以在那些公司掛牌後賣出對它們的持股，實現優渥的利潤來償還利息費用。這完全符合體制內的行事方式。如果不是政府支持各資產管理公司進行那些投資，它們要去哪裡找錢？以上所述之主要投資都不是來自原始不良貸款組合的股權交換，只有中國二重重型工業和杭州漢陽羽絨的持股是以債換股的結果。

一般人總認為這些資產管理公司坐擁高額的房地產組合，其價值無法計數。基於缺乏詳細財務數字，所以我們很難對上述說法提出有力的質疑。不過，從它們較大的持股票部位便可見，只有信達地產公司和房地產議題直接相關。這家公司不可能擁有龐大的A級房地產組合，不過，基於辯論的目的，讓我們先假設它確實持有那樣的組合。那麼，那些房地產會有多少價值？無疑的，這些資產管理公司——包括信達——確實曾被迫承接大量以房地產做擔保的呆帳組合。但到二〇〇五年時，這些貸款組合早就處理完畢，最好的資產都以原價的20%賣給第三方了。六年後的今天，就算這些房地產的價值大幅上升，受惠的也只是先前那一批買方，而非各資產管理公司，因為這些資產管理公司現在持有的都是最沒有價值的房地產型資產。

　　未來十年，這些資產管理公司的角色並不會改變。它們還是會被要求協助推動地方政府及其他呆帳的重組。也許到某個時點，每一家資產管理公司終將發行股票，但除非財政部願意像支持信達那樣支持這些資產管理公司，透過一個特殊管理帳戶來承接它們剩餘的不良放款組合，並針對剩餘資本進行資本重組，否則發行股票根本就免談。

寓意

　　以下這個問題經常被提起：黨如何管理這個專為失敗的金融交易而建立的機制真的有那麼重要嗎？畢竟如果中國真的下定決心，它的確有足夠財富來吸收這些巨額損失。不過，這個問題的答案絕對是：「是，很重要」。雖然每天報紙上都會報導中國國家冠軍和主權基金到國際市場上尋覓投資機會的消息，人民幣的國際化也創造了一些新聞話題，它們聲稱中國將尋求挑戰美元的國際貿易貨幣或國際準備貨幣霸權，不過，我們卻鮮少聽到來自中國銀行業的聲音。為什麼？

　　當二〇〇八年西方銀行業徹底陷入混亂，整個世界都在為中國的景氣振興方案喝采之際，美林（Merrill Lynch）和摩根士丹利正好面臨被低價拍賣的窘境。當時中國的銀行有任何作為嗎？這些意氣風發的金融巨擘僅有的成績是：南非的一筆小交易和接手加州一個社區銀行。更近期來說，四大銀行之一的董事長甚至放棄諸如美國等已開發市場的成長機會，要求助者去找傑米·戴蒙（Jamie Dimon）[24]。任何人都可以想像得到，如果在那段黑暗的日子裡，工銀願意拿現金向美國財政部出價購買花旗集團、瓦

丘維亞銀行（Wachovia）、華盛頓互惠（Washington Mutual）或美林，美國政府會被迫採取什麼回應。對中國來說，當時這一整個購物籃應該算是非常便宜，因為整個世界剛經歷非常時期，那樣的機會稍縱即逝，而且可能永遠都不會再出現。但怪異的是，就在中國的企業、中國國家開發銀行和它的主權基金都積極尋覓國際投資機會之際，為什麼各銀行卻沒有任何動靜？

換另一種方式來說，如果中國銀行的市場評價千真萬確，而且這些銀行的狀況真的有那麼好，為什麼中國的銀行模型沒有被輸出？當美國和歐洲監理機關和政府想盡辦法尋求防杜下一個金融危機的方法之際，為什麼它們沒有訴諸中國的模型？（這個模型包括資產管理公司的使用、徹底國有化，以及由人民銀行放款）。如果像某些人預測的，中國尋求在可預見的未來取代美國的全球經濟中心地位，那照理說，它應該不僅輸出資本，也應該要輸出智慧財產。但它不僅沒有輸出智慧財產，外界對它根本也沒有這個期待。

過去十年的歷程顯示，中國的銀行雖空有《財富》五百大企業的地位，但卻幾乎沒有國際競爭力可言。它們的運作模式和一般熟知的已開發世界銀行業營運模式根本不同。多年來，它們被保護、隔離在體制之內，這樣的作法創造了許多只會依賴政府精心安排的指示和支持的機構。在組織部有權決定一家銀行執行長的未來的情況下，我們對它們還能有什麼期待？儘管銀行業早就展開漫長的公司治理機制改革，但有人相信任何一家銀行的董事會成員，會比黨委員會更能代表它的控制股東嗎？不可否認的，這些銀行的規模確實很大，一直都很大，但它們沒有創意可言，也不創新。它們的市值都是當局巧妙操縱各種評價方法的結果，

不能代表它們創造價值的潛力。二〇一〇年時，隨著一家接一家
中國銀行又宣布數十億美元的資本募集計畫，讓人不禁納悶，究
竟它們短短幾年前才剛募集到的巨額資本跑到哪兒了。儘管它們
的利潤顯然很突出，但資本成長卻不足，而且，這還沒有考慮到
萬一以市價計值法來列記目前永無到期日的資產管理公司債券
後，會產生多可怕的潛在虧損，也沒有考量到它們對國內債券市
場的巨額曝險。事實就是，儘管這些銀行陸續完成IPO，但相較
於其資產負債表所承受的風險，它們的資本依舊不足，而且已經
是在把它們優異的股東權益報酬率列入考量的情況下。

　　而且，為了換取這樣的獲利能力，銀行也付出代價：中國的
銀行再次淪為受國內政治爭端左右的犧牲品。當朱鎔基逼迫銀行
採行國際模型的力道漸漸消退，各家銀行很快就恢復了「被動公
用事業」的傳統角色。毫無疑問地，二〇一〇年的銀行業再次成
為收受巨額存款、遵循黨領導人指示而放款的傀儡機構。不管它
們的董事會及高階經營團隊在過去十年間取得多大程度的影響
力，從二〇〇九年起，除了扮演幫忙粉飾太平的角色以外，他們
變得什麼都不是，連原本備受推崇的銀行監理機關也一樣。如果
銀行是一種衡量及評估風險價值的業務，那剛開始學習這項業務
的這些實體，現在又迅速遺忘它們學到的東西。

　　任何主張「由於中國銀行業主要是放款給國有企業，故無須
研究『美國那一套』」的論述，明顯就是一種華而不實的說法，
因為國企並沒有償還它們借的貸款。而銀行業也深知，這種貸款
有還、沒還都無所謂。原因是：首先，黨已經擔下所有責任，所
以，不能怪罪那些遵從命令的（銀行）經營團隊。第二，誠如這
一章所說明，現在已經有一個證明十分好用的基礎建設可用來隱

藏呆帳。目前看起來，各資產管理公司及幾乎完全虛擬的共同管理帳戶的未來發展，似乎都沒什麼問題。就經理人來說，除非他們未能注意黨的號召，否則絕對不會保不住自己的飯碗。因為管理中國及其資本分配流程的是黨，不是市場。

在缺乏公眾監督的情況下，很少人質疑過銀行資產負債表及盈餘的品質。如果只有國內出現這種情況，那絕對是可以理解的，畢竟這裡的媒體徹底受黨的指導影響。不過，令人費解的是，國外卻也鮮少有人對此提出質疑。國際股票市場和眾多年輕股票分析師以其所屬機構的信用來為中國的銀行業背書：他們認為中國的銀行和其他國家的銀行沒兩樣，而且很有價值，就算個別機構不見得有價值，但以它們堪稱整體中國經濟表徵的地位，其價值自然不言可喻。而這說到了重點，這些銀行確實是整個體制內經濟的表徵，但在這個經濟體裡，黨總是隨心所欲地採用它喜歡的組織辦法，最明顯的例子，就是任意讓銀行買回尚未經過重組的資產管理公司。某家大型美國銀行的一名分析師曾公開支持這個概念，他的說法是：「這些資產管理公司將獲得世界上最大資本的銀行做靠山，而銀行為了擴展它們的業務，推行這項作業（銀行投資資產管理公司）理所當然。」很多大型機構的其他外國分析師也都熱情地呼應這個想法。

這種欠缺考慮的評論對中國毫無幫助。如果中國政府因此掉以輕心，相信它的四大銀行真的已是世界級銀行，並鼓勵這些銀行朝國際擴展，那將會更加危險。一旦它們朝國際邁進，並開始接受西方監理機構及媒體的詳細檢驗，將會產生什麼效應？所有目睹過二〇〇八年情況的人都不應該太過樂觀，當年媒體緊迫盯人地聚焦在次級貸款和證券化工具上，結果在美國引發很多負面

衝擊。所有人都應該記住，貝爾斯登公司（Bear Stearns）和雷曼兄弟公司都是在一個週末之內就消失無蹤。中國的政治菁英們當然也從這個經驗學到教訓，一如他們從其他國際金融危機中也曾學到一些教誨。

在中國，政治命令讓銀行不可能顯著國際化。四大銀行來自黨政治力量的極核心位置；它們是在一個封閉的系統中運作，它們的風險及評價都是受政治命令管理。沒錯，中國的銀行業已藉由公開掛牌、廣告活動和消費性放款而展現了國際化的外觀。然而，誠如二〇〇九年的情況所示，這樣的變化只是表面的：銀行商業模型的真正改革，依舊是一個可望而不可及的艱難目標。這些銀行未來仍將受到嚴密保護、受當局直接控制且固守國內的機構。近幾年，主要國際銀行的領導人都曾暢談到要創造能抵擋嚴重經濟壓力的「堡壘資產負債表」。中國也有建造堡壘的動力，不過，他們所要建造的堡壘，是要將銀行業隔離在所有外部及內部變動源之外的堡壘，因為他們相信黨應該還是有能力控制一切風險。誠如上海一個知名的金融官員曾說的：「這個體系的設計是要預防倒閉。」

二〇〇九年及二〇一〇年，中國銀行業承作了超過20兆人民幣（但究竟超過多少，卻沒有人知道）的巨額放款。如果未來幾年，這些貸款沒有導致銀行不良貸款大量增加，而且繼續以面值被列記在資產負債表上，那就定義而言，中國的銀行體系就必須繼續封閉。然而，如果持續依照國際標準來進行風險分類，那銀行業就會重蹈一九九〇年代的覆轍，屆時銀行的未償還貸款將再次大幅上升，而且需要再次進行巨額的資本重組。無疑的，放款愈多的銀行屆時將愈無法取得新資本。這一波放款海嘯和高股

利發放政策已導致中國銀行資本適足率變得愈來愈緊繃，也迫使它們面臨籌集更多資本的沉重壓力，而這些資本主要還是來自國家。有點諷刺的是，他們可以藉由降低貸款型資產來減輕對資本的需求，而這麼一來，各資產管理公司將確定會繼續扮演它們動見觀瞻的核心角色。

這個安排還有另一個重要的面向。過去幾年間，中國的銀行滿腔熱情地介入消費性業務；信用卡及簽帳卡、汽車貸款和房貸等早已成為中國富庶的沿海地區常見的業務。但二○○八年起的外銷急速降溫，凸顯出中國經濟模型向來過度依賴出口的大缺陷；於是，各方專家紛紛大聲疾呼，敦促政府發展和美國（還是美國！）類似的國內消費模型。另外，中國逐漸老化的人口結構也讓它朝這個方向前進的壓力變得有增無減。如果誠如第十二個五年計畫所規畫，政府真的尋求以國內消費來取代外銷需求，那就意味國內儲蓄率將會下降，家庭存款當然就會減少。這麼一來，銀行業將會面臨什麼問題？目前整個中國金融體系的資金幾乎完全仰賴中國人民大無畏的儲蓄行為，他們是這場遊戲中唯一的非官方資金來源。資產管理公司／人民銀行的安排之所以到今天還行得通，是因為每個中國人都還在存錢，而且流動性還相當充沛。如果中國人民學會美國朋友們那種借錢和揮霍無度的熱情，銀行集資將面臨什麼問題？從這個觀點來說，中國似乎不可能發展大量新的投資及消費性放款產品。相似的，這個觀點也顯示，「社保達到完全提存（full funding）」的改革似乎也將遙遙無期。

最後，還有外國銀行營運的問題，當年在國際銀行業者的積極奔走下，中國得以展開進入 WTO 的眾多協商，後來更擬定一

份開放中國國內銀行市場的詳細時間表。大致上來說，中國的確有信守當初的協議，而過去八年間，外國銀行也投入大量資源發展網路和新銀行產品。它們主要是聚焦在國內消費者和新分行的成立，目前中國各大城市及媒體，也常見大型美國及歐洲銀行的品牌廣告，另外，外國銀行也很快就介入本地貨幣風險管理產品市場的開發。

　　這些外國銀行了解中國及其金融體系正在轉型，而且，多數都準備堅持到底，因為它們預期在不遠的將來，中國市場將完全對外國銀行開放。在二○○八年以前，大家一般都抱持這樣的想法。不過，從中國政府檢討全球金融危機後所做的結論顯示，他們未來將不會繼續根據目前顯然已不可信任的國際金融模型來推動開放和改革。儘管這並不代表他們已經有了另一套模型，但卻也意味現況將一直延續，從最近發生的幾個事件便可見他們未來的確會朝這個方向前進。在這種情況下，現在已進入中國的外國銀行能有什麼未來？

　　總之，中國銀行業還是處於由黨一手創造的舒適防護罩內，它們的運作受到黨的保護，並因此得以獲取巨額的人為利潤，而它們也大方將這些利潤回饋給保護它們的黨。由二○○八年奧運會或中國六十週年國慶的盛大慶祝活動便可見，黨的確非常善於管理及應用經濟改革和現代化的種種象徵。然而，諷刺的是，如果一九九七年的亞洲金融危機曾促使一群中國領導人察覺到其金融體系有必要進行真正的轉型化改革，二○○八年的全球危機卻對當前這個世代的領導階層造成了反效果。他們要求以銀行貸款來支持巨額經濟振興方案的作法，可能已完全抹殺了前十年的改革成果。更諷刺的是，儘管好銀行的體質已經轉趨疲弱，但先前

基於改革目的而成立的壞銀行卻變強了，也許這是為了下一波不可避免的改革提早做準備吧？如果新興市場的機構總是無法逃脫配合政府整體政治需求的命運，那要期待它們真正改變，恐怕得等下一場大型危機爆發。當然，如果黨領導階層願意真心承認中國今日的表象未能反映根本現實，而且中國經濟的真正需求並未獲得滿足，那才有真正改變的一天。

附注：

1　《中國日報》，二〇一〇年八月二十五日：9。

2　這些債券的原始到期期間為十年，但二〇〇五年時，到期日和票面利率全都改變了。新的票面利率是改為較容易應付的2.25%，但它的到期日變得更長了，延長到二〇二八年。

3　以工銀和農行的例子來說，財政部一九九八年挹注的資本依舊獲得保留，不像建行及中銀，財政部對它們挹注的資本最後被沖銷。

4　譯注：如果用新標準分類，呆帳金額更高。

5　文中提到的930億人民幣是根據一九九八年財政部的辦法而挹注到這兩家銀行的，那屬於2700億人民幣特殊債券的一部分。由於當時這些銀行的總不良貸款率都高達40%，所以任何一家銀行都不可能有真正的保留盈餘。

6　事實上，人民銀行藉由允許幾家中央級國企及國家社保基金持有建行股票，從而略微分散建行的股東結構。因此，在外國策略性投資人入股前的此時，人民銀行持有建行的股權只略高於95%。

7　農行自一九九九年起持有的1380億人民幣原始資產管理公司債券後來被借條取代；1506億的人民銀行貸款則是以1506億不良貸款資產來抵銷。

8　見二〇〇五年十二月二十六日《經濟觀察報》，34。這個數字可能甚至更大。人民銀行在它的二〇〇五年《金融穩定報告》中，也提報了一個3.24兆人民幣（3900億美元）的數字。

9　Yu Ning，〈匯達登場〉，《財經》雜誌，二〇〇五年七月二十五日：65。

10　見「匯達資產託管浮出水面，張漢橋獲認定事長」，《第一財經日報》，二〇〇五年八月三日：1。

11　完全沒有列出海南及廣東的數字，讓人不得不懷疑朱鎔基在一九九〇年代初期解決的巨額「三角負債」（一九八〇年代銀行業災難所遺留下來的）最後將是以什麼形式收場。

12　張斌，〈中央政府欲接收3萬億與土地相關地方債務〉，《經濟觀察報》，二〇一一年六月六日。

13　見人民銀行調查統計部〈社會融資規模構成指標的說明〉，二〇一一年五月二十日，www.pbc.gov.cn。

14　〈銀監會表示地下放款報告「非事實」〉，《彭博社》，二〇一一年八月十二日。

15　惠譽信評〈中國銀行：槓桿的成長依舊超過GDP成長〉，二〇一一年七月十三日。

16　Keith Bradsher〈中國的主要銀行急需資本挹注〉，《紐約時報》，二〇〇八年九月五日。

17　譯注：指政府過度干預金融活動及金融體系，結果對金融體系的發展構成抑制效果，而金融體系的發展受到抑制，又進而阻礙了經濟發展，最後變成一個「金融抑制」和「經濟羸弱」的惡性循環。

18　〈放任人民幣兌美元達到十七年新高後，中國暗示人民幣仍有高點〉，《彭博社》。

19　《財經》雜誌，二〇〇八年五月十二四：79。

20　編按：指那些依靠銀行貸款苟延殘喘、避免破產的企業。

21　www.caijing.com.cn/2009-09-23/110259742.html

22　中國銀行所屬資產管理公司——東方資產管理公司——欠中銀的債券在二〇一〇年到期時，一樣被展期；無疑的，工銀持有的華融公司類似債券也可能會在二〇一〇年稍晚到期時獲得展延。

23　《經濟觀察報》，二〇一〇年七月十二日：19。

24　摩根大通公司執行長兼董事長。

第四章

受箝制的中國債券市場

「與其他金融工具相比，尤其是在我國儲蓄率較高、廣義貨幣
（M2）占 GDP 比例較大的背景下，我國公司債發展較慢，使其
在國民經濟中發揮的作用確實相當有限。同時，公司債市場發展
滯後，還使我國金融市場融資結構很不合理，整個金融體系隱含
了相當大的風險，很可能給社會經濟發展帶來比較嚴重的後
果。」

周小川

中國債券市場發展高峰會演說

二○○五年十月二十日

已開發經濟體的債券資本市場是在企業界及其他設法降低
資金成本（相較於銀行業願意或能夠提供的成本）之發
行者的需求驅動下而興起。這類發行者的基本假設是，不是只有
銀行才有能力了解及評估投資風險，保險公司和退休基金等大型
機構投資者也有能力獨立做出投資判斷。所以，如果有辦法向其
他投資人募到更便宜的資金，那有什麼理由只仰賴銀行來為你提
供資金呢？為什麼不利用市場來壓迫銀行提供更便宜的資金？過
去幾年，中國似乎也展開了類似的流程。它的債券市場發行量達

到歷史新高，同時也發展出標準化的承銷程序，另外，更允許某種程度的外資參與。這個市場的投資人有沒有可能在不久的將來加入競爭行列，和銀行爭食企業發行市場的大餅，進而幫銀行業分攤一部分信用及市場風險——一如中國的中央銀行向來明確表達的改革目標之一？

在中國，表裡不一幾乎是常態；很多在國際上常用的文字到了中國，卻可能代表不同的意思。這裡的債券市場同樣是提倡銀行改革的那一群改革者所創造。從二〇〇五年起，為了降低銀行體系的超額風險集中度，他們接手了幾近垂死的國債銀行間市場，並仿效國際模式，導入許多可供一般企業界利用的產品。表面上看起來，他們的努力似乎已收到成效。但中國債券市場龐大的發行量、成千上萬個市場參與者和不斷擴張的產品範圍，全都沒有改變一個事實：它還是處於非常原始的階段，相信任何參與中國市場的人士應該都不會否定這個評估。而且，情況一如這一章一開始引用的周小川評論所指。不管是從受管制的利率架構或從投資人（最終來說，主要投資人還是銀行）的角度來說，中國的債券市場確實受到嚴重箝制。要了解中國債券市場何以陷入垂死掙扎，必須深入挖掘許多技術層面的細節。不過，只要看看這些市場受到什麼樣的控制，就能大致揣摩出黨是怎麼管理整個中國的金融體系：它讓這個體系擁有種種象徵現代市場的記號，不過市場本身卻非真正現代化。

一般來說，「原始」這個字眼是用來暗示缺乏必要的市場基礎建設，不過，在中國這種基礎建設卻一應俱全。就像高速公路、新機場航空站或中央電視台位於北京的超現代辦公大樓，債券市場之所以能存在，是因為黨相信它是經濟現代化的必要象

徵。所以，中國有（五家）信用評等機構、（至少七個）監理機關，還有（至少兩個）產業協會，但這些組織的權責彼此重疊，而且幾乎誰也不服誰。現在，中國也有很多和已開發市場相同的產品，包括國債、商業本票、中期票據、公司債、銀行次順位債券（亦稱次級債券）與普通債券，和資產擔保證券等等。相關實體會為了取得現金而交易這些產品、會把它們拿去作為附買回合約抵押貸款的抵押品（repo-ed）[1]，也會在遠期市場中賣出這些產品，而利率風險則是透過交換（swap）來規避：一切的一切看起來都和國際上的債券市場沒有什麼不同。

　　然而，讓中國債券市場流於「原始」的原因是，這些市場缺乏驅動所有主要國際市場的引擎——風險和市場衡量風險及為風險定價的能力。以市場的角度來說，風險意味價格，資金和其他所有物品一樣，都是有價格的。然而，在中國，只有黨能提供零風險資金成本的決定性衡量指標，換言之，這裡的資金成本不是取決於由市場驅動的殖利率曲線，至於黨提供的衡量指標，最終則是以銀行貸款的集資成本——即一年期存款利率——為基礎。因此，公司債初級（發行）市場經常是參考銀行貸款水準來設定承銷手續費及債券價格，而不是根據實際需求而定。接著，由於發行價格（發行利率）因人為壓抑而偏低，故發行者會同意以其他方式來補貼承銷者，這些補貼通常是指債券市場以外的額外價值交易，例如發行者同意透過承銷者進行特定金額的外匯交易。換言之，債券價格的設定是和債券市場以外的業務綁在一起，而承銷者則會持有債券至到期日為止。為什麼？因為在次級（交易）市場，投資人需求可以自由為資本定價，但初級市場的低發行價（利率），卻意味如果債券承銷者賣出這些債券，勢必會產

生虧損。因此，中國國債及其他債券的日常交易數量至多都只有幾百單位。而從債券的換手價格便可看出賣方為了擺脫這些證券，得付給買方多少溢酬。而且最終來說，如果交易不活絡，就不會有精確的市場定價標準，只會有一個可能稱為「流動性溢酬」（liquidity premium）的價格。

造成中國債券如此疲弱的原因還有一個，那是由來已久的老問題。中國是一個一切皆歸國家（即黨）所有，且向來沒有私人財產的國家。因此，可能會有人認為債券市場理當成為中國最成熟的資本市場。畢竟債券不像股票，不會直接觸及敏感的所有權議題。然而，即便是最懶散的觀察家都很難不注意到，所有中國人──從零售端的小型投資人到省級首長和共產黨領導人──全都非常著迷於股票市場。從一九八〇年代股票被「發掘」以來，情況一直如此，這也是很多觀察家相信中國的發展向來都沿用已開發經濟體模式的主要原因之一。

到底為什麼他們不喜歡透過舉債來取得資金？原因很簡單：政府和國企的老闆很快就發現，股票市場能為企業提供免費的資本，所謂「免費」，是指這些資金無須償還。相反地，債券本金和貸款很像，到某個時點終需償還，而且，過去的經驗證明，他們經常「不方便」還款。更棒的是，一旦這些國企的股票公開掛牌，公司就等於披上了一件現代化的外衣（而且如果是到海外掛牌，高階職員還會加薪），這是發行債券所無法得到的好處。當然，這也是另一個極具吸引力的象徵。在眾多方法當中，出售股票是一個突破既有局面的好方法，而發行更多債券卻只像是一般日常業務，沒有什麼新意。何況沒有任何中國企業的執行長會因為向銀行借錢而得到金融報刊的讚賞。

那些光鮮亮麗的市場基礎建設的確是帶領中國債券市場向上提升並擺脫原始階段的必要元素，但光靠這項元素，卻還不足以達到目的。由於定價受到操縱，所以，企業界在選擇債務型工具時，並不會有太多堅持，換言之，對他們來說，發行債券和向銀行貸款根本就沒兩樣。更重要的是，承銷者和投資人對這個市場的態度也很冷淡，因為他們無法從中賺到錢。我們將透過這一章的內容來解釋箇中的原因。受制於蘇維埃中央計畫經濟時代的指導原則，中國的利率不會隨著實際的市場動力波動，所以，債券的評價向來都遭到扭曲。不過，這符合這個體制的一貫作風，黨總是希望控制一切，包括利率。黨領導人相信他們評估風險及為風險定價的條件和能力優於任何市場。而二○○八年國際銀行體系幾近崩潰的事實，讓他們更堅持這個信念。

然而，如果不是為了長期培養對「風險價格」的精確知識，那中國發展債券市場又有什麼意義？風險的概念之一是，風險隨時會改變。不過，打從中國債券資本市場成立以來，它的創辦者就期望它不要有任何變化，包括發行者的品質或供給／需求等，通通不要改變，但誠如已開發市場早就了解的，這些因素一定會改變。不過，我們也可以從周小川的評論看出，至少有部分（儘管為數不多）高階官員深知這種壓制風險的作法可能反而會製造實際的系統風險。以他的專業知識背景來說，他會說出這個問題「可能對社會及經濟發展帶來嚴重後果」的評論，一點也不足為奇。如果一如他所言──債券市場正在創造風險，那為什麼中國會需要它？尤其是目前這樣的債券市場？

為什麼中國會有債券市場？

　　中國有70%的債券是銀行持有的，這個事實凸顯出上述疑問的重要性。對於以朱鎔基和周小川為中心的那一群市場改革者來說，發展債券市場是一九九八年起展開的銀行改革計畫中的一環。原因是，若有一個強盛的債券市場，銀行以外的機構就會很樂意持有公司債，這樣一來，便可分散（銀行的）風險。不過，如果市場沒有完整對非國家控制的投資人開放，上述目標便不可能達成。其實，由於國家預算需要財源，所以中國的債券市場已發展了三十年；中國的稅收能力一直都不強，而且到目前為止還是很弱。企業投資人能仰賴銀行放款取得財源，但財政部可不行，當然，除非它要違反世界各國財政部門的模型。如果一個國家的財政部部長不能發行國債，那他會變成什麼樣？如果一個現代經濟體沒有一個國債殖利率曲線可用來衡量風險，那這個經濟體又會變成什麼樣？從一九八〇年代初期開始，中國財政部的資金需求便大量增加，這促成了一個狹隘債券市場的成立，而經過二十年，這一群改革者希望能擴展這個狹隘的市場。

　　一九八〇年代初期，中國並沒有任何型態的證券市場可言。在那之前，中國最後一次發行債券的時間是一九五九年，而且，經過文化大革命，大家早就遺忘了所有和債券有關的知識。但一九八〇年代初期開始，野心勃勃的國家預算導致國家產生了小額的赤字（見圖4.1）。為解決赤字持續增加的問題，財政部一名勇氣可嘉的成員提出了發行債券的概念。這個提議自然衍生了一大堆疑問，像是目標投資人和債券定價等。一開始只有國企有錢（當然，那全都是向銀行借來的），所以在別無選擇的情況下，

圖4.1　國家預算赤字相對財政部發行金額，一九七八年至一九九一年

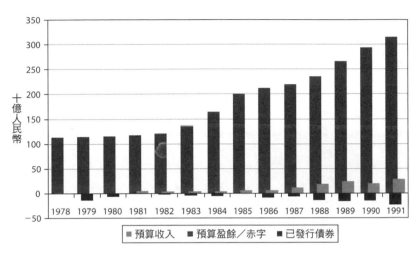

注：包括中央及地方政府預算；不包括到期但在一九八九至一九九一年間展期的債券
資料來源：《中國統計年鑑》，二〇一〇年

它們被迫提供資金，支助政府的預算[2]，當作是履行政治義務。
至於價格要怎麼定？很簡單，行政單位參考一年期銀行存款利率
（這是根據人民銀行命令所設的固定利率）再加上一點點利差，
來設定債券利息。誠如表4.1的數據所示，個人收到的利率高於
國企，這一點清楚反映出兩個事實，1.財政部需要第三方的資
金；2.散戶投資人要求取得合理的收益率。當時的市場狀態確實
是如此，而此時的財政部還沒有找到將集資成本降到最低的方
法。至於債券的次級市場，更是付之闕如。國企投資人被禁止賣
出債券，這都是基於顧及財政部顏面的邏輯考量：賣掉債券似乎
顯示它們對國家的信用度缺乏信心。

　　在整個一九八〇年代，成功的農業改革和各城市小型企業的

表4.1　國家儲蓄組成內涵及債券銷售金額，一九七八年至一九八九年

| 年度 | % 全國儲蓄 | | | 以人民幣發行10億 | % 賣給 | | 票面利率國企 | 票面利率個人 | % 通貨膨脹 |
	國家	國企	個人		機構	個人			
1978	41%	32%	13%	–	–	–	–	–	–
1979	43%	34%	23%	–	–	–	–	–	–
1980	22%	16%	20%	–	–	–	–	–	–
1981	–	–	–	4.87	99.8	0.2	4.0	–	2.4
1982	17%	27%	29%	4.38	55.0	45.0	4.0	8.0	1.9
1983	–	–	–	4.16	50.5	49.5	4.0	8.0	1.5
1984	20%	24%	39%	4.25	48.1	51.9	4.0	8.0	2.8
1985	19%	3%	50%	6.10	36.0	64.0	5.0	9.0	8.8
1986	19%	21%	60%	6.25	36.6	63.4	6.0	10.0	6.0
1987	13%	26%	61%	11.69	35.9	64.1	6.0	10.0	7.3
1988	7%	30%	63%	18.88	37.8	62.2	7.5	–	18.5
1989	0%	34%	66%	22.39	0.0	100.0	–	15.0	17.8

注：至少五年到期日的債券的所有票面利率。
資料來源：高堅：47-9；《中國統計年鑑》。

成長，讓一般大眾迅速致富。到一九八八年，幾乎有三分之二的債券被直接賣給家庭投資者。但從一九八七年起，由於通貨膨脹情況嚴重，當局命令銀行停止放款，市場就此翻轉。由於國企和個人全都急於收回資金，結果導致收益率迅速轉為負數，最後只剩投機者願意接手他們的債券組合，但折價卻非常大。就在這時，隨著股票狂熱在一九八九年及一九九〇年達到高峰，一個完全不受監理的櫃臺（OTC）買賣次級市場突然蹦了出來。這就是中國第一批真正的股票及債券資本市場，而且是迄今唯一的正牌股市及債市！可惜這些市場很快就被關閉了。

　　當天安門事件的政治塵埃終於落定，中國在一九九一年開啟

了合法化的債券及股票市場，不過，這些市場被安全地安置在新上海及深圳交易所的牆幃之內。從這個新基礎建設便可察覺到，雖然市場改革者占了上風，但他們一路上也不斷被迫妥協，最後更偏離了成立市場的真正目的。因為這兩個交易所的成立，其實只是為了提供一個受嚴密管控的交易環境，讓政府得以用一種符合其自身利益的方式來管理價格和投資人。至於財政部方面，它一直到這時才終於了解到，原來它過去所遇到的集資困難，部分是由於投資人擔心自己的現金會被卡住，因為以當時的情況來說，除非等到債券到期，否則並沒有合法的方式可讓投資人收回資金。於是，財政部為了擴大集資來源，遂從一九九〇年代初期起，開始在這些交易所發展一個（債券）次級市場。

然而，債券應該怎樣定價才適當？這依舊是個頭痛的問題，而且直到一九九四年，財政部才在偶然間發現一個結合承銷架構和市場投標模式的可行方案，它是在人民銀行的利率結構中發現這個方式，於是，中國國債發行金額終於得以增加（見圖4.2）。財政部的創新者高堅很愛回顧他當年如何為一群鬆散的主要交易商集團創造一個荷蘭式拍賣投標制度，當時他是用一個紅塔山香菸盒來裝這些交易商的投標單[3]。這個抽煙者的習慣和公平分配承銷國債責任的方法，大大解決了財政部的集資困難，並為接下來十年創造了一個可用的市場基礎建設。

風險管理

雖說高先生那個香菸盒及荷蘭式拍賣法似乎很成功，但參與中國國債及企業和銀行債券承銷的實體，卻還是像以前一樣，好

圖4.2　不同類型發行者的債券發行金額，一九九二年至二〇一〇年

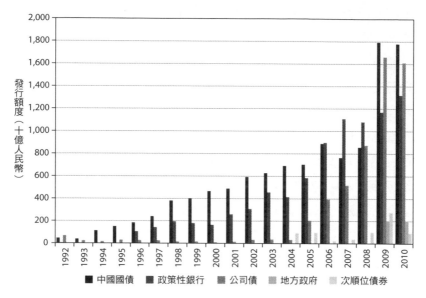

注：二〇〇七年國債數字不含用來做為中國投資公司資本的1.55兆人民幣特殊國庫債券。
資料來源：人民銀行，《金融統計報告》，中國債券信息網。

像只是為了盡政治義務才參與。從市場自始至終都沒有交易活動
的簡單事實，便可看出這一點。一個沒有交易的市場究竟成了什
麼？它缺乏流動性的原因很簡單：初級市場債券價格（即利率）
的設定，原本就低於足以反映實際需求的價格（利率）水準。儘
管目前從表面上看起來，這個市場的盛況令人印象深刻，包括發
行量創新高、承銷流程及發行者資訊揭露資訊改善，甚至勉強在
某些領域對外國參與者開放，但它依舊不是一個能以具競爭力的
價格募得新資本的市場，而是一個喬裝得不怎麼成功的貸款市
場。

從組成主要交易商集團的24個實體中，只有兩家不是銀行[4]，便可明顯看出這個現實。除了發改委那些深奧難懂的企業債（enterprise bonds，不同於公司債—— corporate bonds）是由證券公司負責承銷以外，其他所有債券的主要承銷者都是銀行，那些債券包括中國國債、人民銀行票據、政策性銀行債券、及銀行次順位債券。它們承銷並持有這些債券，將債券列記為投資科目，並持有至到期，換言之，銀行處置這些債券的方式和貸款沒兩樣。由於初級市場的定價機制遭到扭曲，所以，銀行業並未發展任何能評估風險資本的技巧，一如它們的表兄弟——證券公司。它們確實也無須培養任何技巧，因為人民銀行已經為它們代勞，它為中國國債設定了一個固定的官方市場交易價格，也將甚至更重要的一年期銀行存款利率設定在固定水準。

人民銀行完美的殖利率曲線

為了徹底了解為何中國債券沒有市場可言，我們必須先深入探討債券殖利率曲線的意義和實際運作模式。殖利率曲線代表不同到期期間之類似證券的應付利率相對水準，而所謂的「成本」則代表投資人在特定水準的風險下所要求的利益。在所有已開發市場，政府（即主權）發行者的應付利率，向來都被用來做為債券承銷決策的基礎。這個慣例的理論基礎是：國家不會破產（顯然這個觀點是有爭議的），因此，不管走到哪裡，國家都代表一國債券市場的零風險標準。中國財政部代表該國的主權發行者，也就是信用最高的發行者，而且中國的信評機關還將財政部列為獨一無二的風險類別，它的評等高於像是中國石油公司所代表的3A評等。舉例來說，「4A」聽起來似乎就比諸如美國財政部的

「3A」更高明一些──某個中國機關厚臉皮地指定美國只具備中國系統中的3A評等。圖4.3列出了人民銀行以財政部發債成本為基準，進而為各級信用評等的企業債所指定的最低信用利差。從這些曲線便可看出，那是一個不存在的完美世界：為什麼？

一如國際市場的狀況，這些曲線是以最基本的財政部殖利率曲線為基礎，舉個例子，圖中被特別圈出來的是十年期AAA級債券相對財政部的最低利差[5]。然而，中國的問題在於，財政部殖利率曲線根本不受重視，一般人重視的是人民銀行規定的銀行貸款利率。財政部殖利率曲線不受重視的原因很簡單，因為它根本不是真的存在，關於這一點，我們稍後將進一步解釋。人民銀

圖4.3　依到期期間及信用評等指定的最低利差──相對財政部成本

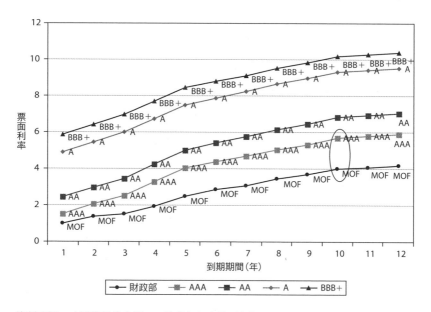

資料來源：中國債券信息網，二○○九年十月二十日。

行指定的銀行一年期貸款及存款利率如圖4.4。

　　當局為了讓放款人能獲得300個基本點（3%）的最低保證利潤[6]，一直都刻意管制銀行存款（代表銀行的資金成本）和最低放款利率的利差。因此，當一家銀行承銷一檔債券時，它一定會拿債券本身的潛在報酬來和類似到期日、同類貸款人的貸款潛在報酬等進行比較。發行債券的公司當然也會考量相同的問題（它們會比較直接貸款划算還是發行債券划算）。鑑於銀行一定會拿債券報酬和貸款利率做比較，而這樣的作法也每每會影響到銀行的承銷決策，所以，債券定價和財政部殖利率曲線的關聯性並不高。就實際運作面而言，財政部曲線經常不受重視，而公司

圖4.4　一年期人民銀行人民幣銀行存款及貸款利率，二〇〇二年至二〇一〇年

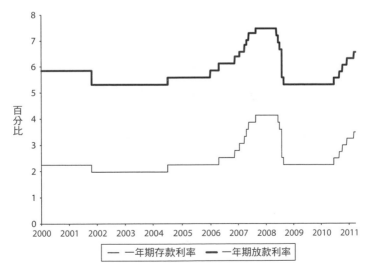

資料來源：中國債券信息網。

債券及金融債券的定價也遠比曲線上所示的低很多。因為銀行
（代表承銷者）能透過其他額外的業務，從發行者那一端獲得補
貼。何況誠如先前提到的，它們非常清楚財政部殖利率曲線根本
從頭到尾都是虛構的。

來自虛構交易的虛構曲線

　　圖4.5是二○○九年十二月八日當天的公司債實際交易情
況。圖上的殖利率曲線看起來很像一面被機關槍隨機掃射過後牆
壁。要了解這張圖所代表的意義，必須檢視那兩筆被特別標出來
的AAA級債券交易，這兩者都是大約五年後到期的債券。誠如

圖4.5　實際公司債殖利率曲線數據，依到期年限及信用評等分類

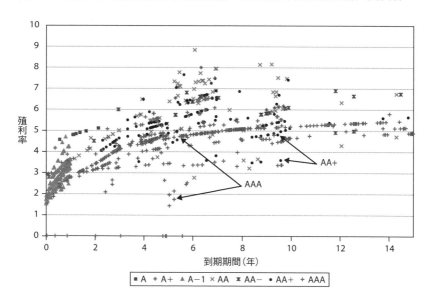

資料來源：萬得資訊，二○○九年十二月七日，不包括財政部、國開行及金融債券

圖上可見到的，這些交易的成交價差異甚大，從面額的95%到98%不等。這些交易並不獨特，整個圖裡充斥類似的例子。這兩檔債券看起來明明很相似，但為什麼它們的實際交易結果會差異那麼大？

為什麼會形成這些怪異數據？原因很簡單，因為缺乏活絡的市場交易。舉個例子，根據記錄，二○○九年十二月八日當天，整個中國銀行間公司債市場交易量只有1550筆。千萬別忘了，這可是包含了九千個成員且債券總值高達1.3兆人民幣（1900億美元）的市場。相反的，美國國庫券市場每天的平均交易數是60萬筆，成交值高達5650億美元。如果市場參與者不積極交易，怎麼會有債券價格可言？就算有，這個價格又怎麼能當作一個有意義的價值評估標準？

若把焦點進一步集中在財政部及國開行債券的交易（如圖4.6），就更能清楚了解中國債券市場的真正特質。二○○九年十二月七日，財政部債券的總交易數為52筆，而國開行債券則為108筆。而且，這些數字極可能有一半是來自造市者（market maker，因為它們被要求製造成交量），例如：在早上把一檔債券賣給某個交易對手，下午又將之買回。由於交易量非常低，所以，就算能畫出任何殖利率曲線，那也幾乎是非常武斷的曲線。在這種情況下，怎能將財政部曲線視為可供公司債承銷者或企業財務人員參考的定價標竿？

設定固定的殖利率曲線

這些數據讓人不得不懷疑圖4.3所示之財政部曲線的基本品質。中國利用金融產業所謂的「每日定價」（daily price fixing）

圖4.6　財政部與中國國家開發銀行債券的交易

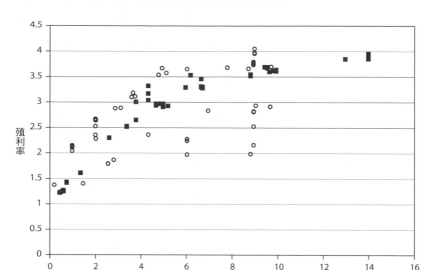

到期期間(年)

■中國國債　○國開行

資料來源：萬得資訊，二〇〇九年十二月八日

　　來為它的債務型證券定價。意思就是，它幫每一種交易型產品如
外匯或證券設定一個官定價格。通常這些價格是由中央銀行或市
場監理機關和眾多市場參與者交換意見後訂定，當然，這項定價
也是必要的，因為特定產品可能完全沒有交易或交易次數過少，
導致市場無法為它定價。

　　由官方設定價格的例子並不罕見，即使是像日圓那種交易活
絡的產品，還有一些只能局部兌換的貨幣如印度盧比及中國人民
幣等，都有定價的情況。從二〇〇七年十月起，中國就一直是由
中央國債登記結算有限責任公司來設定官方對債券的定價，它是

人民銀行旗下的機構，名義上是一個獨立實體，擔任所有銀行間市場交易債券的保管公司。《彭博社》上登有中國債券信息網的中國國債及國開行債券的每日定價表，如表4.2。另外，表上也

表4.2　中國債券定價數據，二〇一〇年一月四日

發行者	票面利率	到期日	參考編號	到期(年)	定價	殖利率	交易記錄
財政部	3.56	04/11	80004	1	102.47	1.58	無交易
財政部	1.55	05/12	90009	2	98.5	2.20	無交易
財政部	2.51	02/13	60001	3	100.31	2.40	無交易
財政部	1.77	12/13	80026	4	95.64	2.95	無交易
財政部	2.90	12/14	90031	5	99.6	2.99	無交易
財政部	2.71	11/15	80022	6	96.64	3.29	三筆交易 單價96.327, 96.6794, 96.7298
財政部	3.22	12/16	90032	7	99.34	3.33	一筆交易 單價99.7776
財政部	3.68	11/19	90027	10	100.19	3.66	一筆交易 單價100.3244
國開行	2.04	12/10	90223	1	99.93	2.12	二筆交易 單99.8945, 99.895
國開行	2.21	12/11	80221	2	99.15	2.67	四筆交易 單價99.1316 2 99.113 & 99.0066
國開行	3.39	02/13	30201	3	100.94	3.07	無交易
國開行	4.81	09/13	80215	4	104.91	3.36	一筆交易 單價105.6118
國開行	3.75	11/14	90220	5	100.41	3.65	一筆交易 單價99.944
國開行	3.42	08/15	50214	6	98.31	3.76	無交易
國開行	3.50	/04/16	90202	6	98.10	3.84	無交易
國開行	4.01	07/19	90207	10	100.20	4.01	無交易

資料來源：《彭博社》，中國債券信息網及萬得資訊。全都是固定利率債券。

列出了每一檔債券當天的實際交易價資訊。

這些交易數據顯示，二〇一〇年一月四日當天，中國國債總共只有32筆交易，總交易金額為55.7億人民幣，另外，國開行債券的交易數為55筆，總交易金額為295.3億人民幣。這張每日定價表上所列的實際交易，就是從當天那些鬆散的交易活動擷取而來，而這也精確闡明為何中國主權債券殖利率曲線多半是虛構而非真實的。以一年期至五年期的中國國債殖利率曲線來說，根本沒有任何一檔債券有成交！可見這個官方的殖利率曲線完全是以憑空假設為基礎，但儘管如此，它和六、七和十年債券（那一天總計有五筆交易）的殖利率卻還是完美接合成一條曲線。

表4.2中的財政部及國開行債券數據被繪製為圖4.7中的圖形。它們共同組成一條平滑且向上升的殖利率曲線。但在前述背景之下，市場參與者應該給予中國國債殖利率曲線多少信任？或者以國開行債券的案例來說，它和國債之間的「想像」利差值得相信嗎？從流動性理當最高的產品卻缺乏交易的情況，便可輕易推斷這整個市場都缺乏交易。

另外，同樣在一月四日當天，整個銀行間市場也只有615筆交易（見表4.3），令人難以置信的是，在那當中，中國國債的交易量最少，只占總交易金額的3.3%。中國在那一天的債券成交值為250億美元，對照之下，美國債券市場的平均日成交值高達5650億美元，這個數字也遠高於全球平均每日股票成交值的4200億美元[7]。由於美國債券交易極為活絡，所以每天在美國聯邦儲備銀行電子結算系統不同帳戶之間流動的債券，都價值1兆美元以上。

圖4.5和圖4.6裡眾多價格點（無論是否為定價）只是讓我們

圖4.7　財政部及國開行固定殖利率曲線，二○一○年一月四日

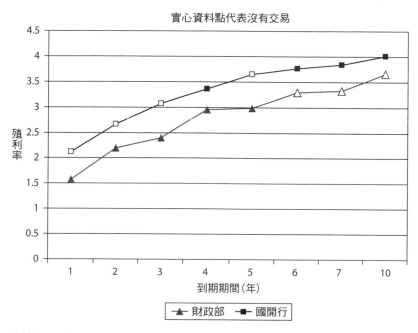

實心資料點代表沒有交易

到期期間(年)

─▲─ 財政部　─■─ 國開行

資料來源：萬得資訊，二○一○年一月四日

表4.3　銀行間債券交易概況，二○一○年一月四日

	成交值 （百萬人民幣）	交易數	交易金額%
中期票據	31,050	149	18.3
企業債	10,909	97	6.4
中國國債	5,570	32	3.3
人民銀行票據	31,550	74	18.6
商業本票	15,220	144	9.0
金融債券	75,390	119	44.4
合計	169,689	615	100%

資料來源：萬得資訊

了解，投資人為了要把自己手中的債券賣到一個飽和的市場得付出多少流動性溢酬。這就是圖中的殖利率曲線會那麼模糊，且分布在殖利率曲線附近的價格點會那麼分散的原因。我們把相關的情況彙整在圖4.8，從這張圖便可見，中國國債、公司債及金融債的流動性基本上都很差。舉個例子，在二○一○年一整年，財政部債券周轉金額共為7.9兆人民幣，這代表僅約一倍的市場周轉率。流動性最好的是到期日較短的證券──中期票據、商業本票和人民銀行票據──其中，中期票據是流動性最好的，周轉率

圖4.8　銀行間市場交易量與周轉金額，二○一○年

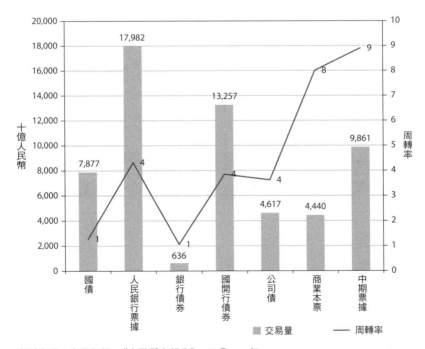

資料來源：人民銀行，《金融穩定報告》，二○一一年。

達九倍。

如果中國真的想發展固定收益市場，債券交易量就必須增加。相較於債券總存量來說，目前的債券交易活動還是非常有限。如圖4.9所示，各金融市場的交易確實因大量資金的湧入而明顯成長，但若觀察詳細的交易數據，卻會讓人感到很震驚：二〇一一年七月當月的數據顯示，還是有超過44%的債券沒有任何交易，而每天的交易量還是只有大約1500筆。所以說，儘管有巨額的流動性挹注，但綜觀全局，債券市場的交易卻依舊有限且零星。

總之，市場交易不夠活絡導致中國債券市場的價格發現

圖4.9　M2與資本市場活動，二〇〇四年六月至二〇一一年六月

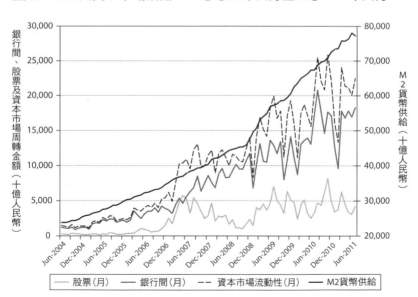

資料來源：萬得資訊

（price discovery）功能受到限制，而不可靠的價格又進一步意味市場參與者無法精確地評估風險。像「某AA級發行者必須付出多少代價才足以吸引投資人買它的十年期債券」這種簡單的問題，都無法找到肯定的答案。然而，中國的市場投資人對此並不是真的很在意。既然絕大多數的債券都能提供遠高於一年期銀行存款但又遠低於次級市場要求之收益率的無風險收益率，那投資者又有什麼好計較的？只要通貨膨脹能獲得有效控制，銀行當然會開心地持有這些證券，直到債券到期，一如它們對待貸款組合的態度。

現金相對附買回契約市場

　　中國的附買回市場貼切闡述了流動性對於債券市場的意義。圖4.10是二〇〇八年的七天期附買回利率。這張圖裡的利率相關交易非常活絡，而圖4.6的中國國債及國開行債券殖利率卻顯得疲軟無力，兩相對照後，便知資金成本顯然是受供給及需求驅動。前者那麼活絡的交易是什麼因素造成的？答案是：在上海辦理IPO的股票總是能吸引狂野的投標風潮，而為了能在股票抽籤時分配到一些股票，投資人不得不盡其所能地準備高額的保證金。在IPO認購抽籤時，巨額資金——通常都高達幾百億美元——會被凍結，而投資人願意這麼犧牲，都是為了能分配到一點股票。這些被凍結的資金有極大比例是透過附買回交易取得，但這個附買回市場比較類似純短期銀行間貸款市場，它不具備債券市場那種長期資金分配的功能。然而，重點是，在這個市場，資金的價格是需求所驅動，但在債券市場，資金的價格並非受需求驅動。

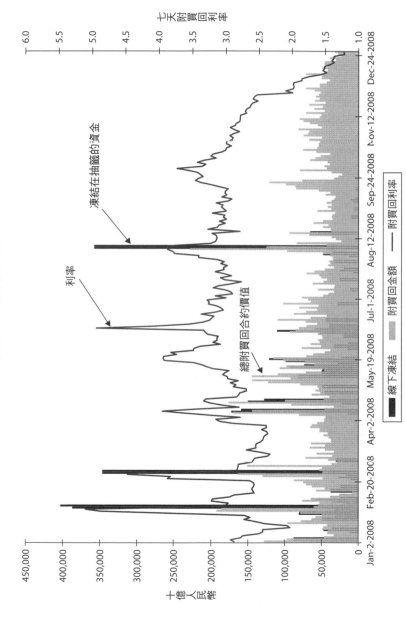

圖 4.10 七天附買回交易量、利率相對被凍結在 IPO 抽籤的資金

注：「線下凍結」是指被用在認購制度上「線下」(offline) 的 IPO 投標股票的資金。

資料來源：萬得資訊

即便是不怎麼密切觀察中國經濟的人都清楚知道，投機已成了中國人生活的一部分。這多半是因為銀行存款、貸款及債券等固定收益的報酬被人為地控制在固定水準所致，而那些產品是房地產、股票和奢侈品以外的唯一可用投資替代方案。這些產品的利率受到管理，而且被設定在無法反映真正資金需求的水準，最後遂創造了一個垂死的固定收益市場，這當然會迫使投資人去從事投機活動。資本利得是不課稅的，所以便成為中國投資人——包括散戶及機構法人——的最愛，但想在債券市場取得資本利得，卻是門兒都沒有。

「三二七」債券期貨醜聞

想知道為什麼政府會設法嚴格控制市場，導因事件應該非一九九五年的債券期貨醜聞莫屬。這個事件已成了陳舊的歷史故事，不過，它可以解釋為何到今天為止，中國資本市場當中還是沒有任何一種型態的金融期貨產品[8]。讓我們以最簡單的方式來陳述一下這個醜聞：它主要是牽涉到某個有上海市政府撐腰的大型地方經紀商和財政部之間的角力，換言之，這是地方及中央政府利益衝突的故事。事件的起因是：隸屬於上海市政府所有的萬國證券接獲財政部打算在一九九五年發行比前一年多50%債券的內線資訊。由於萬國證券的交易員預期這麼大的發行量將會導致因通貨膨脹降低而獲得的利益遭到抵銷，所以，他們預期債券價格將維持低檔，這和整體市場的觀點正好相反。在一九九五年年初那一段時間，他們大量（且非法）囤積了債券期貨合約的空頭部位（short position）[9]，尤其是三月二十七日的合約[10]，外界就是以這個名稱為該醜聞命名。萬國證券大量放空的消息走漏後

（在中國，所有秘密都不會是長久的秘密），其他市場參與者反而開始囤積作多頭部位，期待債券價格未來會走高。後來，其他經紀商更得知財政部決定大幅削減它的發行計畫，所以作多趨勢變得更加明顯。但不知為何，萬國證券卻對此渾然不覺，它繼續囤積空頭部位，企圖壟斷整個市場。

　　財政部透過它百分之百持有的中國經濟開發信託投資公司（中國開發信託；簡稱「中經開」）和萬國證券對作，建立對應的多頭部位。當時中國開發信託公司的總經理是曾擔任過財政部綜合計畫司司長的朱扶林，對他來說，這是一場從頭到尾都不公平的戰鬥[11]。當財政部終於公告大幅削減後的債券發行計畫，債券價格當然也就維持高檔。然而，萬國證券並沒有設法回補部位，而是選在那一天收盤前八分鐘加碼空單，另外放空1100萬口合約，也許它這麼做的目的是為了迴避可怕的保證金追繳問題。這讓當天的市場成交量飆升到前所未見的水準。到那天收盤時，萬國的動作確實有效壓低了債券價格，但換來的代價卻是市場崩跌，而且嚴格說來，很多其他經紀商已因此破產。那一天傍晚，上海交易所面臨期貨市場崩盤的慘況，毅然決然取消收盤前十分鐘的所有交易，並宣布休市三天，讓合約可以解除並重新協商。在這段期間，它也宣布了最後的債券結算價格，這個價格遠高於預期，於是萬國被徹底摧毀。

　　接著，調查行動迅速展開，萬國的董事長——極受尊重的上海交易所創辦人——遭逮捕，後來更被判坐牢十七年。儘管萬國後來被申銀證券（當時是上海第二大公司，目前已成為龐大的申銀萬國）合併，但整起事件還是餘波蕩漾。積極改革陣營裡的中國證監會董事長劉鴻儒為此負責下台（儘管他當時並未直接掌控

上海交易所），而且債券期貨產品從此被廢除，迄今都沒有恢復。從那次以後，北京當局取得兩個證券交易所的控制權，而上海市當然是這場戰鬥的最大輸家。

在這場零和遊戲中，一定有一個贏家，那當然是財政部。中國開發信託後來被評為一九九五年上海交易所的頂尖經紀商，理由是「它在國債期貨的交易金額龐大……占年度總交易量的6.8%。」[12]政治手腕高超的中國開發信託似乎並沒有把理當入袋的巨額利潤計入它的帳冊，而是把利潤拱手讓給它的客戶——無疑也包括財政部。在接下來幾年，這家勢力強大的公司成為一個主要的機構市場操縱者，甚至涉及某些最離譜的炒股及企業破產案。不過，由於中經開有財政部當後台，所以一直到周小川在二○○一年出手結束該公司營運前，它都沒有受到任何懲罰。它並不是唯一擁有中央政府背景的機構投資者。

諷刺的是，就在三二七事件發生前一個月，當時負責金融部門的副總理朱鎔基才剛猛烈批評「許多大型利益團體以國家、地方政府及企圖從中牟利之企業的資金」在債券市場從事炒作投機行為。朱鎔基確實有察覺到一個正在惡化的問題，但他顯然對此無能為力。基於當初這個醜聞造成非常龐大的政治成本，所以，現在的黨當然會偏好一個有序且容易控制的債券市場，即便是一個垂死的市場。不過，黨拒絕改革市場的作法，卻直接助長了投機的力量，而隨著中國日益繁榮，這股力量也變得愈來愈強大。

金字塔的基礎：保護家庭存款人

中國的家庭儲蓄者是中國債券及貸款市場的基礎。今天，若

以金額計算，銀行持有超過70%的債券，但以前並非如此。在一九八〇年代債券市場發展初期，個人才是主要的投資者，他們約占債券年購買量的62%。然而，到二〇〇九年時，個人幾乎從這個領域消失，僅持有流通在外債券價值的1%（見圖4.11）。外國銀行占了另外7%，這意味國家所控制的實體共持有了92%的債券投資。更甚的是，其中很多國家實體也是市場上少數的發行者[13]。

　　這個事實對中國的金融體系具有深遠的寓意。如果到今天，市場還是單純像一些幫忙國家把錢從某個口袋轉移到另一個口袋的結算所，那這些市場的發展已漸漸偏離了一九八〇年代較多樣化來源的設計，而形成一種類似金字塔的結構。這正是周小川形容這些市場「很不合理」且充斥「隱含風險」的原因。為什麼原

圖4.11　債券投資人型態的變化，一九八八年及二〇一〇年（持有流通在外債券的％）

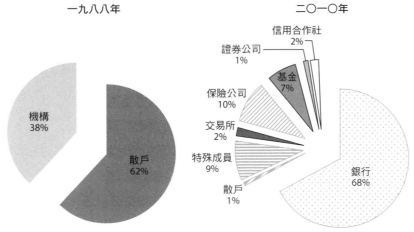

資料來源：一九八八年，高堅；二〇一〇年，中國債券信息網

本具關鍵重要性的非國有投資者的角色會被削弱到如此程度？

　　一九九一年及一九九二年時，財政部試驗了幾種不同的承銷方法，作為發展更大市場能量的對策之一。它自己過去的經驗清楚凸顯出導致債券發行規模長期受限的問題。第一是定價問題。不過，第二個問題是過度仰賴零售市場，這製造了很多大麻煩。因為散戶購買債券的金額都不大，所以只要用簡單的邏輯來推論，便知道債券發行總金額一定因此受限，而且發行期間動輒長達六個月，所以一檔債券發行後，每每要很久才能出售完畢。而且，財政部發現，即使有這些投資人撐腰，它出售債券時，還是得付出接近市場價格的代價[14]。而且零售市場的投資人一樣傾向於買進並持有至到期，這無形中也抑制了次級市場的發展。最後，由於通貨膨脹以及散戶偏好的緣故，債券的到期日變得愈來愈短。基於發行規模小、成本高、到期日較短及沒有次級市場等殘酷現實，這個市場遲遲無法發展出標竿利率，最後，當然也就無法發展出殖利率曲線。這一切的一切都是當局尋求開發以機構投資者為重的債券市場的合理理由。

　　財政部很早就試著藉由向銀行及非銀行金融機構爭取支持的方式來開發機構型投資者，然而，一九八○年代時，銀行業能取得的超額流動性並不多，因此，投資能力終究有限。即使國務院後來允許財政部發展出一個市場定價方法，但由於市場還是以散戶投資人為主，所以，它募集資金的能力先天就受限，無法取得所需的金額。直到這時，股票市場和債券市場的發展才開始合而為一。因為此時政府為了管理因鋼鐵交易所引發的社會動亂而成立了證券交易所，並順道將債券納入證券交易所的範疇，尤其是上海證券交易所。

　　有了這些交易所後，不僅能吸引散戶介入，也能招來機構投資者；其實散戶和機構都算是這些新市場的成員。而由於散戶存款快速增加（見表4.4），銀行的口袋也比以前深很多，後來，政府發現了一個有趣的事實，從此更加依賴銀行業的支持。

　　從銀行取得資金的作法衍生了一個效果：財政部的利息費用降低了。黨可以敦促銀行以僅略高於一年期散戶存款利率的利率來購買債券，但動用自己的銀行存款來買債券的散戶投資人，勢必希望債券報酬能高於存款利息，而這無形中便促使散戶漸漸淡出這個市場。換言之，銀行為政府提供一個以政府強制利率來直接取用家庭存款的便利管道，而且還不用取得存款戶的許可，也就是說，銀行其實是直接拿存戶的存款來進行證券投資。銀行的高階主管（黨員）不像一心只想獲取最大利潤的散戶投資人，他們必須奉命行事，做一些取悅上級的事。所以，從此黨能輕易將資金導入它想要的地方，而且金額也隨它開口，無須費事誘騙，也不用根據市場水準來付利息。在此同時，政府還能自我麻醉地

表4.4　四大銀行存款組成，一九七八年至二〇〇五年

十億人民幣	合計	政府	企業	散戶	其他
1978	113.5	40.3%	32.4%	27.2%	0.0%
1983	276.4	32.6	31.3	34.9	1.2
1988	744.9	9.2	39.4	44.7	6.7
1993	2,324.5	5.2	33.0	55.7	6.1
1998	6,978.2	4.9	36.2	57.1	1.8
2003	13,465.0	7.9	30.9	56.7	4.5
2004	15,355.7	8.3	31.6	56.6	3.5
2005	18,112.1	9.9	29.5	55.8	4.8

資料來源：中國金融統計，一九四九年至二〇〇五年

聲稱這麼做是正確的，因為國家能藉此保護家庭存款者免於受無謂信用風險傷害。

最初，整個過程並不存在任何利益衝突：散戶瘋的是股票，不是債券，而且銀行不能買股票。不過，隨著中國漸漸走出一九九〇年代中期的高通貨膨脹期，相對於開始重挫的股價指數，債券的報酬突然變得非常有吸引力。問題是此時散戶投資人根本已無法取得那些債券，因為在短短幾年內，中國銀行業已壟斷了上海交易所的債券交易。有一個故事提到，一個聒噪的上海家庭主婦對銀行這種實質上等於壟斷國債的特殊地位提出抱怨，而且最後連朱鎔基都感受到這股民怨。朱鎔基以其典型作風，在一九九七年六月採取果斷的行動，立刻將銀行及絕大多數的國債發行和交易業務，從各交易所轉移到當時仍非常小且不活絡的銀行間市場[15]。從那時開始迄今，散戶投資人只限定能透過零售銀行網路購買儲蓄債券，而機構法人則多半被限制只能透過銀行間市場交易[16]。

這個顯著的結構變化意味即使市場仍大幅依賴國有銀行，但其他所有符合成員資格的國有企業也都能參與（見表4.5）。

總之，債券回到最早期的階段，國家又成為它自己的投資人。不過，最根本的差異是，銀行及其他所有非銀行金融機構取代了國企，成為主要的債券持有者，這意味家庭的儲蓄直接被導向黨庫。這說明了為何銀行會持有接近70%的中國固定收益證券，包括80%的中國國債及政策性銀行債券，還有大約66%的已發行商業本票及中期票據（見圖4.12）。只有在發改委的企業債及銀行次順位債領域，保險公司取代銀行成為主要的投資人。會有這樣的演變，原因之一是企業債享有銀行保障，所以，實務

表4.5　二○一一年六月三十日銀行間市場的投資人數

成員型式	數量
特殊成員（人民銀行及其他政府機關）	14
商業銀行	462
信用合作社	894
非銀行金融機構	182
證券公司	125
保險機構	140
基金	2,499
非金融機構	6,392
銀行間市場成員數	**10,933**
散戶（非銀行間市場成員）	9,552,494

注：成員包括上述機構的個別分行
資料來源：中國債券信息網

上來說，這類債券還是等於握在銀行手中（見第五章有關信用增級〔credit enhancement〕的細節）。

相較之下，國際市場上主導承銷和交易業務的雖同樣是銀行業者，不過，其債券的投資人和受益權人遠比中國分散很多，其中共同基金、退休基金和保險公司的角色特別吃重。但在中國並沒有這樣的分散度，因為所有機構投資人──無論是銀行或非銀行──全都屬國家控制。在這樣的環境下，信用及市場風險根本無法分散。這就是中國市場迄今仍處於原始狀態，以及周小川暗示這當中存在「隱含風險」的原因。

二○○九年年底時，銀監會在停止所有銀行次順位債發行後，突然察覺到這個無可迴避的事實。為什麼它打從一開始就沒有注意到這個風險？如果國家毫無保留地握有中國大型銀行的所有權（目前正是如此），那中國銀行發行次順位債給多半是其他

圖4.12　依債券發行者分類的投資人持有百分比，二〇一一年六月三十日

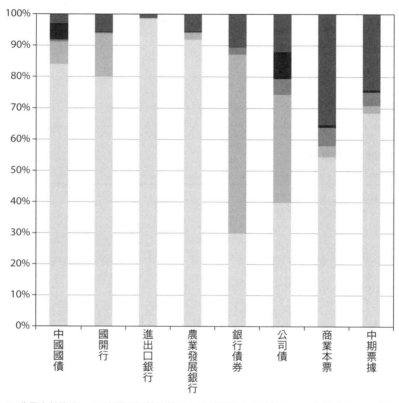

注：非國有投資者包括外國銀行、共同基金和個人
資料來源：中國債券信息網

國有銀行的投資人又有何意義可言？國家只是在愚弄自己，讓它自己的資金從屬於自己的資金。所以，即使整個金融情勢因為這項新產品的加入而顯得更豐富，但這個系統的風險水準一點也沒

有改變。

　　這一切的一切引發了一個問題：為何外國銀行和其他金融機構一直都難以參與這個市場。過去十五年來，中國的領導人目睹了墨西哥的債務危機、一九九九年的阿根廷披索危機，還有目前仍愈演愈烈且蔓延到整個歐盟的主權債務危機等。他們也見過美國股價指數在二○○七年飆漲後，進而在二○○八年崩盤的可怕局面。地方的報紙和其他媒體專欄充斥著和避險基金、熱錢及無恥投資銀行業者有關的評論。一個天生就保守且控制慾強烈的政治集團，絕不可能那麼輕易邀請一些它無法完全掌控的實體大量參與它的國內債券市場。不過，儘管它禁止這些實體的實質參與，市場未來總是會慢慢開放，只不過，不會真正開放。

　　在通貨膨脹的環境下，銀行和保險公司持有的中國國債或其他公司債及金融債會變成什麼樣？誠如先前提到過的，中國的中央銀行為了遏制變化而管制利率，因為變化就是風險。但就算眾多國有企業將這些固定收益證券的部位視為長期投資，以規避市價計值的問題，但在一個通貨膨脹的環境下，這些證券的價值不可避免將會因資金成本上升而下降。這個無可迴避的結果將對銀行的收益造成愈來愈重的壓力，即使評價準備金沒被消耗。我們可清楚從銀行的財務報表上看出這個問題。舉個例子，工銀財報的查核會計師通常會個別列示銀行貸款、債券投資及重組債券組合的收益率（見表4.6）。

　　打從一開始，重組債券的殖利率就被設定在和一年期銀行存款利率相近的水準，而且它們的利率都是固定的。在低通貨膨脹的環境下，銀行拿存款戶的資金去買這些債券，應該還能維持損益兩平。但到了二○一一年，情況不再是如此，一年期存款利率

表4.6　貸款、投資及重組債券的收益率，二〇〇八年至二〇一〇年

	二〇〇八年			二〇〇九年			二〇一〇年		
	貸款	債券	資產管理公司財政部債券	貸款	債券	資產管理公司財政部債券	貸款	債券	資產管理公司財政部債券
建行	7.16	3.64*	2.01	5.35	3.11*	2.13	5.07	2.83*	2.25
中銀	6.12	3.63*	2.1	4.44	2.73*	2.25	5.07	2.78*	2.25
工銀	7.07	3.88	2.23	5.21	3.38	2.19	4.99	3.07	2.16
農行	NA	NA	NA	5.25	2.98	3.18	5.22	3.01	3.15

注：建行及中銀的債券利率是以包含重組證券的組合計算而來，因此其報酬被往下拉。
工銀的利率是分開計算的。
資料來源：銀行經查核之H股財報

上升到3.8%且持續走高。銀行債券組合的平均收益率則隨著通貨膨脹率漸漸上升而緩步走低。這衍生一個疑問：當放款能在較短到期期間內創造較佳收益率時，有什麼理由要持有那麼龐大的債券組合？銀行之所以持有這些組合，部分是基於流動性考量，不過，主要原因卻是黨要求它們必須這麼做。如果銀行經營階層的最終目標是要將利潤最大化，那他們會把總資產的25%至30%投入收益率那麼低的債券嗎？（見圖4.13）。

　　所有債券都隱含利率風險，不過，公司債和地方政府債券更隱含另一種風險：信用風險。一旦它們沒有能力償付利息，銀行的收益將被拖累，遲早將被迫重新為它們的內部信用評等分類，並針對實質上已成為問題貸款的債券部位提列損失準備。而且，即使在那樣的環境下，銀行能夠順利在市場上賣出這些債券，它也將被迫立刻認列一筆實現虧損。中國的主要金融機構、銀行和保險公司全都在海外交易所掛牌，而且接受國際會計師事務所查

圖4.13 四大銀行總資產組成，二〇一〇會計年度

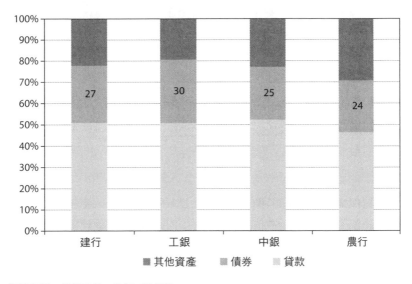

資料來源：銀行二〇一〇年Ｈ股年報

核。一旦發生前述情況，它們將無法逃避提列損失準備的責任。無論是過去、現在或將來，中國都無法豁免於這樣的責任。

　　總之，中國的銀行業面臨三方面的多重嚴厲挑戰。除了要承受一九九〇年代舊不良貸款組合遺毒所隱含的結構性曝險，二〇〇九年的放款狂潮無疑也將會衍生新的不良貸款。此外，銀行持有的固定收益證券組合讓它們完全暴露在利率相關及信用引發的價值減損風險中。儘管最近本國貨幣利率交換市場的成立，讓它們得以針對這些組合的利率風險進行避險，但對國家來說，這終究是一場零和遊戲：中銀也許有效規避了風險，但它的交易對手卻幾乎不可避免會是另一家國有銀行。一旦發生銀行依市價計值而提列價值減損、產生信用損失或甚至銀行資本出現負收益等

情事，都會產生巨大的衝擊。從債券發行者的觀點來看，貸款和發行債券幾乎沒有什麼不同。在國際市場上，企業能從其他類別的投資人手中取得較廉價的資金；但在中國，放款者是銀行，債券的投資者也是銀行，所以發行者的發債總成本根本就等於貸款的成本。於是，這自然就引發一個令人百思不解的疑問：既然如此，中國到底為什麼要建構自己的固定收益市場？

附注：

1　附買回合約也稱為重新取得合約，這是一種融資交易，持有國債（主要是國債）的一方拿這些債券作為擔保品向某個第二方借錢。這是為取得龐大債券組合的廉價集資方式。

2　譯注：指購買國債。

3　關於中國國債市場的唯一權威性歷史描述，請見高堅二〇〇七年。

4　這個團體和在財政部授權下進行中國國債承銷的主要經紀商集團不同。這兩個非銀行是中信證券和中國國際資本公司。在二〇〇九年年底時，有些外國銀行也取得了承銷金融債券的執照，不過，它們被告知它們積極參與這項業務的「環境尚未成熟」。

5　當然，如果企業發行者客戶同意，承銷者可以自由為企業債設定較高的利率（也就是所謂的票面利率）。

6　從二〇〇四年一月開始，最高貸款利率上限就被廢除，不過，銀行依舊必須遵守最低貸款利率規定——就是人民銀行為相關到期期間所設利率的90%。

7　數字擷取自美國財政部債務管理局（Office of Debt Management）二〇〇八年六月。

8　然而，目前有一個股價指數期貨產品。

9　編按：投資人預期股市前景不佳，預計股票會下跌，於是出售股票，待股價跌至某一價位時再買進。其賣與買之間的差額（放空額度）即為空

頭部位，反之則稱多頭部位。

10　譯注：合約代號327。

11　編按：中經開的第一任董事長為田一農，他也是唯一一任董事長，之後最高領導人皆為總經理。

12　Foo Choy Peng，〈中國經濟評鑑之頂尖經紀商〉，《彭博社》，一九九六年一月十三日。

13　世界銀行（World Bank）旗下的亞洲開發銀行（Asian Development Bank）及國際金融公司（International Financial Corporation）是目前為止國內市場的唯二外國發行者。

14　譯注：指票面利率必須貼近市場利率。

15　中國的銀行間市場是在一九八六年成立，目的是要做為銀行的集資機制——有多餘資金的銀行將資金借給其他需要額外資金的銀行，以追求整個銀行業帳面的平衡。

16　少數債券還是繼續在上海交易所掛牌，這是為了讓證券公司能透過附買回交易，進行自主融資。先前銀行業一直被排除在這個市場之外，不過最近開始解禁。重新導入銀行業的主要目的是要合併兩個已經分開的市場：交易所及銀行間市場。

第五章

中國債券市場艱難的發展歷程

> 「如果我們還是經常會到市場資金募集──（我們就）應該避免
> 發放高水準的股利……（而且我們）應該積極增加人民幣計價債
> 券，並鼓勵有增資需求的銀行開拓海外集資管道。」
>
> 項俊波，董事長
> 中國農業銀行
> 二○一一年七月十八日[1]

　　二○○一年年中，銀行重組和股市崩盤兩個事件的同步發生，點燃了中國債券市場的強勁成長。這個成長期是以周小川在二○○二年年初獲指派為人民銀行行長時為起點。那一年，中國共發行了總額達9330億人民幣（1130億美元）的債券，主要是中國國債和政策性銀行債券。到二○○九年時，新債券發行金額幾乎已達到上述金額的三倍，為2.8兆人民幣（3500億美元），同時，這當中包含非常大量的公司債和銀行債券。到二○○九年年底時，中國流通在外的債務型證券總存量已高達17.5兆人民幣（2.6兆美元），其產品組成包括國債（1兆美元），人民銀行票據（6290億美元）、政策性銀行債券（7940億美元），以及各式各樣的公司債（5320億美元），參與投資及交易的機構

投資人則接近9000個。

　　很多發行者拚了命想分食這個資本市場大餅，其中最積極的非中國國家開發銀行莫屬。誠如圖4.2上的趨勢所示，國開行當時已開始挑戰霸主地位，實質上來說，它甚至已逐漸成為中國的第二個財政部。該銀行在二〇〇七年（全球金融危機爆發及中國推動巨額振興方案的前一年）的發行金額高達6900億人民幣，超過財政部的發行金額（6380億），更占市場總發行金額近30%。另一件重要的發展是，由於景氣振興計畫的融資需求殷切，北京當局終於面對現實，承認地方政府有其正當的集資需求，並允許特定窮省發行債券。此外，各層級的地方政府除了透過麾下的企業向銀行大量貸款，更卯足全力，透過這些企業在債券市場上募集了6500億人民幣（950億美元）的資金。

　　在此同時，人民銀行也積極沖銷中國國內因巨額外幣流入而產生的新人民幣，它的沖銷金額遠遠超過國開行及地方政府的債券發行金額。從二〇〇三年起，隨著中國的貿易順差開始擴大，加上大量外國投資人成群結隊投入，人民銀行為了控制國內的貨幣供給，開始發行愈來愈多的短期票據（有時也發行長期票據）。這是中國第一次利用市場工具來管理總體經濟，不過隨著資金源源不斷流入，人民銀行承受的壓力也愈來愈大，最後甚至讓它的制度宿敵——財政部——有機可乘，介入「協助」解決問題。從一系列和中國第二個主權基金的成立有關的複雜交易，便可明顯看出財政部最終在控制國內金融體系的絕對關鍵方面占了上風，於是，整個發展轉回了先前描述的軌道，銀行大方發放股利的政策也再次復活。

國開行、財政部及四大銀行

中國國家開發銀行集資及放款活動的快速成長，正好是發生在和黨及政府新領導人於二〇〇三年接班之時，而有關「中國應採什麼經濟發展模型」的漫長辯論，正好也是從那時展開。在這段時間，有一派人士主張對內應更著重國家計畫經濟，而在國際上則採取以天然資源布局為主要考量的外國政策，於是，國開行便順理成章地成為他們的最愛。不過，國開行的立場其實非常難以理解，因為它一方面代表著對現行銀行模型（周小川所支持的模型）的一個挑戰，但另一方面，就它本身的集資需求來說，它終究還是受人民銀行控制。人民銀行不僅提供非常高額的貸款給它（見圖2.2），還掌握了所有政策性銀行（包括國開行）年度債券發行限額的生殺大權。事實上，在其他情境下，甚至可能有人會認為這一家政策性銀行是人民銀行的盟友，因為陳元本人在一九九四年國開行成立之前，就一直擔任人民銀行的資深副行長；而這段期間政策性銀行（尤其是國開行）債券發行金額大幅增加的情況[2]，正好和這個觀點不謀而合，也和人民銀行向來對財政部反感的立場一致，不過，財政部自有它的一套戰術。

野心勃勃的國開行創辦董事長陳元蓄意採用一個不同於四大銀行的替代模型來定位國開行。根據周小川的改革計畫，四大銀行的發展途徑是採國際同業的模式，包括蓄意導入國際性銀行擔任策略性投資者等。誠如先前討論過的，陳元曾公開反對他所謂的「美國那一套」。取而代之的，他倡議「根據我們自己的需求，發展及建立自己的銀行體系」，他說這個銀行體系「必須提供資金來滿足我國高成長經濟的需求，解決我國企業所面臨的各

種財務瓶頸，並提供一個可供各種型態企業取用的資金管道」。³

國開行的投資專案原本是被納入國家預算的，但現在已經獨立；在某個範圍內，國開行可以自主決定它自己的商業原則，換言之，它可自由裁決要不要投資各種專案。然而，它的專案說穿了還是國家的專案，而負債也一樣是國家的負債。國開行和四大銀行不同，它一成立就是一個部級實體，擁有準主權地位，而且直接隸屬國務院。它是完全以某個人──陳元──為中心而建立的組織（而非機構）。陳元的父親是影響力強大的革命時代人物陳雲，著名的「鳥籠」理論就是他提出的，這個理論為一九八○年代的經濟特區政策奠定了穩固的意識型態基礎。在當年，政治保守派認為只要外國投資被侷限在這些特區，他們就願意接受外來投資。而且，目前這個影響深遠的政治概念已經變形，成為有心人士用來凸顯體制內外反差的好方法。除非有一個果決的黨領導人（如朱鎔基時代⁴）出面強勢設下限制，否則諸如陳元這類太子黨一定有辦法驅動一些違反國家利益的政治及經濟流程，我們將在下一章討論這部分。以陳元的案例來說，他早就想在國開行的羽翼下各納入一家投資銀行和證券公司，並進而讓國開行成為中國第一家綜合銀行（universal bank），儘管他公開反對「美國那一套」。如果國開行都能變成一家綜合銀行，那也就難怪四大銀行會採取防禦性的回應，要求收購它們各自旗下的資產管理公司手上的執照了。

如果陳元原本為國開行制訂的策略真的成功了，中國銀行體系就會回歸到改革前和早期中國人民建設銀行（PCBC）時代的模式。當年的中國人民建設銀行其實只是財政部的一個部門，它就像陳元的國開行，為經濟體系供應長期資金。然而，不同的

是，國開行擁有現代企業的外表和圓滑的公關專業能力，從它的網站將陳元那些老派的口號推到幕後便可見一斑。然而，那並不是最重要的差異。中國人民建設銀行的資金來自國家預算，而且它代表財政部，把免付利息的投資資金分配給國企和國家計畫中的特殊基礎建設專案。但國開行並不是仰賴國家預算來取得資金。

上述事實和陳元的個人野心對國開行構成了一個大陷阱。國開行雖是一家政策性銀行，卻必須透過在市場上發行債券的方式自行募集資金，而中國的債券市場則是完全仰賴商業銀行和人民銀行的支持。所以說，國開行的資金大約有72%來自陳元非常瞧不起的那幾家銀行。誠如圖5.1所示，二○○五年起，國開行的債券發行量開始快速成長。這樣的成長是人民銀行所許可的，而人民銀行本身的立場卻遭到財政部質疑。

因為各銀行是所有資金的來源，故若這個情況延續下去，市場終究將達到飽和狀態，確實，二○一一年年中就出現這個情況，一旦走到這個地步，國開行的集資行為一定會開始對財政部的集資產生排擠效果，一如圖5.1所示。試問，有任何人能一邊和財政部作對，但又一邊又和四大銀行對抗嗎？答案是：「沒有」，從此以後，被自己的野心矇了眼的陳元開始脫軌。

除了追求更大的商業規模，陳元似乎也非常嫉妒商業銀行表面上所擁有的現代感。這個心態促使他尋求創立中國第一家綜合銀行，並希望它有朝一日能公開掛牌。顯然有某種力量鼓勵他去追求這個目標。就這樣，二○○八年十二月十一日，國開行成為一家股份制公司（joint-stock corporation），這是為辦理IPO做準備的第一步。不過，究竟國務院是基於什麼理由而願意將一家政

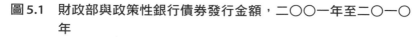

圖5.1　財政部與政策性銀行債券發行金額，二○○一年至二○一○
　　　　年

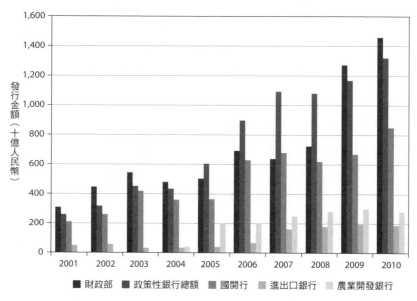

注：二○○七年財政部發行金額中不含中國投資公司的1.55兆人民幣特殊債券；二○○
九年財政部發行金額不含2000億人民幣的地方政府債券。
資料來源：中國債券信息網

策性銀行（這種銀行的設計是要投資並持有國家指定且非商業性
投資的基礎建設專案）變成一個商業實體，並允許它掛牌交易？
因為陳元指稱，商業化不會改變該銀行作為一家開發銀行的策略：

　　我們可以吸收的教誨是，第一流的銀行不該拿西方銀行做
標準，即便對方是最優秀的西方銀行。我們應該制訂一個客
觀的國際標準……這是指擁有高品質資產、能獲得市場投資
人信賴，以及對社會需求的客觀、公平及深入了解，並進而

設法滿足那些社會需求，以獲得社會認可。[5]

　　國開行這種強調社會公平議題的模式，威脅到過去十五年間以利潤為導向的中國銀行改革，並完全抹殺了一九九四年政策性銀行改革的宗旨。儘管全球金融危機爆發後，陳元的言論及願景也許在中國人民及高階領導人之間引發一些共鳴，但債券市場的反應並不是那麼熱烈[6]。原因很簡單：銀行監理單位一直沒有為國開行的新身分做出明確的定義。在組成股份制公司以後，國開行還是一個半主權政策性銀行嗎？或者說，它現在已經成為一家商業銀行？這個定義直接影響到外界對它流通在外債券的評價，當然也影響到它未來債券發行的評價。畢竟市場的定價將因上述問題的答案而有所不同。這個不確定性足以說明為何國開行的債券和國債之間的利差相對較大，以及為何它的債券在次級市場的交易較為活絡。另外，不僅是定價的問題：如果國開行是一個商業實體，其他銀行和保險公司對它的投資就會受限，最多只能投資到監理法規所規定的上限，一旦如此，國開行以便宜資金大肆擴張的好日子很快就會結束。

　　有關國開行真正地位的不確定性，也是導致該行債券的交易比財政部債券更活絡的原因之一。不確定性就是風險，而對它的投資人——各商業銀行——來說，這個因陳元個人野心而起的風險絕對不算小。二〇一一年年中時，各銀行資產負債表上共有2.9兆人民幣（4600億美元）的國開行舊債券，以這麼大部位來說，就算國開行債券的價格只小跌個0.5%，各商業銀行就得編列約140億人民幣（23億美元）的市價計值虧損。即使它們將國開行債券列記為投資項目，但那麼大規模的價值折損，最後還是

可能導致各銀行的國際查核會計師不得不建議它們提列損失準備，這將進而衝擊到它們的收益。

　　二〇一〇年年初，黨在深思二〇〇九年放款狂潮的影響後，整合了一個口徑一致的說詞：「我們知道這些專案無法在今天創造現金流量，但事實將證明這些專案將非常有助於中國未來的發展。」這一番說法完美詮釋了政策性銀行放款的功能。然而，若根據商業銀行的定義，這些政策性貸款根本已落入不良放款的範圍。早在一九九四年成立國開行且四大銀行展開商業化歷程時，當局早已認知到這個問題。而現在，中國費盡心思建立起來的商業銀行個個忙著自我轉型為政策性銀行，但身為政策性銀行的中國國家開發銀行，卻大步朝相反的方向前進。這種種情況已無法用「諷刺」來形容。

　　毫無疑問地，這個以市場為重的結果，讓陳元發展國開行的野心踢到了大鐵板，也代表財政部的重大斬獲，而當初很可能就是財政部鼓勵他推動掛牌的。但誠如後續將討論的，當中國投資公司在二〇〇七年收購中央匯金公司後，它也等於收購國開行的100%股權。此時情勢逆轉，對陳元不利。現在，國開行回到了它原先的狀態，變成隸屬財政部的一個部門，這堪稱世界上最大的政治諷刺，而究竟這整個體系為此付出了多少代價？

人民銀行及國家發展改革委員會（發改委）

　　和國開行的遠大抱負及財政部的無情報復呈現強烈對比的，是受改革派擁護但目前遭到質疑的市場導向模型，我們對此的著墨少很多[7]。這個模型主張企業應以經營團隊的決策為基礎，培養市場導向的企業直接融資能力。換言之，這個模型讓企業擁有

自由選擇採銀行貸款或債券市場集資的空間。不僅如此，企業也必須為自身的決策向股東及債券投資人負責；總而言之，就是完全採納國際資本市場模型。為創造這個可能性，人民銀行在二〇〇五年國內股票市場重挫之際，借力使力地利用監理漏洞，將到期日超過一年的債券定義為「公司債」[8]。它利用這個定義創造一種短期債券產品——商業本票（中國稱短期融資券）——而這項產品也迅速成為國企圈最偏好的債券產品。

　　早在一九九三年時，人民銀行就已將公司債產品的權責讓給了國家計畫委員會，主要原因是，公司債到期後，其發行者有可能不願償還債券金額。這在當時製造了很大的麻煩，也是導致這項產品被停止使用的主要原因。不過，二〇〇五年時，公司債再次成為熱門產品，一方面是由於銀行改革的緣故，一方面則是因為股票市場表現疲弱。遺憾的是，企業債市場由國家計畫委員會的孫組織——國家發展改革委員會，簡稱發改委——管轄，且只有受證監會監理的證券公司能承作企業債的承銷業務。儘管它的發行量逐年上升至二〇〇五年的數字（見圖5.2），卻還是沒有任何一個機關深思過要大力發展這項產品。從發改委的觀點而言，債券並不是優先考量。該委員會雖有眾多需金殷切的專案計畫，但國家、地方預算或銀行向來都會為這些計畫提供資金，所以，發改委完全不認為有發展債券產品的必要。而從證監會的觀點來說，債券會和股票產品競爭資金，而且這場競技是一種零和遊戲，何況乏味的固定收益產品或市場也無法讓監理者功成名就。

　　周小川在他二〇〇五年十月那一場著名演說（在第四章一開始引用過[9]）中，詳細分析了導致市場未能充分發展的原因。他正確點出這個市場未能有效發展的根本原因是「在經濟轉軌的早

圖5.2　依產品類型區分的債券發行量——一九九二年至二〇一〇年

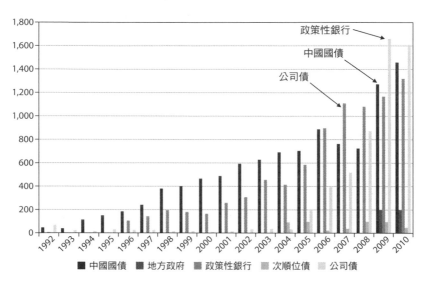

注：二〇〇七年中國國債的發行不含1.55兆人民幣的特殊債券。
資料來源：人民銀行，《金融穩定報告》，二〇一一年。

期，計畫經濟色彩比較濃重，市場經濟的思維、環境都還沒有很好地建立起來」的命令經濟心態。這個評論將攻擊矛頭直指發改委，不過，坦白說，先前的人民銀行官員也沒有對促進債券市場的發展多做著力，只是把這些市場留給財政部。

　　在黨《九條信綱》（明確要求發展債券市場）的支持下，人民銀行迅速利用這個「一年以上」漏洞，憑空創造出一個商業本票市場。二〇〇五年（第一年），需金若渴的國企就發行了超過1420億人民幣（170億美元）的商業本票。到二〇〇八年，發行金額已達到原來的三倍，這股成長力道是一個獨特的寬鬆發行規定所驅動：商業本票的發行無須取得監理機關核准，只需註冊。

人民銀行的改革者是根據美國過去的經驗法來建立這整個流程的模型，其中，依規定，發行者必須擁有信用評等（在中國，取得信用評等約需三個星期），要有一個承銷商（銀行，它們不是受證監會監理），一份公開說明書，還必須向人民銀行申報。為了進一步淡化政府在這個市場的功能，人民銀行在二〇〇七年九月贊助成立一個產業協會—— 即中國銀行間市場交易商協會（NAFMII）——來掌管相關事務。這個市場和極端不透明的中國股票市場相反，相關債券發行者的名單、它們的財務狀況、核准文件和公開說明書，全都能透過中國債券網及中國銀行間市場交易商協會網站取得。

　　根據中國銀行間市場交易商協會的註冊資料，它是一個非營利、非政府組織，人民銀行授權它為債券資本市場的發展提供建議，贊助新政策及法規的擬定，並審批債券的發行。在成立中國銀行間市場交易商協會時，人民銀行也非常聰明地邀集中國銀行產業的有力人士來擔任該協會的理事會成員。這個機關成立不久後，便迅速成為負責管理銀行間債券市場最快速成長區塊——包括本國貨幣風險管理產品——的監理者。當然，它的權責範圍不包括發改委的企業債和金融債券及次順位銀行債券，因為金融債券及銀行次順位債會直接影響到敏感的銀行產業，所以，這部分還是由人民銀行直接監理。

　　因為這個商業本票計謀，人民銀行已經有點惹惱發改委，而它的下一步更是直接引起發改委的反彈。二〇〇八年四月，人民銀行透過中國銀行間市場交易商協會創造了一種三年到五年期的中期票據。這些票據和債券不同，債券只發行一次，且發行後便一直流通在外，直到被贖回或到期為止。中期票據和商業本票則

不同，這種證券的發行者獲准根據一個計畫，在特定整體上限的範圍內，視其自身的集資需求而發行或多或少的證券。中國銀行間市場交易商協會為這些證券取了個有點諷刺的名稱：「非金融企業融資工具」，目的是為了清楚區隔這些證券和發改委企業債及證監會公司債的差異。中期票據一如商業本票，只需要向中國銀行間市場交易商協會註冊即可。

然而，發改委可不覺得這種文字遊戲有什麼好玩，同時開始出手阻止人民銀行推動這種中期票據，它宣稱它擁有對這些票據的控制權，畢竟那些票據的到期期限超過一年。國務院接受發改委的論點，將這項產品的推出時程延遲了四個月。然而，那一年稍晚，一股共識逐漸形成，多數人認為更多精準有效的債券將能提振低迷的股票市場，因此，中期票據獲准放行。在短短三個月間，企業共募到了1740億人民幣（260億美元）的新資金，而到二〇〇九年，這個市場更是出現爆發性成長。到年底時，大約有6080億人民幣（890億美元）的新中期票據發行。和商業本票合併計算，這些新工具大約占二〇〇九年固定收益市場總募集金額的22%，二〇一〇年時，這個百分比還是高達12%。

人民銀行二〇〇五年金融改革方法的勝利，讓它得以在它的權責範圍內繼續推動新產品開發，而這些都只是未來的基礎建設的一環。誠如圖4.12所示，由於商業本票和中期票據的到期日較短，所以吸引了很多新的非國有投資者、共同基金和外國銀行介入。這類投資者終於頭一次有機會在中國債券市場取得重要的地位，他們持有的部位分占商業本票和中期票據的35%及25%。隨著時間的累積和環境的變化，這種小小的勝利逐漸積少成多，變成重要的勝利。

地方政府獲得解放

人民銀行的產品創新為各式各樣的中國企業（不僅限於一般人眼中的國企）提供一個解決融資問題的方案。一九九四年的大規模中國稅賦制度改革明確將中央及地方應收稅賦予以切割。從那時開始，國企改革、數以百計的破產地方金融機構結束營業、以及銀行經營團隊指派權的中央集權化等因素，導致地方政府可用的財務資源大幅減少。於是，稅收和支出的缺口開始顯著擴大。

財政部在二〇〇九年對人民大會提報的預算報告中確認，整體而言，地方政府的財政赤字非常龐大。這份報告提到地方收入總額為 5.9 兆人民幣（8650 億美元），其中有 2.89 兆人民幣（4230 億美元）來自中央政府的稅收移轉支出。相對的，地方政府支出卻達 6.13 兆人民幣（9000 億美元）。省長或市長的生命取決於他們在資金募集爭奪戰上的表現，當然，募集資金是為了支持地方發展及創造新工作機會。原本最精於商業運作的省分利用國企改革（直接賣斷表現不好的國企或將好國企的股票掛牌）和吸引大量外國投資來解決這個財政困境。不過，畢竟擁有中國沿海省分那種商業吸引力的省分並不多。而且即使中國各交易所卯盡全力支持本國企業，但可公開掛牌的國企就只有那麼多。在亞洲金融危機過後，為了保護地方資源，表現不好的國企被私有化（privatized）或完全結束營業。結果，可用方案不多的地方政府為了增加可用預算並正常履行債務，只好仰賴各項專案的現金流量和土地拍賣所得，據說土地拍賣大約占了地方預算外（extra-budgetary）收入來源的三分之一以上。

　　接著，二〇〇九年的全球金融危機更是對地方政府形成前所未見的大挑戰：北京當局在它提出的4兆人民幣（4860億美元）振興方案中，要求地方政府參與各項專案，並負責籌集約當三分之二專案支出的財源。其實，早在危機發生前，較通曉財務運作的地方政府就已善加利用它們的公用事業、道路、建設團隊和資產管理局，將它們組成有限責任公司。因為只要擁有這個合法的假面，相關企業就能向銀行借錢，並利用債券市場改革的機會發行債券。根據銀監會的統計，二〇〇九年六月時，省、地區、縣和直轄市政府層級共有8821個集資平台在運作，其中多數（4907個）都是縣政府所有。其中很多這類實體的成立，都只是為了利用政府所默許的那種「見者有分」的放款熱潮牟利。畢竟如果它們有辦法籌到北京當局要求的資金，為什麼不順便也幫自己的經濟獎勵計畫多少搞點錢呢？在中國，機會總是稍縱即逝，所以聰明人會緊緊把握所有可能的機會，這在中國是一種常識。另外，一般也認定黨最後一定會出面承擔責任，監理機關將對此視而不見，不會有任何行動。就這樣，二〇〇九年和二〇一〇年的種種情況營造了一個能讓地方政府竭盡所能搶錢的完美環境，能怪他們籌太多錢嗎？

融資平台

　　在資金信手拈來的那些日子裡，地方政府和它們的融資平台取得的信用幾乎是多到前所未見。經過二〇〇八年漫長的討論後，北京當局決定將正式允許地方政府在財政赤字的狀態下運作。財政部在二〇〇九年代各地方政府發行的2000億人民幣（300億美元）債券，就是這個新思維的象徵。然而，更重要的

是，由地方成立的投資公司和公用事業公司等法人組織也獲准發行經由發改委許可的企業債，另外，還有新的短期人民銀行證券——商業本票及中期票據可利用。門戶大開後，地方黨書記快速擴張他們的融資平台，這些平台不再只是侷限於「地方（或縣）投資公司」的名義，他們組成各種不同的公司實體，像是水、高速公路和能源公用事業。於是，中國的市政債券市場也就此應運而生。

　　在銀行間市場的眾多新發行者當中，有大約140個地方政府成立的公司實體（見表5.1）。這些實體被冠上諸如上海市政（municipal）建設投資開發股份有限公司、武漢市水務集團股份有限公司，及南京公用事業控股股份有限公司等名稱，它們和美國市政債券的發行者很相似，不過有一個主要差異。除了發行長期債券來配合長期投資專案的到期日，這些公司實體也熱中於發行短期商業本票和中期票據。事實上，不管是哪一種型態的債務證券，只要能取得許可，它們幾乎都發行過。

表5.1　地方融資平台的債券發行情況，二〇〇九年六月三十日

地區	發行者數	總額十億人民幣	占地方政府總額之%
1. 大上海			
上海	10	76.13	19.4
浙江	19	54.1	13.8
江蘇	13	46.2	11.8
安徽	10	14.2	3.6
江西	5	10.5	2.7
小計	57	201.1	51.3
2. 大北京			
北京	10	35.4	9.0

天津	6	20.1	5.1
河北	2	4.2	1.1
小計	18	59.7	15.2
3. 大廣東			
廣東	9	25.8	6.6
福建	4	7.7	2.0
湖南	3	2.8	0.7
廣西	2	2.1	0.5
小計	18	38.4	9.8
4. 西南部			
重慶	8	19.6	5.0
雲南	2	6	1.5
四川	3	4	1.0
小計	13	29.6	7.5
5. 中部			
河南	4	12.1	3.1
湖北	4	7	1.8
山西	3	5	1.3
小計	11	24.1	6.2
6. 西部			
內蒙古	5	8.4	2.1
甘肅	2	2.3	0.6
新疆	2	2.2	0.6
青海	1	2	0.5
寧夏	1	0.8	0.2
小計	11	15.7	4.0
7. 東北			
吉林	2	5.2	1.3
遼寧	2	4.2	1.1
黑龍江	1	4	1.0
小計	5	13.4	3.4
8. 其他	**7**	**10**	**2.6**
合計	**140**	**392**	**100.0**

資料來源：萬得資訊；債券包括商業本票、中期票據和企業債，發行者不含地方製造業國企。

　　二〇〇九年時，這些省、直轄市及縣級實體一共在債券市場募得接近6500億人民幣（950億美元）的資金，約占企業債發行總額的50%及商業本票和中期票據總發行額的48%。商業本票和中期票據發行金額在二〇〇九年出現爆發性成長的原因是，這些工具無須經過複雜的核准程序，而且不需要銀行擔保；發行者只需要在中國銀行間市場交易商協會註冊即可。讓這些產品更吸引人的原因是，中期票據的承銷手續費和利息費用都比發改委的債券或甚至銀行貸款低。對部分地方政府來說，二〇〇九年簡直像個致富的大金礦。謹慎觀察，這些地方發行者的地理區分布其實相當有限；有整整66%的地方政府發行者和76%募得的資金來自中國最富有的地點，包括大上海、北京和廣東。要怎麼解釋為何中國最富有的省級經濟體──浙江省──會有十九個地方政府發行者，最低層級甚至到縣層級，但中國最多人口的省分河南卻只有四個？和市場參與者討論後，答案似乎只有一個：「錢滾錢」。

　　所以，剩下8000個比較不那麼幸運的地方政府則一如過往，繼續利用它們與地方銀行分行的合作關係來取得債務型的融資。如果它們的資源那麼受限，要怎麼借錢？圖5.3顯示，地方政府為其融資平台提供資本的方法之一是：貢獻土地及稅賦補貼。而土地又可能進一步被用來作為發行債券或銀行貸款的擔保品。

　　土地愈值錢，這個平台的借款能力就愈強。被用來抵押的土地有可能是某大型住宅、辦公空間或購物中心開發案的一部分。地方的經濟愈強，那種開發案的潛在利潤就愈高，其他投資人透過由信託公司開發的財富管理產品（專賣給各銀行的高淨值顧

圖5.3　地方政府集資的替代管道

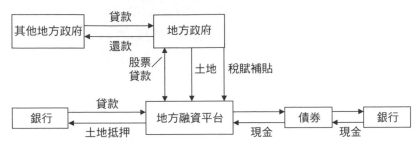

資料來源：根據《亞洲金融》雜誌，二〇〇九年六月，32。

客）來參與該平台之股權的興趣也就愈高。（見圖5.4）

　　但在中國很多較貧窮的地方，這種機會根本就不存在。他們根本無法達到債券市場要求的最低標準，所以，只好像過去一樣，繼續向銀行借錢。而為了達到目的，它們常會便宜行事，不按牌理出牌。舉個例子，圖5.5列示一個地方政府可能為了順利借到錢而做什麼事：先向另一個地方政府借錢，並用這些錢來作為挹注其融資平台的資本。一旦資本註冊完畢，公司也成立後，這個地方政府就會收回先前投入的資金，把錢還給另一個地方政府。結果就是：融資平台的確存在，它有名義上的註冊資本和商業執照，所以儘管它實際上並沒有資本，但卻絕對有辦法向其他銀行借錢。

　　人民銀行和銀監會的各項調查發現，到二〇〇九年九月底時，這種地方平台共借了大約6兆人民幣（8800億美元）的資金，有接近90%的振興專案都和銀行貸款綁在一起[10]。這些調查也提到，上述貸款約當地方政府收入的290%，而且，在中國的

圖5.4　地方融資平台的信託型融資

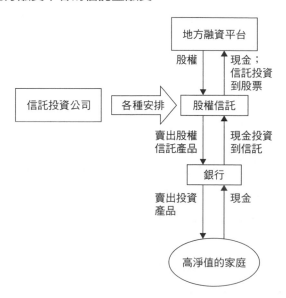

圖5.5　暫時以借來的錢來建立某個地方融資平台的權益資本

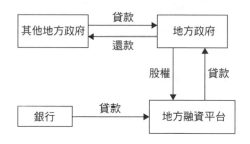

29個省和自治區當中，有13個地方的負債超過總財政收入。銀監會發現，這些地方貸款大約占二〇〇九年放款總額的14%，而且這類貸款甚至占某些銀行的新承作信用總額的40%。

到二〇〇九年年底，北京公開承認地方政府的未償還負債總

額達 7.8 兆人民幣（1.14 兆美元）。放款完全不受限制的情況延續
了二年後，中國國家審計署在第一份針對這個問題所做的詳細調
查的結論中提到，到二〇一〇年年底，這個數字已達到 10.7 兆人
民幣，其中有近 80% 是銀行貸款（見表 5.2）。

　　根據審計局的數字，地方政府直接及間接透過其代理人共借
了約當中國 27%GDP 的錢，其中多半是在二〇〇九年至二〇一
〇年的短短兩年間借的。最適合用來闡述這個事實的，莫過於中
國的一句諺語：「及時行樂！」至於它們的信用品質如何？根據
中國國際資本公司的一名分析師評論：「如果這些平台的融資鏈
不斷，它們將有辦法順著當前的經濟發展趨勢，解決潛在的信用
風險。」[11] 換言之，只要銀行願意繼續放款，這些地方政府就不
會遭遇還款上的困難。遺憾的是，銀監會在二〇一〇年年中開始
禁止銀行繼續對現有貸款展期或延長貸款的到期期限。儘管它深
知有 40% 的地方貸款將在二〇一二年年底到期，而且，它先前
也曾公開表示最多有 24% 的地方政府借款將無法回收，但它還
是下此禁令。不過，這個障礙還是有其他方法可因應。

表 5.2　地方政府融資來源及型態，二〇一〇會計年度

集資來源	直接政府債務	%	政府擔保債務	其他	合計	%
銀行貸款	5,022.5	74.9	1,913.4	1,532.1	8,468.0	79.0
債券	551.1	8.2	106.7	98.9	756.7	7.1
來自上級政府的增補款	213.1	3.2	234.7	0.0	447.8	4.2
向其他單位／個人的貸款	924.2	13.8	82.2	38.6	1,045.0	9.8
合計	6,710.9	100.0	2,337.0	1,669.6	10,717.5	100.0

資料來源：國家審計局

幾乎毫不意外的，人民銀行提出的建議解決方案之一是允許省級政府發行債券（這不是透過財政部發行，見下一節）。接著，各省再將發行債券而取得的收入用來償還地方的債務[12]。這一章的稍早已說明過，債券其實只是披著一件假外衣的銀行貸款。如果中國的市政債券取得許可，那麼由各國有銀行出錢的債券發行款項，一定會被用來償還較小型銀行和中國國家開發銀行當初承作的地方或政策性貸款。這堪稱披著另一件外衣的銀行股利。將到期的未償還負債予以展期（也就是發新債還舊債）的作法向來是中國金融決策的一大根本特質。

信用增級

我們能藉由觀察中國信用評等機關的作業方式，了解存在於債券市場的任何可能信用問題嗎？以中國來說，所有發行者實際上都屬於某個政府機關管轄，所以，有關中國整體信用評等的問題，可說是既複雜又單純。畢竟，既然這裡的所有東西都屬於一個理論上的統一國家所有，那麼，不同實體的信用評等又怎麼會有所不同？中國的五家信評機關（見表5.3）是怎麼因應不同省

表5.3　中國的信用評等機關

名稱	地點	投資者
中國誠信國際信用評級有限責任公司	北京	穆迪（少數股權）
中國聯合信用評級有限責任公司	北京	惠譽（少數股權）
大公國際資信評估有限責任公司	北京	100% 國有
上海資信服務有限責任公司	上海	100% 國有
新華遠東信用評級有限責任公司	上海	新華財經

分或某個國有銀行相對另一家國有銀行分行之間的信用品質差異
的？從投資人的觀點來說，這絕對不是一個理論性的問題，因為
商業本票和中期票據之所以吸引企業發行者，是因為其發行者只
需擁有投資等級的信用評等即可。不過，若所有國有實體基本上
都享有相同的信用品質，那信用評等根本一點都不重要。當然，
信用評等不重要的假設前提是：所有投資人（絕大多數投資者是
國有實體）認為「擔保」對它們來說是有意義的。簡單說，這就
是中國的信用評等迄今仍是個大難題的原因。

　　然而，發改委以一個直接的方法來因應這個問題：它管轄的
企業債是有擔保的。這個規定其來有自：一九八〇年代末期，國
企開始獲准發行債券，但當債券到期，它們卻賴帳不還錢，還辯
稱反正怎麼說都是國家的錢，還不還沒什麼關係。這再次凸顯出
國企高信用風險的事實。現在，保險公司在產業監理機關——中
國保險監督管理委員會——的許可下，只能投資發改委核准的擔
保債券。這個規定是有理論根據的：擔保者將確保貸款本金的償
還。不過，擔保者形形色色，保險業投資者要如何分辨不同發改
委債券擔保者之間的差異？這時信用評等就應該發揮關鍵的功
能。所以，發改委核准的債券和人民銀行／中國銀行間市場交易
商協會有關商業本票和中期票據的新安排，都讓信用評等機關的
判斷變得攸關重大。不過，誠如國際市場現在全都非常清楚的一
件事：信用評等機關並非絕對可靠。

　　中國各信用評等機關的信用評斷品質究竟好不好？表5.4的
數據列出了AAA、AA和A評等的企業債發行者和他們的擔保者
／信用評等機關。因為所有擔保內容都很類似，債券發行期間也
大致相當，所以，直接把擔保者的評等當成債券發行者的評等，

表5.4 企業債發行者的信用評等相對擔保者的評等

發行者 AAA		AA		A	
1	上海久事公司	1	福建高速公路公司	1	廣州造紙集團有限公司
2	國家電網	2	山東電力集團	2	杭州市運輸投資公司
3	北京市基礎設施投資公司	3	大連港集團	3	衢州市運輸基礎建設公司
4	武漢鋼鐵	4	中國鹽業總公司	4	中關村高科技中小企業
擔保者／評等機關					
1	國開行／大公	1	國開行／誠信	1	建行廣東省分行／聯合
2	中銀／聯合	2	國開行／上海遠東	2	農行浙江省分行／聯合
3	建行北京分行／誠信	3	建行大連分行／誠信	3	全柴集團有限公司／大公
4	建行湖北省分行／聯合	4	建行北京分行／誠信	4	中關村科技擔保公司／聯合

資料來源：萬得資訊

應該算合理。舉個例子，中國國家開發銀行的保證，應該能讓它擔保的所有發行者都擁有AAA評等，因為如果發行者違約，國開行將擔保本金及利息的還款。如果這些評等是有道理的，那我們也應該能依照這個邏輯，歸納出以下結論：根據中國的脈絡，那商業本票及中期票據發行者（無擔保）的評等可能也是合理的。

遺憾的是，檢視這張表後便可得知，至少從國際的觀點而言，任何一個內行的投資人都不可能太依賴這些評等。舉個例子，國開行（一個AAA評等的半主權政策性銀行）的擔保怎麼可能會產出一個低於AAA的評等——如福建高速公路及廣東電力所屬的AA評等？還有另一個例子，建設銀行湖北省分行獲得聯合信用評級公司的AAA信評是可以理解的，因為分行代表整

個銀行不可分割的一個法律單元。但這要怎麼解釋建設銀行廣東省分行的擔保只能值得A級評等（廣州紙業），而同一家銀行的大連市分行的擔保也只獲得AA評等（大連港）？更糟的是，該銀行廣東省分行的保證，竟然只和一家位於中關村（北京市郊）的小型擔保公司的保證等值。

　　要怎麼解釋這麼明顯的矛盾？可能性有很多。舉個例子，信用評等機關可能將銀行視為一個由眾多相對獨立的分行組成的實體。誠如一個市場參與者說的：「這些銀行是一個集合全國各地1萬家銀行的實體。重慶的分行經理認的頂頭上司是地方黨書記，不是北京的某些銀行高官。」然而，這個可能性的問題是，評等機關必須能充分掌握地方分行的財務，而這似乎是極端不可能的事。第二個可能性是，信用評等的高低取決於發行者願意付多少錢（給信評公司），畢竟市場上常常聽到一些「買評等」的流言軼事。另外，更貼近現實的可能性是，不管市場和中介基礎設施怎麼發展，迄今還是沒有人在乎信用評等機構的說法，因為所有人都相信政府最後一定會介入防止違約的情事發生，而這個信念支撐著一切活動的進行。這就能解釋某中國證券公司風險部門首長為何會說出「所有評等機構和他們的信用評等都是好的」這種評論。然而，這也造成任何的評等結果都不再有吸引力了。

省級政府的半主權債券

　　誠如先前談論過的，二〇〇九年三月，財政部宣布發行2000億人民幣（300億美元）的地方政府債券。當局還來不及發展出監理架構，也還沒想好要怎麼解釋相關債券的信用評等，這些債券就迅速推出。這個現象背後的思維似乎是，由於在中國文

官階級裡，省級政府和「部」屬於同一級，所以省也代表國家，它們自然也理當能獲得類似的評等。不過多數人都心知肚明，青海省和上海市絕對是不同的。

　　然而，財政部的一名發言人解釋，儘管這些債券將以省級政府的名義發行，並以省級政府預算的一環來取得許可，但財政部將擔任它們的代理機構。更重要的是，基於這一點，財政部堅持債券的票面利率和債券風險必須貼近主權債券。實質上來說，這個發言人是想推銷「省級債券的隱含風險等於國家債券」的概念。儘管理論上來說，這也許是真的，但實務上卻不是，而且很多市場參與者並不接受這個概念。此外，這個情況並不符合財政部本身管理地方債券的規則。這一切的一切全都清楚顯示，如果地方政府賴帳不還款，這些債券就會被繼續展期一年到五年的時間，以地方政府能負擔的分期付款方式來償還原始本金。總之，原來三年就會到期的債券實際上有可能要等到八年甚至更久以後才到期。

　　顯然這些債券並不是中央政府公債。但儘管市場上一片質疑聲浪，友善的主要交易商團對這些債券的定價，卻真的很接近相似到期期間的財政部債券。這些債券進入次級市場後的價格將如何變化？沒有人知道，因為根本沒有次級市場。因為這些債券已經（在市場上）消失，進入財政部的主要交易商團——也就中國各銀行——的資產負債表。

中國投資公司：中國金融體系的關鍵

　　如果銀行間市場像是個金字塔結構，那麼，它在人民銀行透

過控制貨幣供給來管理通貨膨脹的種種努力中，絕對扮演極端重要的角色。二〇〇二年時，通貨膨脹持續惡化，一個和管理通貨膨脹有關的政策爭端就此爆發。接下來四年的爭議漸漸演變為一場市場改革者和中央計畫者之間的政治角力。受中國加入WTO的樂觀氣氛感染，固定資產投資從二〇〇二年起暴增，年成長率達31%，這是一九九三年朱鎔基步入全盛時期以來首見的最高水準（見圖5.6）。一九九〇年代中期二位數通貨膨脹的可怕記憶，促使人民銀行在這段時間持續對市場發行短期票據，這是中國一九四九年以後的銀行史上首見。二〇〇二年的最初發行金額約當260億美元，接下來幾年持續成長，到二〇〇七年時，人民銀行更從銀行業吸走了接近6000億美元，也九度上調銀行存款準備率，並五度提高利率。這些積極的對策確實有效發揮了暫時的效

圖5.6　投資、外匯準備和貨幣供給，二〇〇一年至二〇〇九年

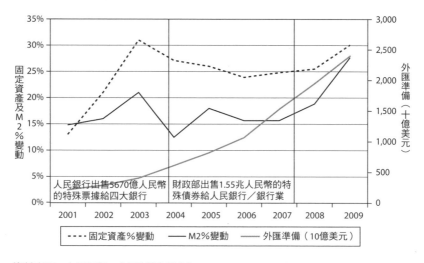

資料來源：人民銀行，《金融穩定報告》。

果，不過到二○○七年，外匯準備的暴增和因此而新增的人民幣，卻形成了一個更巨大、難以克服的挑戰。

其他人對一九九三年的情況還記憶猶新，更沒忘記當年朱鎔基如何積極利用行政命令干預市場、關閉所有取得流動性的管道。朱鎔基的作法是直接停止所有銀行放款活動，封閉整個經濟體系近三年，直到一九九五年，通貨膨脹在達到20%以上高峰後終於回落，情況才終於轉變。二○○二年時，偏好行政干預的那一群人辯稱經濟並沒有過熱，只是特定的工業部門過熱而已，所以，他們主張只要用特定政策手段就能解決問題。當時這個論述占了上風，銀行對那些特定部門的信用也因此被切斷。到二○○四年，這兩項努力確實降低了投資和M2的成長，而且也讓當局及時開始處理因中國貿易順差暴增而大量流入中國的美元。

到二○○五年七月，人民銀行終於順利說服政府放手讓人民幣及美元脫勾，並允許它緩慢升值。可惜，由於一般認定「人民幣升值20%」的預測肯定會實現，大量熱錢因此流入，反而導致國內市場充斥更多的流動性，股價指數和高級房地產更出現爆炸性的投機活動。由於保守及改革派都認為自己在先前那一場抗通膨運動中獲勝，結果，二○○八年九月全球金融危機爆發後（當時各種市場動力大幅降低到遠超過政治圈所容許的程度）的整體情況變得極端複雜。儘管人民銀行積極管理人民幣氾濫的問題，但圖5.7的數據卻顯示，從二○○七年以後，利用短期票據收回資金的成效就開始下降。原本以M2衡量的貨幣供給成長率一直持穩在16%左右，但二○○八年起，卻上升到18%，二○○九年更達到29%。而當二○○八年年底出口轉為負成長後，人民幣升值的政策也馬上順勢被取消。

圖5.7　人民銀行票據發行相對貨幣供給成長（M2）二〇〇一年至二〇〇九年

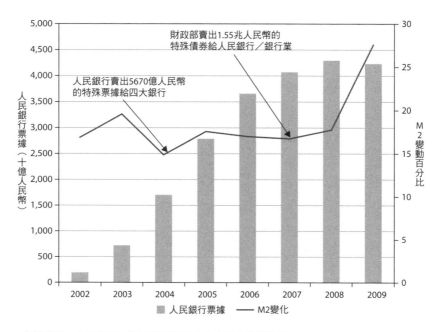

資料來源，人民銀行，《金融穩定報告》：中國債券信息網

　　這就是從二〇〇二年起因中國金融基礎架構而起的政治爭端的總體經濟背景。雙方的角力在二〇〇七年中國投資公司成立時正式轉趨白熱化。說它是一個主權基金其實很諷刺，主權基金是要將國家的外匯準備投資到海外，但事實上，這些錢卻被用來大幅重組中國自身的金融體系。中國投資公司並不是中國的第一個主權基金。從一九九七年開始，外管局的香港子公司——外管局投資公司——一直都積極協助管理中國的一部分外匯準備。那麼，究竟為何要成立第二個主權基金？外管局投資公司隸屬人民

銀行，而中國投資公司則是隸屬財政部。為什麼財政部要染指外匯準備領域？畢竟外匯準備明顯屬於人民銀行的正當勢力範圍。答案似乎是因為人民銀行從財政部手中接管了四大國有銀行中的中銀和建行的所有控制權，而財政部有權以牙還牙。最終來說，中國投資公司的成立和主權基金的一切比較無關，而是和官僚體系勢力範圍爭奪戰較有關。而這一回合的勝負非常顯而易見：中國投資公司目前已是中國國內金融體系的關鍵。

人民幣的沖銷及中國投資公司

中國投資公司籌集資本的過程說明了中國的所有制度安排都不是永久不變的；一切都可能基於環境及政治勢力的平衡而改變。所有機構都無法擺脫這個遊戲規則，即便是最老資格和最重要的機構。中國投資公司的案例也可明顯看出，因中國外匯準備嚴重失衡而衍生的種種壓力，對它的金融市場造成了多大的扭曲。而如今，被扭曲已經不只是國內資本市場──包括股票和債券，連擔綱資本市場基礎的金融機構也承受極大的衝擊，而這也連帶影響到國際股票市場及投資人。

因為中國投資公司的設計是要把外匯準備投資到境外，所以可能有人期望它可以直接從外匯準備中取得資本，一如那幾家國有銀行。中國建設銀行、中國銀行、中國工商銀行和中國農業銀行至少都有一部分資本來自外匯準備，而這些資金是透過人民銀行成立的一個實體──中央外管局投資公司，也就是一般所謂的匯金公司──取得。二〇〇七年時，貨幣供給的激增造成很大的威脅，眾人憂心它將衍生龐大的資產泡沫，而關於這個問題該怎麼處理──是透過貨幣工具，或是採用嚴屬的行政對策──的相

關辯論，最後竟演變成財政部／人民銀行之間的競爭與角力。財政部宣稱人民銀行管理外匯準備的報酬過低；而提出這個批評不久後，財政部立刻就要求黨給它一個機會，接著便開始討論要如何為中國投資公司籌集資本。到最後，黨同意給財政部一個機會；畢竟二○○七年時，需要管理的外匯準備實在太多了。不過，財政部並未採納當年那種直接注資的模式來為中國投資公司建立資本。取而代之的，它另外又發行了一批特殊國庫債券。

這批特殊債券是在二○○七年年初取得國務院許可，規模高達1.55兆人民幣（2000億美元，到期期間分為10年和15年），如圖5.8所示。當時不僅財政部指控人民銀行的外匯管理報酬過低，人民銀行本身也因貨幣成長速度可能引發通貨膨脹大幅上升而倍受批評。從這些債券發行時所採用的管道，就可看出人民銀行在政治上的弱勢。財政部分八次發行這些債券，並透過農業銀行將債券賣給人民銀行，原因是，從一九九四年中央銀行法開始實施以後，法律就規定這兩個實體不能直接交易。在那之前，人民銀行經常被迫直接為國家的赤字提供融通。不過，這一批債券並不是要用來融通赤字。人民銀行向農行買進這些債券後，由於這些債券的票面利率過低，所以它向市場——包括銀行業——強

圖5.8　第一步：財政部發行特殊債券並吸走市場流動性

迫推銷這些債券。因此，這一批債券遂從銀行體系吸走了大量的流動性，金額比人民銀行透過它自己的短期票據所吸收的資金多出一倍。這個方法也紓解了人民銀行的利息支出壓力，因為不需再透過增發票據來吸收資金。

　　儘管這個作法看起來似乎像是個創新的概念，但天下絕對沒有白吃的午餐，如「第二步」所示（見圖5.9）。就貨幣管理目標而論，財政部算是幫了人民銀行一個忙，而這筆交易也理當到此為止。如果人民銀行願意配合，那中國投資公司理當可以透過和匯金公司（使用外匯準備）之間的一筆獨立交易來取得資金。然而，財政部卻開口要人民銀行給它一個合理但卻極不合情的回報：它利用發行債券取得的人民幣，強向人民銀行／外管局購買了2000億美元，這次一樣是透過農行中介的服務。接著，財政

圖5.9　第二步：財政部向人民銀行買美元，用來做為中國投資公司的資本

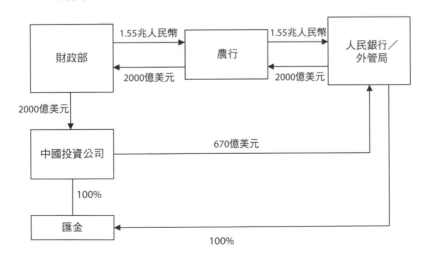

部便拿這筆資金來做為中國投資公司的資本。撇開其經濟目的不說，這筆交易所造成的制度影響，就是讓整個金融體系回復到二〇〇三年前的狀態，並進一步削弱人民銀行及整個市場改革陣營的勢力。但事情還沒就此了結。

這些資金換手後，中國投資公司徹底成為財政部所有。儘管它直接隸屬國務院，但它的高階經營團隊卻全來自財政部系統。對改革陣營來說，這倒不見得是個損失，因為中國投資公司的某些高層人士也被視為市場改革派。不過，財政部這項安排卻引發一個尷尬的技術層面問題：這批財政部特殊債券的利息要怎麼付？這牽涉到大約每年100億美元的成本。令人訝異的，答案竟是：中國投資公司將負擔這些利息支出。誠如中國投資公司董事長冷淡的評論：中國投資公司一開門做生意，每天就得負擔大約3000萬人民幣的支出。像中國投資公司這樣一個剛成立不久而且屬性上並非短期投資者的實體，要如何立刻創造現金流量來支應那麼龐大的負債？這個問題的解決方案終結了進一步銀行改革乃至更廣泛金融改革的希望。

然而，這個解決方案還是經過謹慎算計的；它凸顯出二〇〇七年時的黨有多想出手整頓中國的金融體系，而這件事也讓人清楚看見人民銀行制度影響力的淪喪。中國投資公司還沒收到它的新資本，其實早已編好2000億美元的預算，而且還把這筆錢花掉了，但其中只有三分之一的錢是用在它身為主權基金的宣傳使命上。剩下三分之二（大約1340億美元）則是將被用到：1.農行、國開行和其他銀行與金融機構預定執行的資本重組計畫；2.向人民銀行收購中央匯金公司的全部股權。就這樣，中國投資公司一舉成為中國的金融版國務院國有資產監督管理委員會（圖5.10）。

圖5.10　中國投資公司，中國的金融控股公司，二〇〇七年十二月

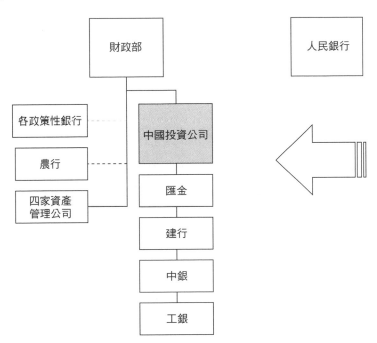

　　也許有人會問，為什麼一個主權基金會想要擁有或投資原本就全部屬於政府所有的國內金融機構？畢竟這麼做不過是讓資金平白繞幾個圈子而已。不過，這就是發生在體制內的真實情況。中國投資公司的經營團隊向國際社會展現出一副誘人的專業外表，這掩飾了它充其量只不過是一個「半調子」主權基金的事實。其實，它最重要的任務是擔任中國金融體系的關鍵。經過那一次交易，金融體系又被恢復為當年參照舊蘇維埃模型制訂的那個模式：一個以財政部為中心且中央銀行相對弱勢的模式。

　　財政部是這場國內遊戲裡的大贏家，而且，它成為全然的現

狀強權。回頭參考表 3.3 便可詳細看出財政部獲得了多大的勝利，那張表列出了中國各大銀行 IPO 前、後的控制股東結構。這個結果最終也對銀行及金融的持續改革形成顯著的不利影響。打從一九九八年銀行改革一展開，財政部和人民銀行之間就存在一個根本爭議：究竟該由它們之中的哪一個來代表國家持有國有銀行。當改革進行到二○○三年的關鍵階段，以周小川為首的那一群改革者的計畫，就開始侵蝕到財政部的經濟及政治利益。匯金公司是以建立直接經濟所有權的方式來推動建行及中銀的資本重組，同時更拿財政部對這兩家銀行的股權權益來沖銷問題貸款；這麼一來，這兩家銀行當然就不再屬於財政部王國管轄。但二○○五年周小川遭遇政治上的挫敗後，財政部贏回了掌控權，先是從工銀開始，接著進一步染指農行，而它之所以能得逞，至少局部是因為人民銀行未能善盡它的主要責任：控制通貨膨脹及貨幣。不過，這絕對不是唯一的理由。

在關鍵的二○○五年，導致人民銀行政治勢力轉弱的另一個原因是：副總理黃菊罹患絕症，而他正是金融產業的負責人。二○○五年年初，黃菊為接受治療而讓位，由總理本人接下他的公務。從此以後，輿論政治再度抬頭，而且當時的輿論認定周小川已經越權。輿論並不支持改革。在這樣一個氛圍下，讓財政部保住它在一九九八年挹注到工銀的資本撥款（以股權的名義），可說是一個最不會遭遇阻力的決策。就這樣，匯金公司在挹注了150 億美元後，只取得工銀的 50% 股權，而財政部一九九八年的撥款則繼續存在。這時，官僚的鐘擺已開始盪回另一邊。到二○○七年年底，由於中國投資公司徹底收購匯金公司，整個局勢也完全恢復到當年。

　　官僚體系偏好這項收購案的邏輯很簡單：因為中國投資公司必須負責支付那一批特殊債券的利息。而它收購各家銀行後，便能取得穩定的股利收入[13]。因為反正它百分之百屬於國家，所以，這麼做對國家來說根本就沒有什麼差別。但事實上，這麼做確實是製造了差異，而且不只是對涉及的官僚來說有差別。如果中國投資公司真的收購匯金，那外管局就會要回它對匯金公司的原始投資。這670億美元的價格代表它投資到那三家銀行和一大堆破產證券公司[14]的原始淨資產價值。根據政府的規定，不同國有機關之間單純的國有資產移轉作業並不需支付溢價。所以，這只會牽涉到會計作業，而資金則只是從某個口袋轉到另一個口袋罷了。然而，所有權人的改變卻對後續的改革進程形成巨大的衝擊。

　　對中國投資公司來說，這次收購對它產生很正面的結果。根據二〇〇八會計年度該公司成立後的第一份全年財報所示，中國投資公司的持股市值達1710億美元，而它當初只花670億美元向人民銀行收購相關的資產。到二〇〇九年，這項金額更達到2000億美元，不過，這個數字當然也包括匯金公司以外的其他投資。匯金旗下的轉投資讓中國投資公司得以在開業第一年就交出獲利的成績單，而這也斷絕了外界對於它幾個頗具爭議性（且虧本）的投資案——百仕通集團（Blackstone）和摩根士丹利——的批判。不過，這當中卻有一個小細節沒有得到應有的考量：四大銀行當中，有三家已經在國際上掛牌：黨不能繼續窩在體制內玩把戲了。

中國投資公司壓榨它旗下的銀行

除了因持有的銀行投資組合而得到市價計值利益，中國投資公司更仰賴銀行取得現金流量來支應它的利息費用，也就是財政部那一批特殊債券的利息支出，另外，它還用這些現金來發放股利給財政部，並進而讓財政部得以應付它因發給工銀及農行的借條而產生的負債。人民銀行團隊當初為匯金設計的辦法，讓中國投資公司得以坐收銀行發放的股利（見第七章更詳細介紹）。這個豐富的現金來源的原始設計，原本是要用來貼補人民銀行當初為了支持銀行重組而借給各資產管理公司的貸款，因為那注定是無法回收的貸款。匯金的辦法就像是某種型式的稅金，長期下來降低了人民銀行的信用損失，並強化了它的資產負債表。

而當中國投資公司在二○○七年年底收購匯金後，它也等於透過中國主要銀行的董事會（指匯金對銀行的控制權）取得對這些銀行的直接經濟控制權，當然，它也因此獲得銀行股利的決定性投票權。這麼一來，就不會有任何所有權人、經營階層和有力的黨書記能介入瞎攪和（一如國務院國有資產監督管理委員會旗下各國有企業的情況）。匯金公司原本是受人民銀行控制，而人民銀行又是受到黨內位階最高的金融領導人小組所控制。總括而言，現在財政部有立場建議甚至決定它自己能獲配多少股利。

但這又繞回到銀行已完成IPO的老問題上。就銀行業的國際標準來說，如果是正常商業環境（指呆帳和證券損失不大的情況下）下穩定成長的銀行，那這三家銀行約50%的股利發放率並不盡然過高。然而，中國銀行業並不是處於這麼穩定的情境。這些銀行透過提高放款活動（通常一年成長20%，有些年度如二

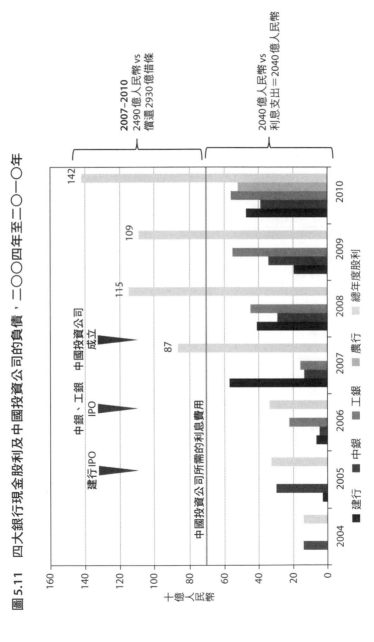

圖 5.11　四大銀行現金股利及中國投資公司的負債，二○○四年至二○一○年

資料來源：匯金；銀行業經查核之H股年度財報

○○九年甚至更高）來驅動國家經濟成長。但從二○○八年起，匯金承擔了一個新任務：支付中國投資公司欠財政部的債券利息，還要協助財政部履行它的借條承諾。因為這些銀行都已公開掛牌，而且接受國際會計師事務所查核，所以，它們的現金股利發放資訊全都是透明且公開的。就某種程度來說，從現金股利發放情況便可明確看出政府究竟在對國有銀行打什麼如意算盤。

在銀行重組初期，銀行將呆帳切割給各資產管理公司並進行資本重建，此後資產的成長便受到嚴密控制（見圖3.10的二○○一年至二○○五年銀行貸款情形），銀行的資本適足率也快速上升。然而，在這些銀行各自掛牌後，三家銀行的放款、利潤和股利全都快速增加，尤其是中國投資公司在二○○七年收購中央匯金後。從那時開始，總股利金額立刻躍升到非常足以支應中國投資公司利息負擔的水準，還剩下很多可償還當初因重組作業而欠工銀的未清償借條，這筆借條金額從1430億人民幣（180億美元）減為620億人民幣，到二○一○年時，這筆借條甚至已完全清償。當然，鑑於這些款項是中國投資公司和它旗下的銀行必須負責支付的，所以國家預算完全無需承受任何負擔。

這些金融辦法（見圖5.12）讓人不得不質疑中國未來銀行改革的路將怎麼走下去。經過二○○九年的種種發展，銀行業毫無疑問已經恢復它們先前的營業模型，再次成為黨的金融公用事業。不過，這樣的股利政策有沒有可能全是為了滿足財政部自身的狹隘需求？這種種情況顯示，各掛牌銀行確定已成了補貼財政部各項作為的搖錢樹，而財政部這些作為都是以打擊人民銀行的制度影響力為目標。更糟的是，這段期間各國有銀行發放的現金股利，全都是靠它們辦理IPO取得（誠如第二章討論的），這實

圖5.12　一切都是為了股利，二〇〇七年至二〇一〇年

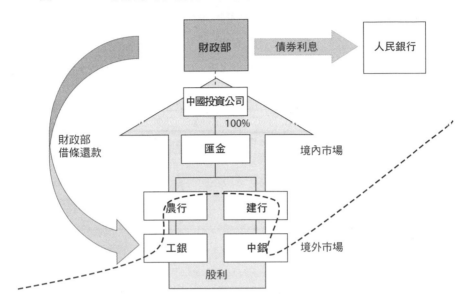

在是非常誇張。簡單來說，就是國際和國內投資人共投入了超過420億美元的新資金到這些銀行（而這些錢間接流入財政部的口袋），但在那幾年，那些投資人卻只收到區區不到80億美元的股利（見圖2.8）。此外，在維持股利水準的壓力下，銀行經營團隊有沒有可能直接選擇以增加放款的方式來衝高他們的獲利？由於扣除集資成本後，它們能賺取固定的利差，所以更多放款就能確保更高的盈餘、更高的股利，更好的股價，還有《財富》雜誌全球五百大的更高排名。而接踵而至的經濟振興方案更是給足它們所有必要藉口來促進放款。

然而，短短不到一年，也就是二〇一〇年年初，50%的股利發放率加上毫無節制的放款狂潮，已對銀行業造成巨大的挑戰。

其中承受最大壓力的莫過於中銀，它的貸款組合在二○○九年成長接近43%，而其他主要銀行的成長率也都超過20%。在高股利及資產成長政策下，無怪乎銀行的資本基礎會快速流失，其中，中銀和工銀的資本比率已快速接近IPO前的水準（見表5.5）。

表5.5　核心資本適足率趨勢，二○○四年至二○一○年

%	2004年	2005年	2006年	2007年	2008年	2009年	2010年
建行	8.06	11.08	9.92	10.37	10.17	9.31	10.40
中銀	8.48	8.08	11.44	10.67	10.81	9.07	10.90
工銀	–	9.89	12.12	10.99	10.75	9.86	9.97
農行	–	–	–	–	8.04	7.74	9.75

資料來源：銀行經查核之H股年度財報

　　從那個時點開始，政府就一直對銀行資本該如何增提的問題非常苦惱。二○一○年年初，每一家銀行宣布的二○○九年盈餘全都創下記錄，呆帳比率也同步改善……但它們卻又一家接一家地宣布二度募集資本的計畫，因為它們透過各自IPO募集到的資本──總額達550億美元──已經幾乎全以股利的方式發放給國家（見表2.3）。當然，如果國家想維持原來的持股比例，它也必須吐出資金。所以，當匯金──主要銀行的直接主要股東──請求當局許可至多500億美元的龐大資本挹注（以維持它占有銀行資本的比例和股權部位）的謠言一出，倒也沒有引起什麼騷動[15]。更有趣的是，中國投資公司還要求財政部給它額外的2000億美元。不過，這兩項要求全都遭到大幅裁減，匯金減為1900億人民幣（280億美元）的債券發行額，而中國投資公司則降為1000億美元。接著，匯金便在二○一○年八月正式宣布將出售

不超過1900億人民幣的債券，它表示這些債券將分幾批在二○一一年年底前完成銷售。儘管銀行投資者對匯金那種搶劫般的戰術多所抱怨，但第一批540億的人民幣債券還是在當月就迅速完成發行。二○一○年共發行了1090億人民幣（166億美元）。為了支持建行、中銀和工銀完成二○一一年的現金增資，匯金必須投入950億人民幣（146億美元），才能避免它的（也就是國家的）地位（指股權）被稀釋。於是，一個國家股東再次藉由大量出售債券給它自己控制的銀行來取得投資所需的資金，這和一九九九年財政部發行那一批原始特殊債券的目的幾乎沒有不同。

股利、超額放款和倉促籌資本等問題，全都可以（至少部分）歸咎於財政部向人民銀行收購銀行業資產的舉措。若中國投資公司的資本是直接來自中國的外匯準備，那它就能維持純主權基金的本質，財政部也會真正擁有一個和外管局投資公司對等的主體。若真的有需要沖銷那麼巨額的人民幣，它可以另外發行一些特殊債券就好。不過，財政部將這兩者攪和在一起，結果導致中國金融體系核心的結構被嚴重扭曲，讓目前的文官體系及經濟局面變得很尷尬。

「如何處理匯金」也許堪稱二○一○年年中舉辦的第四次全國金融工作會議中的最大議題；毫不意外地，即使會議結束後又過了一年，還是沒有任何解決方案被提出。其中部分原因是財政部大權在握，而它希望把匯金用來作為「金融版國務院國有資產監督管理委員會」的基礎，而這個委員會將成為整個中國金融產業的超級監理機關，取代「一個銀行及三個委員會」[16]，當然，將來它的權力絕對不僅止於此。但即使一切都依照財政部所規畫的進行，匯金的確擺脫中國投資公司的控制，和那一批特殊債券

有關的安排卻還是可能繼續存在。屆時，就會產生哪個國家實體必需支付900億美元（匯金的名目價值）給中國投資公司，還有錢從哪裡來的問題。這個問題重點是，匯金和它旗下的銀行依舊只是一場國內官僚拉鋸戰的目標，而就在政府積極想要縮減外國影響力的此刻，這場拉鋸戰卻反而讓國際投資人獲得更多線索，得以更精確判斷那些到國際掛牌的銀行的價值。

金融市場的惡性循環

　　眾所周知，中國採人民幣盯住美元的外匯政策大幅限縮了其利率的彈性。就這一點來說，這也代表中國無法迅速發展出一個真正的固定收益市場。這個問題還有另一面：中國銀行業的獲利向來仰賴黨的保證，換言之，它們的保證利潤來自存款及放款之間的最低利差規定。銀行透過最低利差向企業借款人賺來的利潤，被用來補貼因投資政府證券而產生的損失，因為這些證券的定價低於市場行情。只要當局繼續為這些銀行維持一個受保護的國內寡占市場和幾乎能完全隔絕外界壓力的環境，這一套還是行得通。畢竟在中國，外國銀行只是被用來做為中國開放市場的一種宣傳工具。由於利潤獲得擔保，所以中國銀行業從來都不需為了爭取顧客支持而發展創意。也無須擔憂新資本或呆帳的問題：那些都是黨的問題，不是銀行經營團隊的問題。所以，當黨要求發展債券市場，銀行隨即遵從，即便那些債券根本幾乎等於是偽裝債券的貸款。公司債市場只有初級市場，沒有次級市場。但固定收益市場不止公司債一項產品。

　　近幾年來，巨額貿易順差和熱錢的流入帶來大量的美元，進

而創造了很多新人民幣，加上當局為沖銷這些人民幣以防範通貨膨脹和資產泡沫而採取的種種必要作為，諸多亂象已扭曲了作為金融體系基石的各級機構。二〇〇七年時，財政部主張人民銀行票據不足以沖銷超額人民幣，於是，接踵而至的政治解決方案讓財政部多了一家原本和它風馬牛不相及的附屬機構——中國投資公司。有人辯稱中國投資公司的資本化解決了兩個主要問題：暫時控制了貨幣的創造，還有善加利用國家的大量外匯準備。但這個機智的特別解決方案卻因中國投資公司的收購匯金而變得更加複雜。

乍看之下，利用匯金對銀行的投資來支付財政部應付債券利息的作法似乎是個好點子；黨似乎真的誤以為這些銀行就像它所宣傳的那麼有錢，體質那麼強健。不過，這麼做卻有點不智，因為這等於是讓國際金融市場得以直接感受到中國國內金融市場的壓力，從而製造了一個違反體制內根本利益的經濟及政治曝險。一個無法自由轉換的貨幣、固定的匯率和利率，以及唯有靠強勁的銀行貸款才成長得了的GDP等問題，導致銀行對新資本的需求大量增加，這是不可避免且可預期的結果，而銀行的新資本則仰賴國際及國內資本市場提供。由於銀行需要募集的新資本超過700億美元，所以，到最後，這些市場的要求將會變得愈來愈嚴苛，對價格也會變得很敏感，儘管中國農業銀行最後還是在眾多國內、外友好勢力的幫助下，順利完成它的200億美元IPO。

事後來看顯得過份放縱的經濟振興方案讓銀行找到自由擴展放款的好藉口。不過，不管是否推出振興方案，黨的銀行無論如何都會這麼做，一如過去的歷史所示（見圖5.13）。由於貸款利差規定的緣故，10兆人民幣（1.5兆美元）的新貸款使銀行盈餘

圖5.13　銀行集資循環的特色

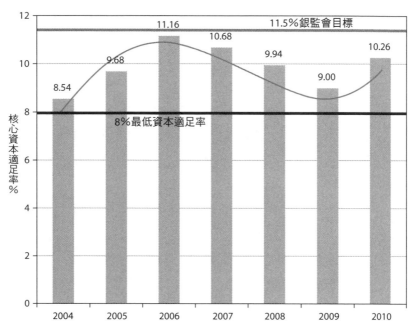

注：第一個循環的比率是四大銀行的平均值，這是根據經查核的H股財報。

大幅增加。另外也值得一提的是，只要地方黨書記有令，銀行本來就非常樂意直接放款或透過債券借錢給地方政府。它們有可能破產嗎？它們的信用風險有比國企更低嗎？根據四大銀行二○一○年的各項宣布顯示，它們的盈餘全都創下歷史新高，但貸款損失準備卻也非常高，而由於貸款組合成長快速，當然促使呆帳率下降到低於2%。這個亮眼的成績得歸功於一些簡單的數學運算，和經營團隊的績效及價值創造能力完全無關。未來，銀行業的股利發放金額還是會創新高，它們在《財富》五百大的排名也

會繼續提升。但爆炸性成長的放款正迅速耗盡銀行的資本。儘管財報極為亮麗，但就在二十一世紀第一個十年已然結束的此刻，中國的大型銀行再度陷入二十世紀最後三十年間每十年結束時的窘境：每一家都迫切需要再次進行資本重組。

　　中國的貨幣機器花了十年完成了一個完整的循環。不過，一邊操弄體制內規則、一邊假裝信守國際標準和監理規定的作法，已經明顯創造了一條斷層線。第二個循環現在很可能已經展開，而這也闡明了為何這個體制不可能真正改革。強制規定的最低存貸款利差讓銀行得以保有獲利能力，從而保障了對股東——即匯金公司——的股利發放。而匯金又進而必須滿足中國投資公司的要求，中國投資公司則必須達到財政部特殊債券的要求。而以工銀和農行的例子來說，財政部則必須償還它發給這兩家銀行的特殊借條。即使匯金公司未來自立門戶，不再是中國投資公司的子公司，他們還是會找到新的路線，將來自銀行的現金流量導入財政部，再從財政部導回銀行；這是既定的金融基礎設施。只要中國的出口和非國有部門繼續積弱不振，銀行業還是會繼續對貸款人擴大放款，以驅動高GDP成長數字，並為它們自己創造更多盈餘。

　　在這種情況下，黨怎麼可能放任資本市場去除銀行的中介功能，或放手讓銀行去面對真正的外部競爭？保護主義者評估，黨以穩健監理為藉口，透過控制匯率及維持固定的放款利差來維繫它的掌控力及整個體系的穩定，這種作法最終絕對會導致銀行每隔幾年就需要募集一次新資本，好為下一個循環做準備。但在不明就裡的人眼中，銀行的利潤讓存款人很安心，並因此以為這些銀行體質良善，更誤信自己的存款很安全。國際投資人也支持中

國的銀行股，因為他們認為銀行將是中國亮麗的GDP成長數字的直接受惠者，儘管這些成長其實完全是銀行自己驅動的。銀行利用家庭的存款和新的權益資本來承作驅動GDP的新貸款，同時支持一個自以為是的空中樓閣——外表看起來極端類似西式市場體系的中國債券市場。

中國這個落後的債券市場非但沒有解除銀行的風險負擔，還創造了新的風險。這些享有負利差待遇的債券投資組合約占四大銀行總資產的25%~30%，這讓各銀行暴露在顯著的市場風險中。為了抵銷這項風險，銀行將必須承作更多放款，而這又會讓它們的信用風險上升。這個辦法也不可避免地將衍生更多資產泡沫、股市熱潮和問題放款。可用來解決這些問題的工具如資產管理公司、財政部借條和人民銀行的信用支持等，全都已經使用過。誠如第一代呆帳所顯示，這些對策只是暫時遏制問題，將所有必將到來的惡果推遲到未來，讓問題成為下一批黨領導團體的問題，並期待國際觀察家能逐漸淡忘它，所以問題並未根絕。這些在體制內形成的循環和累積的壓力有可能延續很長的時間。有什麼催化劑能中斷它？即使外人眼中最終看到的是「國王的新衣」童話裡的那個裸體國王，他畢竟還是國王。

附注：

1　《華爾街日報》，二〇一一年七月十八日。

2　譯注：可發揮沖銷資金之效，等於助人民銀行一臂之力。

3　《經濟觀察報》，二〇〇九年七月二十日，41。

4　一九九五年時，陳元開始想成立投資銀行，但遭到朱鎔基阻撓，他偏好王岐山建議的摩根士丹利合資案：中國國家金融有限公司。

5　《經濟觀察報》，二○○八年七月二十日，41。

6　《經濟觀察報》，二○一○年一月十一日，1。

7　見李利明，〈兩年，中國金融生態改變了〉，《經濟觀察報》，二○○五年八月二十九日，10。另外，二○一○年年初，工銀執行長楊凱生再次在一篇重要文章裡提到二○○五年的改革失敗，〈穩定我國商業銀行資本充足水平的幾點思考〉，《二十一世紀經濟報導》，二○一○年四月十三日。

8　「公司債」的翻譯讓人很混淆，因為這類債券有兩種型態：一種是受發改委控制，且在銀行間市場交易的「企業債」，另一個是授證監會管轄，在證券交易所交易的公司債。周小川發現的漏洞和發改委監理法規有關。

9　周小川在二○○五年十月二十日於北京舉辦之中國債券市場發展高峰會上的演說，「吸取教訓，以利再戰。」www.pbc.gov.cn/english/detail.asp?col=6500&ID=82。

10　見二○一○年二月五日《財新》雜誌線上版，Fang Huilei, Zhang Man, Yu Jing 及 Zhang Yuzhe，〈中國融資平台令人怵目驚心的景象〉，及 Victor Shih，〈大冰糖山〉，《中國經濟季刊》，二○一○年六月，14。

11　《21世紀經濟報導》，二○一○年四月十二日：6。

12　見 Walter and Howie，〈北京的金融報應之日將屆〉，《華爾街日報》，二○一一年六月二十一日，www.wsj.com。我們在這篇文章裡提到，當局已經以資產管理公司和財政部借條作為處理呆帳的機器。當然，也可以要求銀行實際上沖銷這些貸款。

13　利用債券還款和利息支出的模式把錢導向財政部的第二個有趣誘因是：這些付款將無須經過中國投資公司董事會通過，它只是一種日常業務。當現金流量以旗下銀行子公司股利的形式流入，中國投資公司的財務長就會在到期日直接償還利息給財政部；無須正式的董事會決策，也無須根據書面會議記錄。這和國務院國有資產監督管理委員會的模式呈明顯對比。

14　匯金公司各花了225億美元來取得中銀和建行，另外也花了150億美元

取得工銀，還花70億美元取得幾多不同證券公司的權益。雖然這些銀行都已掛牌，而且市值都高於上述數字，但它的帳面上還是以上述金額來列記這些投資。

15　二〇〇九年十一月，匯金公司將發行債券的謠言首度傳出，接著，這項謠言在二〇一〇年四月獲得官方證實。國務院對二度動用國家外匯準備來為銀行籌集資本的可能性仍未鬆口，因為財政部和人民銀行對此尚有歧見。見二〇一〇年八月十一日《華爾街日報》「匯金債券銷售告捷使中國殖利率下降，」www.alibaba.com，二〇一〇年八月二十三日及《財新》，二〇一〇年四月二十三日。

16　這是指人民銀行、證監會、銀監會和中國保險監理委員會。關於背景敘述，請見二〇一〇年七月十二日之《經濟觀察報》：2。

第六章

西方金融、國企改革及
中國的股票市場

「（我的 IPO）上市價格雖符合預期，但我還是多少有點失望。」

陳必亭，中國神華能源董事長

二〇〇七年十月十日

和銀行貸款及債券市場比較起來，中國股票市場的資本募集能力確實相形失色，不過，股市向來是中國用來建立企業的一種手段，同時，它也讓中國有機會披上現代資本主義經濟體系的外衣。若沒有股市，中國可能到現在（甚至更久以後）都沒有一個真正的全國性資本市場。更重要的是，中國的部會首長就無法透過高盛和摩根士丹利等，學習如何利用國際公司法和複雜的股份移轉作業來建立「國家隊」，那一組國有企業的經濟規模創下中國歷來記錄。二〇〇六年和二〇〇七年時，這些公司開始回到上海市場進行第二上市，並得以利用因掛牌上市而獲得的大財富來回饋朋友和家人——指和黨密切相關的其他國有企業和機關，因為這些企業和機關獲准以投資人的身分，透過這些國有企業股票的掛牌來獲利了結。

這讓人得以體會神華公司董事長那一番評論所代表的意義：他公司「蹩腳的」IPO表現也許讓他的支持者失望了。探討這些掛牌案件的種種相關問題如蓄意壓低企業評價，股票抽籤分配[1]不公平，以及勢力強大的國有實體彼此輸送金錢等的文件處處可見。然而，這讓人不得不產生疑問：中國究竟是共產黨在管理（人民做如是想），或者說這個「國家隊」已經成功收服了黨和政府，從此可以大聲宣告「在中國，企業一樣能在商言商」。中國的股票市場並非真的和錢（錢來自銀行）有關；而是和權力有關。

今日的中國股市

一九九二年十月七日，一家製造麵包車的小公司在紐約證交所完成IPO，募得8000萬美元的資金。說實在的，如果它不是一家中國企業，這真的稱不上什麼里程碑事件，但重點就在於它是第一家在國外完成股票掛牌的中國企業，何況又是在紐約證交所[2]掛牌。華晨中國汽車控股公司的股票獲得瘋狂的超額認購，它靠著一己之力，將中國擺上全球資本市場的地圖。從那時開始，世人焦點全都轉向中國股市，讓長久以來擔綱權益資本市場圈要角的紐約和倫敦變得黯然失色。

表面上看來，中國股市是亞洲最大規模的股市，它擁有很多世界最大型的企業，還有超過1.2億個股票交易帳戶，交易著接近1800家公司的股票。這些市場的集資能力堪稱一頁傳奇（見表6.1）。根據彭博社的數據，從二〇〇六年一月以來，世界前十大IPO案件中有一半是中國企業，這些企業募集了超過450億美

表6.1 中國企業募得的資金，中國及香港市場

十億美元	A股及B股			H股		紅籌股	
	IPO	SPO	現增	IPO	SPO／現增	IPO	SPO／現增
1993	4.12	0.00	1.03	1.05	–	0.12	1.83
1994	0.72	0.09	0.61	1.28	–	0.20	1.51
1995	0.51	0.01	0.68	0.26	–	0.20	0.66
1996	3.05	0.00	0.80	0.88	0.13	0.44	2.01
1997	8.37	0.03	2.52	4.13	0.14	5.08	5.37
1998	5.04	0.37	4.16	0.27	0.19	0.02	2.22
1999	6.03	0.72	3.85	0.55	–	0.26	6.84
2000	10.33	3.40	6.16	6.63	–	5.65	32.00
2001	6.80	1.63	5.20	0.71	0.06	1.55	0.90
2002	6.25	2.33	0.68	2.16	–	2.69	4.07
2003	5.48	1.19	0.92	5.96	0.08	0.38	0.25
2004	4.27	2.25	1.27	5.15	2.47	1.87	1.52
2005	0.71	3.30	0.03	17.69	2.77	0.13	2.75
2006	21.03	13.44	0.06	37.30	1.77	0.36	6.17
2007	61.20	45.81	3.12	9.59	1.40	6.36	8.39
2008	15.16	33.39	2.22	3.80	0.60	–	28.88
2009	29.62	44.26	1.55	14.72	0.97	1.03	9.03
2010	74.41	57.15	21.79	17.81	19.61	0.81	6.32
2011	37.35	56.23	6.35	2.90	4.54	0.76	2.68

注：美元以通行匯率計算；不含香港創業版掛牌案件；從二〇〇〇年開始就沒有B股掛牌；SPO是指在上海交易所進行第二次公開發行，即第二上市；二〇一一年的數據是到九月三十日為止
資料來源：萬得資訊及香港交易所

元的資金。在上海，新股上市前獲得500倍超額認購的情況就像家常便飯，投資人為了單一股票發行案件而預繳的保證金，甚至曾超過4000億美元。自一九九〇年以來，中國企業的規模呈現指數（exponentially）成長。一九九六年時，上海前十大上市公

司的總市值才只有179億美元，但到一九九九年年底，這個數字
已上升到253億美元，再經過十年，這個數字更暴增到1.063兆
美元！但一如中國其他所有事物，股票發行的規模和這些案件所
代表的成長力量，多少也有放緩的時候。

　　當然，股市相關的利潤也非常龐大。二〇〇九年，中國企業
共募集了大約1000億美元的資金，其中75%是在國內的上海和
深圳市場中完成。中國的承銷手續費費率大約是2%，這意味中
國投資銀行業者（最多只有前十大業者能分享這碗豐盛的羹湯）
共賺走了15億美元的手續費。儘管這個金額龐大，但和券商的
仲介手續費收入比起來，那簡直是小巫見大巫。舉個例子，在二
〇〇九年十一月二十七日當天，上海及深圳市場的A股成交值達
到4850億人民幣以上（700億美元）的歷史新高。對一個不允許
當日沖銷交易的市場來說，那樣的交易量著實驚人，是其他所有
亞洲市場的成交總值（含日本）的兩倍以上。光是那一天的仲介
手續費總額就高達2.1億美元左右，分別由103家證券公司瓜
分。有那麼多資金可供爭奪（中國企業顯然比較偏好國內市場，
較不重視外國市場），難怪中國投資銀行業者講話總是很大聲。
幾乎沒有任何一個地方的投資銀行業者懂得自謙，中國自然也一
樣。

　　觀察家們對中國股票市場的基礎建設也是印象深刻。一如銀
行間債券市場，證券交易所也是採用最先進的技術，包括全電子
化交易平台、高效率的交割及清算系統，諸如指數、揭露系統、
即時價格傳遞和企業公告等重要標準，全都一應俱全。各交易所
網站上涵蓋的資訊範圍也都令人印象深刻，而且完全正確，但這
一切的一切都只是片面的景象。想當初，中國各證券交易所並非

基於私營企業或私人財產的概念而創立，而是完全以黨的利益為
基礎。所以儘管基礎設施良好、數據齊全且確實募集到非常多資
金，中國股市卻依舊是形式重於實質。這些市場讓中國的經濟看
起來具有現代化的外表，但就像債券資本市場，真實的情況是，
中國人並沒能為企業所有權發展出一個真正的市場。

　　債券市場的核心引擎是風險的評價，但這在中國卻付之闕
如，因為黨控制了利率。相似地，股票市場的核心是企業的評
價，但中國也缺乏這個功能，因為黨控制了掛牌企業的所有權。
組成中國經濟體系的中心概念不是私人財產，它的中心組成概念
是和共產黨的控制權及所有權息息相關。基於這個基本前提，市
場當然也就不可能被用來作為分配珍貴資源及驅動經濟發展的手
段，說穿了，只有黨能掌握這個大權，而它為了達到自己的目
的，遂積極操縱股票和債券市場。誠如前兩章的內容所示，由於
黨掌握了分配資金的大權，自然衍生了一個控制利率和壓抑風險
評價的機制，而這個機制造就了前述的債券市場循環。相反地，
股票市場卻生氣勃勃，但問題是，股市裡交易的證券並不能代表
企業的所有權權益。如果這些證券不代表所有權權益，那代表什
麼？沒有人說得清楚，大家只知道這些證券具備投機的特質，而
交易股票和參與IPO有可能會讓你賺錢或虧本。

　　在中國，股票和房地產市場已演化為追求實質報酬的過剩資
本的出口，但這些出口是受控制的，而且所謂的過剩資本也多半
受國家各級機關控制。儘管股票和房地產市場經常受行政干預的
影響，但卻仍是中國唯二能創造高於通貨膨脹的報酬率的領域。
二〇〇七年上海股價指數的飆漲是非常貼切的例子（見圖6.1）：
那一年，人民幣的顯著升值吸引大量熱錢流入中國，這些熱錢更

圖6.1　上海綜合指數的表現，一九九九年至二〇一〇年

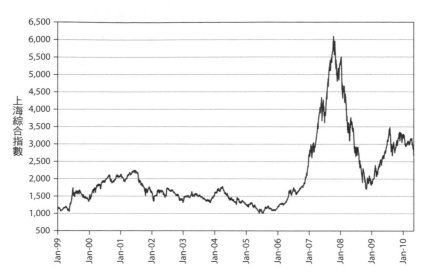

資料來源：萬得資訊

進而暫時停駐在股市，促使股價指數進一步上漲。一如已開發市
場的情況，中國股市的運作堪稱理性，不過，股市的基礎架構卻
深受國家打從一開始就硬性設定的某些扭曲及偏差條件左右。除
非這些限制條件改變，否則中國股市的本質並不會改變。這需要
推動徹底私營化，而且是一般公認的私營化，只可惜所有預言家
都認為，這在近期或中期的未來不可能發生。

為什麼中國會有股票市場？

為什麼中國政府會破天荒在一九九〇年決定成立股票市場？
當局在一九九〇年六月決定開放上海交易所，當時天安門事件甫

落幕一年，而且，中國內部對於一九八〇年代改革究竟是屬於資本主義路線或社會主義路線的辯論也漸漸升溫，甚至演變為惡意的政治口水戰；在那樣的氛圍下，上海交易所卻趕在那一年年底就開門營運。從資本分配的觀點來說，市場根本沒必要存在，因為當時和現在一樣，四大銀行負責為整個國有部門的所有可能需求提供資金。成立股市的理由和政治權宜之計或國企的資本需求無關。相對地，北京當局決定在一九九〇年成立股票市場，主要理由是為了控制社會動盪的源頭，當然，也有一部分是由於國企的營運沒有效率，缺乏競爭力。其實，以股票市場來解決這兩個問題的決定純粹出於偶然。如果當時沒有以周小川（他早已草擬了成立股票市場的計畫）為首的那一小群人，今日的中國將非常不一樣。此外，如果這一批人到這個新世紀還保有對市場發展的權責，中國也會呈現另一種非常不同的風貌。

股票熱和社會動盪

　　一九八〇年代時，中國股票市場漸漸興起，而它興起的原因和西方民營經濟體系的股票市場相同：小型、私營和國有企業全都需金若渴，而小家庭投資人則希望追求報酬。就這樣，利用股票籌集資金的概念在中國國內很多地方同時興起，而由於當時政治氣氛趨向和緩，所以這個概念才得以有成形的機會[3]。儘管上海市迄今仍不斷宣示它身為國家金融中心的地位，但一定沒有人會否認深圳在後續所有發展上所扮演的關鍵催化地位。深圳之所以能發揮這麼大的影響力，主要原因在於它的地理位置和文化都非常接近香港。一九八七年是個關鍵年度，當時五家深圳國企對公眾發行股份。中國第一家股份有限制金融機構（也是第一家大

型國企）——深圳發展銀行——在那一年五月打響第一砲，十二月時輪到萬科，目前它是一家主要的房地產開發商。但最後它們的IPO卻認購不足，沒有人感興趣。一般大眾散戶對深圳發展銀行可說是完全「無感」，而這迫使深圳的黨組織發動黨員購買股票。儘管獲得這麼強力的支持，其股票認購率卻還是只有50%。

　　問題的癥結是，歷經三十多個年頭的中央計畫制度、幾乎爆發內戰以及長期的國有制度等種種發展，中國人對於權益型股份的認識，早就失落在革命前的歷史洪流裡。投資人認為這種被稱為「股份」的證券的存在價值，只在於它們會發放股利；一般人買股份的目的是為了長期持有並取得現金流量。當時一般人不知道股票有可能增值（或貶值），所以當然也就不知道股票會讓人產生資本利得（或損失）。這麼一分析，就不難理解為何市場對深圳發展銀行IPO的反應會那麼冷淡，以及市場為何對它一九八九年年初發放第一次股利後爆發的種種事件會那麼措手不及了。

　　深圳發展銀行在一九八九年年初宣布的股利發放公告，堪稱中國經濟史上的一個重大轉捩點，這一點絕對無庸置疑。這家銀行非常慷慨，回饋股東——多半是國家和黨投資人——每股10人民幣的股利，外加每兩股可分得一股的股票股利。於是，一九八八年以大約每股20人民幣購買該銀行股份的人，一眨眼就獲得了約當於原始投資好幾倍的利潤。即便如此，還是有一小群股東沒有出面索取他們的股票股利，於是，該銀行依照程序，公開拍賣這些股利。接著，某個散戶突然出現在拍賣會場，開出每股120人民幣的價碼，並買下全部股份。直到這時，大家才終於恍然大悟，原來股票的價值有時會超過面值。這個消息在深圳傳開後，股票熱開始燃燒，深圳發展銀行的股份和其他幾檔可以買賣

的股票，全都在場外交易中飆漲。深圳發展銀行的股價從那年年底的每股40人民幣飆漲到一九八九年六月四日前一天的120人民幣，而儘管後來北方捅了個政治婁子，它那一年年底的收盤價還是高達90人民幣。

　　搞懂「股票能賺錢」這個新觀念後，中國的散戶投資人開始陷入一股股票熱，這股狂熱是以深圳為中心，接著漸漸擴散到上海及其他城市，如成都、武漢及瀋陽等有股票交易的地方。到最後，這波股票熱惹得北京當局強迫地方政府採取降溫的措施。相關限制措施最終確實收到成效，並導致市場在一九九〇年年底崩盤。儘管如此，投資人已經懂得股票投資的意義：股票會增值。不過，北京當局也學到一個教訓：股票交易有可能會引發社會動盪。成立正式證券交易所的決策是在一九九〇年六月股票熱還非常盛行之際制訂，而深圳及上海交易所也在那一年稍晚分別開始試營業。

透過組成公司來進行國有企業改革

　　當然，北京當局大可以直接禁止股票和所有相關的活動，但它並沒有那麼做。從政治圈對國企經營績效不彰之導因的種種辯論，便可看出北京當局為什麼不禁止股票活動。儘管政府在一九八〇年代末期毫無節制地使用各種資源，並針對各式各樣國企設定了種種特殊政策，但中國逐漸興起的私營部門卻還是遙遙領先國企。

　　私營產業的年成長率超過16%，而國有部門的成長率卻只有7%（見表6.2）。結果，在那十年間，私營部門占全國工業產出的百分比由原來的22%增加到43%以上。黨怎麼能容許這樣的

表6.2　依所有權區隔的工業產出比率

	國企	非國有總計	合計	個人	其他
1978	77.6%	22.4%	22.4%	0.0%	0.0%
1980	76.0	24.0	23.5	0.0	0.5
1985	64.9	35.1	32.1	1.8	1.2
1990	54.6	45.4	35.6	5.4	4.4
1991	56.2	43.8	33.0	4.8	6.0

資料來源：《中國統計年鑑》

情況發生？事實上它到今天都無法接受這個現象。接著（目前也一樣）黨期望國家部門能重新拿回主導權，而隨著情勢發展到一九八〇年代末期，它更迫切需要找出一個能強化甚至振興國有企業績效的有效方法。

　　從一九八五年開始，一群國家經濟體制改革委員會的研究學員和職員撰寫了一篇有關國家計畫及各類工業生產之國家所有權的評論。這一群人就是當前黨領導階層中的市場改革派。那個國家經濟體制改革委員會小組的成員包括原建行行長，目前擔任證監會主席的郭樹清、樓繼偉（目前為中國投資公司董事長）、周小川（目前擔任人民銀行行長）、李劍閣（目前為中國國際金融公司董事長，先前曾擔任朱鎔基的個人特助），還有吳敬璉（朱鎔基最喜歡的經濟學家），他們到今天都還是繼續在為中國的市場改革奉獻他們的心力。一九八八年年底，國務院和國家經濟體制改革委員會根據他們的研究成果以及高西慶（目前擔任中國投資公司執行長）和王波明（《財經》雜誌創辦人及發行人）從紐約帶回來的一些概念等，啟動一個專案計畫，力促北京當局利用一九八〇年代股票實驗來為國企創造利益。

一九八八年十二月，中國未來股票市場的基礎架構在深具歷史意義的西直門酒店會議中底定。但會中討論卻只聚焦在如何改善國企績效的問題，而且所有建議都只和國企有關。會議報告的結論指出，推動所謂「持股制度實驗」的關鍵條件包括：1）避免私營化；2）避免國有資產損失；3）保證國有經濟體制的至高無上。會中決議，若能達成這些目標，新型態的股份有限公司確實具吸引力，原因有兩個：首先，股份有限公司的企業結構能解決政府過度參與企業管理的問題，這個問題早就為人所詬病。第二，如果能在適當管理的前提下賣出這類公司的少數股權，就能從國家預算及人民銀行印刷廠以外的來源募得一些資金。

接著，國家經濟體制改革委員會爭取國務院核准這份會議建議案而投入的種種努力，並沒能在一九八九年得到回應。不過，隔年，一個試圖致富的平民所引發的一場社會動盪，讓這群改革者的建議得到重生。北京政府將交易所視為結束場外交易活動、將一切納入正軌的方法。一九九〇年五月，國務院核准了國家經濟體制改革委員會的更新版建議，包括：1）不能有散戶投資人；只有企業能投資其他企業的股權資本：2）不能進一步對員工售股；3）櫃臺市場的發展僅限於上海及深圳；以及4）不推動新的公開發行。短短一個月後的六月二日，國務院便核准了兩個證券交易所的成立。

於是，上海證券交易所在一九九〇年十二月成立，而深圳證券交易所則在一九九一年七月成立，這是非常具象徵意義的歷史事件，不過，我們不是基於一般常提到的原因而說它們是重要的歷史事件。外部觀察家將這些事件視為中國擺脫天安門慘案的陰影、重拾改革火炬並再次勇敢投入新資本主義世界的種種訊號，

但其實這些交易所的成立，壓根兒只是為了終結自由的民間資本市場。各個交易所取代了那些民間市場，而整個實驗只朝支持國有企業發展的方向進行。然而，最終來說，中國確實是得到了具有重大歷史意義的成果，只不過當時的黨並未預見到這一切。

股票市場給了中國什麼？

但如果不是因為一九九二年發生的兩個事件，連這個以國家為中心的股票市場版本都不可能落實，而中國後續的發展也會變得和現在極為不同。第一個事件是鄧小平在一九九二年年初公開肯定股票市場的價值，這引發了中國第一波股票狂熱。鄧小平以修正版資本主義的名義，為這個股市實驗的支持者提供政治掩護，這應該堪稱引導中國達致今日成果的關鍵政治決策。不過，當年主管銀行及金融部門的副總裡朱鎔基同意對中國國企開放國際市場，並讓它們有機會爭取到國際上源源不斷的資金，確實也對中國未來的發展貢獻良多。第一個決策讓中國首度成立了一個真正的全國性資本市場；第二個決策則是引進了一些概念和金融技術，進而創造出一系列偉大的中國「國家冠軍」。這兩個決策共同領導中國走向由北京當局總攬金融大權的局面（這在是前所未見的一大演變），最後，更改變──甚至摧毀──了舊有的政府制度。

不只是一個全國性的金融市場

一九七九年時的北京當局究竟擁有什麼？答案是：它擁有一切，但卻也一無所有。就某種程度來說，它擁有整個經濟體系，

那一年的官方GDP估計數字為4062億人民幣（2610億美元）。然而，放眼當時整個國家的工業範疇，卻看不見任何具有經濟規模的企業，而且中國可用來投資的金融資源也極端有限。在整個一九八〇年代期間，國家計畫裡指定的關鍵全國性投資也不過22個大型工業專案，但國家預算或銀行體系卻無力為這區區幾個專案提供充分的支持，難怪他們不得不另謀資金奧援。

銀行是國家預算以外最主要的資金提供者，但當時的它們能力極為有限。根據上達北京當局的行政階級組織規畫，銀行的各省分行是整個金融體系的關鍵，而且，不同省的分行都是獨立運作的。但受限於單一省分，它們的存款基礎當然受到地理區域限制，所以，不得不依賴成長緩慢的全國性銀行間市場（一九八六年起成立）和中央預算補助款，或者本省政府、散戶和國企的存款。至於中央政府部分，它的可稅資源並不多，也缺乏透過發行債券來募集大量資金的財務技巧，因為它沒有一個正常運作的債券市場，其實應該說，中央政府並不允許這樣一個市場存在。

前述二十二項主要專案之一的江蘇省儀徵化學纖維專案，就是個貼切的例子。這個野心勃勃的專案是從一九八〇年起才變得聲名大噪，當時它的主辦單位──紡織部──向中國國際信託開發公司（以下稱中信公司）尋求資金奧援，因為不管是銀行或財政部，都無法為它提供資金來源。中信公司在榮毅仁（它的創辦人，也是革命前一個非常成功的上海工業家族的倖存者）的領導下，提出在日本發行國際債券的建議，希望能藉此募得100億日圓（5000萬美元）的資金。這個創新概念（在當時，很多人認為這是反革命概念）引發一場政治大騷動。極端民族主義者宣稱仰賴資本主義國家來為中國的專案提供資金是一種恥辱，更遑論

是找日本。過了整整一年，這些政治指責聲浪才逐漸平息，但也是經過這個事件，眾人才終於看清一個事實：國內根本籌不到這筆錢。於是，國務院終於核准這檔債券，並成功在一九八一年發行。重點在於，即便它是那麼一個有迫切需要且所需資金不多的關鍵專案，國內卻還是湊不到錢。儀徵後來成為朱鎔基在一九九三年欽點的第一批九家海外掛牌公司的候選者之一。

　　幾年後，財政部終於得以賣掉有限金額的「特殊」債券來為相似的工業專案集資。舉個例子，一九八七年時，它募集到15億美元來支持五家中央持有的企業的新煉油專案；另外，在一九八八年時，它又募得了約當10億美元來支持七家鋼鐵公司。儘管如此，能募集到的資金規模依舊有限，尤其是對這類資本密集產業而言。革命後歷經了三十年，中央政府還是沒有能力募集到高額資金，但這在現代中國並非首見。有一名學者對此提出了非常有說服力的論述，他表示，缺乏一個全國性資本市場以及這種資本市場動員大量資金的能力，正是中國歷來無法突破小規模製造業經濟模式的主要原因。[4]

　　基於極端缺乏資金，所以儘管在意識型態上面頗為內疚，但地方政府從一九八〇年代起就極受股票市場的概念所吸引。朱鎔基在一九八八年被任命為上海市市長時，赫然發現公庫空空如也，這在他腦中留下的驚悚印象可說是無價；自此，他迅速成為推動正式股票市場的政治教父。不過，一如銀行體系，上海及深圳交易所剛成立時，都受到地理限制，只有本地企業掛牌，而且完全仰賴本地散戶投資人捧場。然而，這個現象很快就改變，到一九九四年，這兩個交易所雙雙成為對全國發行者及投資人開放的市場。這讓各省政府終於得以透過本地銀行及稅收以外的來源

募集新資金。雖然就國際標準而言，一九九六年時上海的前十大掛牌企業顯得非常渺小，但已經比它們的所有「前輩」都來得龐大（見表6.3），三年後更是有過之而無不及。值得一提的是，鑑於本章稍後將討論的內容，到二〇〇九年時，前十大企業已成為金融機構和石油業公司的天下。

　　然而，這些公司畢竟是少數的例外；絕大多數在中國交易所掛牌的企業都非常小，市值不超過5億美元。初級市場也一樣，在整個一九九〇年代，A股IPO的規模全都很小。由於這些交易所是從一九九二年才開始運作，所以，當然很難期待中國市場在一夜之間或甚至短短十年間達到它們的全盛規模。但如果當初朱

表6.3　上海前十大掛牌企業，過去與現在（十億美元）

	一九九六年十二月	市值	一九九九年十二月	市值	二〇〇九年十二月	市值
1	上海石化	3.6*	上海埔東發展銀行	7.2	中國石油	319.5*
2	陸家嘴金融貿易區	3.0	四川長虹	3.4	工銀	192.3*
3	申能公司	2.5	申能公司	2.4	中國石化	124.6*
4	四川長虹	2.2	陸家嘴金融貿易區	2.2	中銀	107.3*
5	馬鞍山鋼鐵	2.0*	上海石化	2.1*	中國人壽	93.3*
6	儀徵化學	1.4*	上海東方珍珠	1.8	中國神華	85.6*
7	上海市外高橋自由貿易區	0.9	上海汽車	1.6	平安保險	39.8*
8	上海市原水公司	0.8	虹橋機場	1.6	中國招商銀行	39.7*
9	上海東方珍珠	0.8	中國東方航空	1.6*	交行	32.2*
10	東方通信	0.7	儀徵化學	1.5*	上海埔東發展銀行	28.5
	總市值	**17.9**		**25.4**		**1,062.8**

注：市值是根據國內市場運作方式計算，包含所有國內公司股份，但不含海外掛牌股份；*代表在香港或紐約的額外海外掛牌

資料來源：上海證券交易所及萬得資訊

鎔基沒有允許中國企業股票到海外市場掛牌，那各個國內市場可能到如今都還是個小配角。

　　這個決策促使一九九三年時還只是個小規模區域型交易所的香港證券交易所，急速成長成為二十一世紀的全球巨擘。從一九九三年的爆發性成長以來，香港證券交易所為許多地方的富商主辦了動輒高達1億美元的IPO，而拜朱鎔基之賜，它也在十年內為中國國企募集了幾十億甚至上百億美元。朱鎔基藉由核准第一批九家所謂的H股公司，徹底改變了香港的遊戲規則。他的國際化主義是造就二〇〇九年前十大掛牌公司募得大量資金並成為龐大市值企業的主要原因。這九家企業不是也到香港、就是在紐約掛牌。從一九九三年到二〇〇九年，中國國企從國際市場上募集了2620億美元的新資金，其中二〇〇〇年是轉捩點（表6.4），中國和中國企業有史以來首度接觸到能讓他們獲得大量資金的金融技術和市場。最後，他們不僅吸收這些技術，更將之引進上海。

中國電信：高盛的上帝之作

　　中國如何從一個只擁有全然不受銀行業重視的小型企業的國家，變成一個擁有能在短短十年內在紐約募集到數百億美元的大型企業的國家？如果硬是要找出一個原因，那就是國際資金經理人一直樂觀看待中國的成長題材，當然，更因為他們願意投入大量資金到這個市場。他們對中國電信一九九七年高達45億美元IPO的反應，依舊像對一九九二年華晨汽車公司（已破產）區區8000萬美元IPO的反應一樣熱烈，但仔細想想，這兩家公司的規模和資金實在完全無法比擬。國際市場讓中國企業有機會接觸到

表6.4　平均每個掛牌類別的IPO規模

百萬美元	香港掛牌		中國掛牌		
	H股	紅籌股	上海／深圳	中小企業	中國創業板
1993	176	31	20	–	–
1994	160	33	16	–	–
1995	260	203	11	–	–
1996	147	74	14	–	–
1997	276	508	36	–	–
1998	134	9	46	–	–
1999	183	51	61	–	–
2000	1,659	1,885	75	–	–
2001	179	773	94	–	–
2002	433	2,686	88	–	–
2003	426	191	85	–	–
2004	572	468	56	29	–
2005	1,966	33	118	30	–
2006	2,072	178	1,160	40	–
2007	1,066	909	2,372	54	–
2008	634	0	1,864	62	–
2009	2,454	517	2,036	115	83
2010	2,545	202	1,064	151	125
2011	1,452	758	365	148	100

注：1) 利用各年度的年底匯率將金額轉換為美元；2) 不包括香港創業版掛牌；3) 二〇一一年數據只到九月三十日為止。
資料來源：萬得資訊和香港證券交易所

很多世界級的投資銀行、律師和會計師事務所，並引進它們的法律及財務技巧——全套的企業財務、法律及會計概念，還有國際金融市場的基本處理方式——來協助中國國企改革。至於積極且士氣高昂的投資銀行業者及律師和各層級的政府官員——包括國務院官員——互動後，對中國經濟及政治的歷史軌跡造成什麼影

響，足以寫成另一本書。

　　這項技術轉移大幅強化了北京當局對集資流程的控制能力，但奇怪的是，到最後這卻強化了它的企業，並導致政府趨向弱勢。一九九三年中國IPO熱潮剛展開時，北京當局只是眾多爭相爭取旗下企業赴海外集資的政府實體之一。新成立的中國證券監理委員會是這個官僚流程的中心。這個承受沉重關說壓力的機關負責篩選所有地方政府及中央部會的掛牌申請，最後選出並核准一份候選公司清單，同時決定哪些外國投資銀行可以參與競逐這些企業的IPO委任權（見表6.5）

　　最早幾批包括當時中國最優秀的企業（例如第一汽車、青島啤酒和山東電力等）。但除了青島啤酒公司以外，其他公司都沒有任何國際品牌知名度可言。事實上，出了中國，沒有人聽過這些公司，不知道它們從事什麼業務，更不知道它們位於何處；中國國企根本是世界投資銀行的處女地。有任何人聽過北人印刷、東風汽車和攀枝花鋼鐵公司嗎？更糟的是，不僅這些公司默默無聞，能被拿出來討論的企業其實也沒幾個。第四批及第五批名單一出，各省政府的口袋就幾乎已空空如也，因為當時具經濟規模且獲利能力符合國際集資標準的企業並不多。第四批企業主要是

表6.5　海外IPO的掛牌候選公司所有權

	1993年 10月 第一批	1994年 1月 第二批	1994年 7月 特殊七家	1996年 12月 第四批	1999年 12月 第五批	合計	完成	%
中央	3	10	1	9	0	23	15	65.22%
地方	6	12	6	30	9	63	32	50.79%

資料來源：證監會及作者注記

一些高速公路及其他所謂的基礎建設公司，到第五批，就已開始加入農地相關的企業。但精明幹練如華爾街銀行業者，都無法讓一片休耕的農田掛牌。

真相是，當時好的IPO候選企業非常有限。從一九七九年開始，中央政府所屬企業就一直享有最好的金融及政策支持，而這也是這類企業IPO完成率尚稱理想的主要原因。即便如此，從一九九三年至一九九九年間，這些企業還是只占86個候選企業的三分之一。即使是在最優秀的財務顧問精心規畫下，都很少企業能滿足國際資金經理人的要求，包括最樂觀的那一群，而且，最後只有51%的候選企業成功在海外掛牌。到一九九六年，中國利用股票市場掛牌來改革國企的種種努力似乎也開始遇到瓶頸。接著，中國電信（也就是目前一般熟知的中國移動）的IPO改變了整個局面。

一九九七年十月，儘管亞洲金融風暴正逐漸形成，中國移動（香港）股份有限公司卻順利完成它在紐約及香港的同步IPO，募集到45億美元的資金，這是先前47家海外掛牌企業平均集資規模的25倍。這麼大的金額讓所有人都不由得繃緊神經：據說光是承銷手續費就高達2000萬美元。如果中國真的只充斥一堆小型企業——一如先前的國際及國內掛牌案件所示——那這家公司又是從哪裡冒出來的？答案很簡單，不過也有點複雜：中國移動合併了許多省屬及省營工業資產，成為一家目前所謂的「國家冠軍」。這項交易讓北京當局終於找到方法來克服中國工業部門各立山頭的問題，而且透過這筆國際募集的巨額現金，它也領悟到怎麼創造一些擁有全國市場的強大企業。

國際財務及企業法規的法律概念和財務結構，是構成所有現

代企業乃至資本主義體系的基礎，若沒有這些概念和結構，中國就不可能結合老舊國企裡較有價值的部門，進而創造出這類強大的新公司。事實上，儘管因此募得的資本對今日中國的建設功不可沒，但這類案件的最重要貢獻，卻在於一個讓所有權及控制權得以真正中央化的組織概念。所以說，二十一世紀的新中國堪稱世界級企業如高盛和年利達（Linklaters & Paines）所創造，這個事實和「文化大革命」源自毛主席的毛語錄一樣確定。

　　由於缺乏新掛牌候選企業，加上那段時間，美國科技革命正如火如荼地進行著，於是，高盛積極遊說北京當局使用這個簡單但卻強大的概念：創造一個真正全國性的電信公司。它主張這樣一個企業絕對能籌到足夠讓它發展為一個領導性全球電信科技公司的資金。其實，早在一九九七年年初，投資銀行圈就針對風行一時的紅籌股使用過這個概念。高盛建議，與其成立一大堆持有轄區內釀酒場、冰淇淋廠和汽車公司的單一直轄市政府控股公司（較著名的例子是北京控股、中國長城八達領段），何不乾脆購併各省的電信實體，進而將之組合為一家隸屬中央政府的公司？

　　基於整個國家內部的離心力非常強大，所以要達到這個目標，需要非常實質的政治決心和力量，當然，這就非取得作風專橫的郵電部部長吳基傳的全力支持不可。另外，中央政府的支持也是必要的，但前提是它必須改變思維，將經濟規模視為國際競爭力的關鍵基礎要素，同時也要能坦然接受股東權利（至少它自己的權利）在西方法院的法定強制力。中國移動IPO的大獲全勝就像一個催化劑，它點燃了一系列轟動一時的交易，並讓北京一躍成為世界資本市場的中心要角。如今整個世界會那麼敬畏中國的經濟奇蹟，主要應該歸功於那些國際銀行業者，它們為中國塑

造了令人垂涎欲滴的形象，讓中國企業的少數股權能在世界上賣到那麼高的價格，更讓黨和它的好友及家族們從中獲得可觀的利益。中國移動的交易是朝這個方向前進的第一大步。

我們將這個創下歷史記錄的45億美元IPO案件的形成彙整如圖6.2。簡單說，他們在郵電部之下成立一系列空殼公司，其中最重要的是中國移動香港公司。把股份賣給國際投資者的就是中國移動香港公司，它在紐約和香港證券交易所掛牌，並利用因此取得的資本和銀行貸款，向它自己的母公司──中國移動（英屬維京群島）股份有限公司──購買六個在不同省境內營運的電信公司。

這一筆交易最引人注目的關鍵點是：一家空殼子公司利用母公司特定資產的未來價值來募集資金，再回頭用這筆資金向母公司收購上述特定資產，好像這整個實體──空殼子公司加上母公司的資產──真的存在，就像是一家真實在運作的公司。而這就奧妙之處：在辦理IPO時，這些省級資產的價值是根據它們身為一家全國性企業的一個部門的未來預估獲利能力來推算，接著，再將這些估計獲利的總和拿來和世界各地現有全國性電信公司的財務績效做比較。換言之，這些估計值的根據只是一個假設──假設中國移動香港已成為一家能和世界各地國際電信公司相提並論的一元化運作企業。但在辦理IPO時，它實際上卻還不是那樣一個企業，當時的中國移動香港根本只是一家空殼控股公司，它只存在於高盛銀行的電腦工作表上。這一次IPO讓它取得資本，並進而收購六家獨立運作但卻未合併的子公司。所以，即使到今天這個時點，我們都還能說中國移動只是一家紙上公司，不過，它卻擁有如假包換的銀行帳戶。

圖6.2　中國移動一九九七年的IPO結構

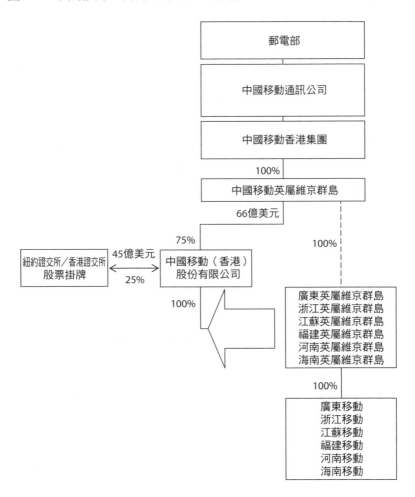

　　當時這件IPO案並不是一家現有公司的IPO，這家公司沒有經過千錘百鍊的經營團隊，更沒有擴大營運的策略性計畫。說實話，它比較像是郵電部本身的IPO！不過，國際投資人卻愛死了這個案子，而且，兩年後的二〇〇〇年，一個類似的交易再次完

成，中國移動香港再度透過增資配股（102億美元）和發行新股（226億美元）的方式，募集到328億美元的巨額資金，這筆龐大的資金挹注被用來進一步收購郵電部另外七省的電信資產。經過這兩次交易，中國移動以一個股份有限公司的形式（取代了原來的政府機關），將郵電部在中國十三個最繁榮省分的行動通訊業務全部整合在一起。而中國移動英屬維京群島公司收到這370億美元的款項後，又把它用到哪裡，實在沒人知道，因為這是一家所謂的私營未掛牌實體，不需要公開皆揭露它的財務報表。

　　雖然已經過十年，這項交易的意義還是非常值得探討。首先，政府大可以沿用原來那86家H股企業的模式，輕鬆將每一省的電信主管機關各自組織成公司型態，進而設法為每一家公司辦理IPO。此舉無疑將對地方非常有利，最後更將創造很多地方性的企業。然而，透過這個作法募集到的總金額，很可能遠遠不及中國移動，而且，也沒有人敢說有哪一家地方性企業有能耐發展出一個全國性網路。更重要的是，這個新結構讓整個產業得以在概念上進行潛在的合併，催生了一個有朝一日可能擁有全球競爭力的大型企業。今天，中國移動已成為世界上最大的行動電話營運商，它擁有3億個用戶，而它的營運網路之廣，更是已開發市場電信同業所求之不得的。

　　第二（這一點的重要性不亞於第一點），它募集到的是全新的資金，不是來自預算、銀行業或國內股票市場裡原本就在流通的資金。第三，這個結構的建立，讓它有機會進一步募得大量資金——只要再挹注新的省級電信資產（或其他任何資產）即可。這類資產的評價高低，完全取決於中國的協商技巧、投資銀行業者所採用的彈性評價方法，以及國際資本市場的需求。以二

○○○年收購的那一批資產為例，外國投資人付出的溢價，竟約當中國移動香港公司盈餘和現金流量的推估未來價值的40到101倍。這真的是從天而降的資金！第四，這些新資金無疑是被用來上繳給最終的中國母公司——中國移動通訊公司——這讓它擁有來自預算或銀行以外的大量新資金。更重要的是，這項重組作業將眾多相對獨立且原本屬於國家及地方預算共同投資的省級電信機關結合在一起，讓中國移動公司得以透過IPO（定價是原始價值的幾十倍）的手段，將這些機關轉化為貨幣。而由於中國移動通訊公司擁有部署這些資金的能力，所以，它也因此立刻轉化為一股極具影響力的勢力——包括政治及經濟影響力。

在上述情況下，北京當局有什麼理由不熱情擁抱這些令黨致富且讓中國看起來變得無所不能的西方財務技巧？所以，在後續幾年，中國快速組合了許多國家冠軍（見表6.6），並採用類似的方法來重組中國的大型銀行、調整它們的資本結構，一如先前所述。幾乎不用說也知道，這份清單只包括中央政府控制的企業，顯然北京當局把好處全都留給自己。

如果不是國際（尤其是美系）投資銀行業者相助，這一切根本不可能發生。從一九九七年至二○○六年，銀行業者和一小群法律及會計事務所的專家們對這些全新企業的成立居功厥偉。這些企業是從支離破碎、缺乏經濟規模或甚至（以銀行而言）被一般大眾視為已破產的產業中籌組而成。這些投資銀行賭上他們的信譽，在全球資本市場中大力襄助這些企業，把它們介紹給資金經理人、退休基金和許許多多的其他機構投資者。這些投資銀行在其內部全球銷售團隊、產業分析師、股票分析師和經濟學家的通力支持下，順利為中國賣掉這些公司。不過，投資人有時候實

表6.6　國家冠軍：海外IPO，一九九七年至二○○六年

公司	產業	主辦承銷商	IPO日期	IPO規模（10億美元）
中國移動	電訊／行動電話*	高盛	一九九七年十月二十三日	4.5
中國石油	石油及天然氣	高盛	二○○○年七月七日	2.9
中國聯通	電訊／行動電話*	摩根士丹利	二○○○年六月二十二日	5.1
中國石油化工	石油及天然氣*	摩根士丹利	二○○○年十月十九日	3.3
中國國家海外石油	石油及天然氣*	美林／瑞士信貸第一波士頓	二○○一年二月二十八日	1.4
中國鋁業	礦產與加工*	摩根士丹利	二○○一年十二月十二日	0.5
中國電信	電訊／固網電話*	美林／摩根士丹利	二○○二年十一月八日	1.4
中國人壽保險	保險	花旗／瑞士信貸第一波士頓／德意志銀行	二○○三年十二月十八日	3.4
平安保險	保險	高盛／匯豐／摩根士丹利	二○○四年六月二十四日	1.8
中國國航	航空*	美林	二○○五年六月十五日	1.2
中國神華能源	能源及電力*	德意志銀行	二○○五年六月十五日	3.3
交通銀行	銀行	高盛／匯豐	二○○五年六月二十三日	2.2
中國建設銀行	銀行	瑞士信貸第一波士頓摩根士丹利	二○○五年十月二十七日	9.2
中國銀行	銀行	高盛／瑞銀	二○○六年六月一日	11.1
工商銀行	銀行	美林／瑞士信貸第一波士頓／德意志銀行	二○○六年十月二十一日	21.9
募得資金合計				**73.2**

注：*代表公司母公司董事長是中國共產黨組織部裡的核心當權人物

資料來源：萬得資訊

在是興奮得不太有道理，但這也難怪，畢竟這是全球各地的投資人有生以來第一次有機會投資在真正能代表中國全國經濟體系的標的。

　　簡單說，國際財務、法律和會計規則為中國這些誇大的國家隊提供了一個有創意的催化劑。更重要的是，他們的專業能力和技巧讓北京當局和中國共產黨有史以來首度得以真正主控中國經濟體系裡的策略性環節：因為這些國家冠軍現在全都屬於中央政府和黨的組織部所有。

附注：

1　公開發行股份依據抽籤的流程，被分配給投資人。

2　當然，作者深知匯豐銀行和AIG等企業和中國的淵源非常深厚，但它們並不是屬於中國人所有的企業。

3　關於資金需求如何在一九八〇年代初期自發性地催生出中國的股票市場，請見 Walter and Howie, 2006: Chapter 1.

4　見科大衛（David Faure）──《中國與資本主義：現代中國的商業型企業發展史》。香港：香港大學報──二〇〇六年。

第七章

國家隊和中國政府

「中國的裙帶資本主義是源自特定派系間失控擴張的勢力，讓他
們得以干預經濟活動，同時累積資源。舊經濟體系的支持者想要
提升國營企業的獨占力，並且強化政府的獨裁力。」

——吳敬璉，《財經》雜誌

二〇〇九年九月二十八日

幾乎毫無疑問的，中國政府最初的政策目標是打造一群足
以立足全球的企業；然而，從創始以來，這支國家隊的
政治競爭力一直都大於經濟競爭力，最後，政府反倒被這些寡占
企業把持。就在銀行家們精心打造國家冠軍之際，也許是無意的
吧，朱鎔基也讓這些大型企業獲得了取代政府角色的能力。一九
九八年，擔任總理的朱鎔基強勢地實行了中央政府機關的大瘦
身，裁員超過五成，並撤除那些基於蘇維埃計畫經濟的概念而設
立的大型工業部會，包括煤炭工業部、機械工業部、冶金工業
部、石油工業部、化學工業部和能源部，它們全都縮編成小型的
處室，負責監管所屬產業的新創企業。這些企業和處室共同受早
就被眾人遺忘的國家經濟貿易委員會（State Economic and Trade

Commission, SETC，以下簡稱「國家經貿委」）[1]管轄。

　　隨著這些部會消失，國家經貿委也再次被重組，可是這些企業都還存在。接著在二○○四年，國有資產監督管理委員會（State-owned Assets Supervision and Administration Commission, SASAC，以下簡稱「國資委」）成立，旨在給國有企業的所有權帶來秩序。國資委被認為是代表國家持有主要中央國有企業的所有權者，並且得到國務院的背書。然而，正因為國資委是根據蘇維埃那種由上而下的組織原則而設立，使得它一直以來都是個失敗品。多虧了股票市場的發展，二十一世紀的中國已經發展突破這層限圍，西方企業所有權的概念甚至已凌駕在國家利益之上。要闡明這一點，可以看看國資委與它旗下眾多中央國企之間的關係，實已與中央匯金對中國主要金融機構的投資呈現強烈對比。

朱鎔基的禮物：一九九八年，組織瘦身

　　汰換掉舊有的大型部會，新監管機關的職員明顯比以前的部會組織少很多。更糟的是，因為這些機關的頭頭不是部長級人物，而且資歷不夠深，所以不被大型企業的董事長或執行長放在眼裡；事實上，很多這些企業大老是先前被廢除的前部會首長，換言之，他們根本是國資委這個新監管機關的老長官。也就是說，朱鎔基雖藉由砍掉工業部門及催生大型國家冠軍而有效地將政府部門轉化成西方企業，但這些企業的上層領導團隊卻幾乎沒變。無論如何，他沒有（或者說是無力）改變本質。

　　之所以造成這種結果，蓋是因為現在主掌這批新創企業的那些前政府官員，成功地爭取保住他們在中國共產黨的關鍵領導組

織中的地位；既然黨那麼渴望掌控經濟，會出現這種局勢顯然也十分正常。然而，要是這些新創企業的領導人不在「名單」內，事情的演變可能就截然不同了，黨和政府或許就能維持政治上的獨立自主。

這些企業有一個重要的例外：儘管四大銀行看起來極力地舞弄金融權力，但它們仍然只被歸類為副部長級實體。一個機關在國家的組織階層中處於什麼位階，端看它的最高領袖的排行；這些銀行的董事長或執行長充其量只能算是副部長層級罷了。這個例外的理由顯然很容易理解：共產黨似乎一直想盡辦法要讓這些銀行繼續維持次級單位的地位，而且不只是國務院做如是想，主要的國營企業也這麼希望。畢竟在蘇維埃體系中，銀行只是一個機械化的金融便利措施；所以，任何經濟使力的焦點都擺在企業上頭。最終來說，一切幾乎沒有改變。

被轉調至這些國營企業（中共稱作「央企」）的前部會官員仍然可以在中央組織部一手控制的黨員名單中維持原有的地位。今日，名義上由國資委管理的一百多個國營企業中，有五十四個列名在所謂的中央「名單」上。這些企業的董事長或執行長保住了政府位階，並由中央組織部[2]直接任命。他們的位階等同於省級行政首長和國務院裡的部長級人物，其中許多人還是權力至高的中共中央委員會（簡稱「黨中央」）成員（見表7.1）。當中國石油董事長要求一筆貸款，中國最大銀行的董事長會做何反應？他也許會直接說：「非常謝謝，你要多少？要借多久？」

那麼，現今負責監管這些央企的國資委又是什麼情況呢？國務院在二〇〇三年設立的國資委，是由國家經貿委分離出來的單位（見注1），它將過去負責監管央企的各個委員會與行政局處都

表7.1　國家隊：中央委員會代表（二〇〇九年）

公司名	代表名稱	候補委員	常務委員
中國核工業集團公司	康日新		×
中國航天科技集團公司	袁家軍	×	
中國航天科工集團公司	劉石泉	×	
中國航空工業第一集團公司	林左鳴	×	
中國船舶重工業集團公司	李長印	×	
中國兵器工業集團公司	張國清	×	
中國石油天然氣集團公司	蔣潔敏	×	
中國石油化工集團公司	蘇樹林	×	
國家電網公司	劉振亞	×	
中國電信集團公司	王曉初	×	
鞍鋼股份有限公司	張曉剛	×	
寶鋼集團股份有限公司	徐樂江	×	
中國鋁業股份有限公司	夏耀慶	×	
中國商用飛機有限責任公司	張慶偉		×
中國鐵建股份有限公司	石大華	×	
中國投資有限責任公司	樓繼偉	×	
中國石油大慶油田公司	王玉普	×	
太原鋼鐵集團有限公司	陳川平	×	
海爾電器集團有限公司	張瑞敏	×	
總數		**17**	**2**

資料來源：Kjeld Erik Brodsgaard, "Politics and business group formation in China," unpublished manuscript, April 2010.

整合為一。但國資委是一個準官方組織（中共稱作「事業單位」）而不是政府部會，因為如果成立一個這麼強大的政府單位，將會在國家權力的最高機構——全國人民代表大會（簡稱「全國人大」）——中引發議論；特別是有一派論述支持全國人大才是國家資產的最適擁有者，這個論述主張全國人大是憲法指定的「全國人民」合法代表，所以全國人大當然比國務院更適合扮演國家

資產擁有者的角色。因此，成立國資委的整個過程十分匆促，為的就是要趕在二〇〇三年三月的全國人大會議召開前完成。

籌畫期間的一大課題，便是這個新委員會應該具備什麼規格。有那麼一刻，它似乎會與過去的中央大型企業工委（簡稱「大企工委」）雷同，那是一個由副總理級黨員領導的單位，也是國資委兩個主要組成單位的另一個；另一個選項則是如同國家經貿委一般，由部長級人物來領導。最終的結果是仿效後者，而這個削弱國資委地位的決定，差點讓它在成立之初便面臨折翼的危機。就算國資委是一個由部長級人物領導的單位，它的角色在中國幾乎也僅等同於一個非政府組織，在這種情況下，一個隸屬中央政府的企業有何理由聽命於它？如果當初是由副總理來領導國資委，情況可能會截然不同。

儘管國資委在國家權力體系中的地位脆弱，國務院依然對它委以重任，包括：1）國有企業構成了中國經濟的社會主義支柱，而國資委則代表國家作為這些企業的所有權人；2）負責管理國有企業的高層人事；3）決定如何轉投資國有企業發放的股利。在以上每一項任務中，國資委都很難執行它的職權，不只因為它是類似非政府組織的單位，也因為它在組織關係裡的名分和它的實權並不相符。

首先，國資委一直無法處理一個顯而易見的事實：它實質上並不是這些國有企業的所有權者（見圖7.1）。在過去，中國的各個工業部會可以如此聲稱，因為它們確實是政府的一部分，而且實質監管轄下企業的投資過程。在這些國有企業集團的策略性資產被分拆為上市公司之後，集團內剩下的公司就變成這些國家冠軍的直接國家投資者。相反地，國資委不過是在舊有的各工業部

圖 7.1　國資委對國家隊成員的所有權與監管關係

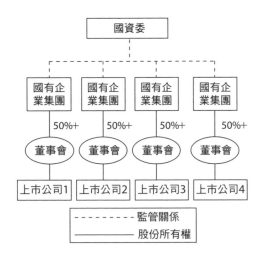

會被廢除之後，額外附加上去的單位。其次，國資委只能監督這些企業的副總裁和財務長的人事安排，而其董事長和執行長還是由至高無上的黨中央組織部任命。一個類政府實體的職權怎麼可能凌駕在組織部任命的企業高階經營者之上？這些董事長或執行長根本不想對政府的部長級人物報告，他們會透過黨鞏固的系統直接向上呈報。

　　最後，國資委地位不保的棘手之處更清楚地體現在，它所投資的公司在過去幾年間一直試著拖延，最後成功地逃避了發放巨額股利給國資委或財政部。即使經過長時間的爭執和三年的法院訴訟才終於在二○○七年達成協議，這些國有企業也只要支付稅後淨利的 5% 到 10% 左右做為股利即可，而這筆錢早都用在等同於再投資國有企業的計畫上。這些名義上的國有企業賺得的利潤可不是小數目，近年來更達到了國家預算支出的 20%（見圖 7.2）。

圖7.2　中央國有企業利潤約當國家預算支出百分比

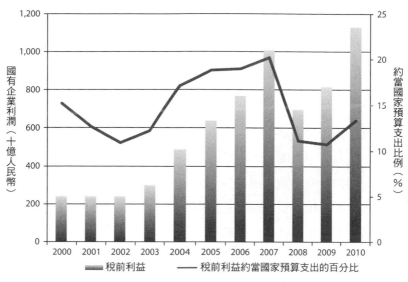

資料來源：《21世紀經濟報導》二〇一〇年八月九日；《中國統計年鑑》

這本來會是一大筆可以用來彌補中國迅速增加的預算赤字的資金，卻因為國有企業在政治和經濟上的影響力，以及它們虛偽地聲稱自己還得繼續承受中國的社會福利計畫的沉重負擔，所以，這些國家冠軍得以把大部分的盈餘都留在自己的口袋裡。政府無法取得這筆資金的事實，正是這些寡占企業掌握大權的最佳明證。

　　國資委整個架構安排含括了朱鎔基在一九九八年所揚棄的標準蘇維埃式政府結構的所有特色。在那個舊體系，國有企業會直接向它們的直屬部會報告，並且接受其行政管理（中國說法為「歸口管理」）；共產黨組織則是它們的中樞神經系統。部會和企業之間的關係可說是環環相扣，包括投資、人力資源、資本和其他各種資產的布置。而當中國廢除了這些部會，等於將過去的鏈

結也切斷了。雖然國資委的結構據稱是建立在過去的行政管理方式依舊有效的想法之上，它仍然無法取代舊部會的功能。現在的國資委最多不過像是國務院的合規部門罷了。畢竟二十一世紀的中國已不是根據蘇維埃模式建立的。

國資委模式vs.匯金模式：誰擁有什麼？

　　故意相對於國資委，人民銀行團隊充分利用國際企業模式的優勢，成立了中央匯金；這是一個有限責任的投資公司，不同於以往任何的政府實體。匯金公司是銀行重組計畫中非常關鍵的一環；它原先的設計也是為了一個專門的目的：直接投資四大銀行的股權，但後來匯金的功用變得不只是如此而已（見表7.2）。二〇〇三年底，匯金對建行和中銀挹注了總額450億美元的現金投資，幾乎取得了它們的百分之百股權。二〇〇五年，匯金又投資工銀150億美元，以掌握百分之五十的股權。

　　第二章提及的那個好銀行／壞銀行法讓匯金得以從事這種直接持股行為。以國有企業的重組來說，它們背後的母公司或母集團實質上才是所謂的「壞銀行」，但它們同時也是「好銀行」的大股東。因此，不論發放什麼股利，最終都會直接流入這些身為國家機關集團的金庫。相對地，把不良資產移到一個名義上由第三方持有的實體，就不必特地成立一家控股公司，結果國家還是直接持有銀行的股權。到二〇〇五年，匯金已成為代表國家的控股股東，在建行和中銀的董事會上享有絕對多數的代表權，並且和財政部一起成為工銀、國開行和農行及其他許許多多金融機構的控股股東。

　　簡言之，即使匯金在二〇〇七年被中投公司收購，也不管它

表7.2　匯金投資，財務國資委，二〇〇九年會計年度

機構名	投資日期	金額	原始持股比例（%）	PO後持股比例（%）
中國銀行	12/30/03	225億美元	100	67.55
中國建設銀行	12/30/03	225億美元	95*	67.97*
中國建銀投資	04/04/04	25億美元	100	NA
中國國際金融	09/17/04	3億5,000萬人民幣	43.35	------
中國工商銀行	04/22/05	150億美元	50.0	35.43
中國銀河證券	07/14/05	55億人民幣	100	78.57
申銀萬國證券	09/21/05	40億人民幣	100	37.23
國泰君安證券	10/14/05	25億人民幣	100	21.28
中信證券	11/02/05	11億人民幣	40.0	NA
中國再保險集團	04/11/07	309億人民幣	84.81	NA
中國光大銀行	11/30/07	195億9,000萬人民幣	48.37	NA
國家開發銀行	12/31/07	1,461億人民幣	48.7	NA
江頭振興資產管理公司	8/31/09	130億人民幣		
中國農業銀行	10/29/08	191億美元	50.0	40.03
新華人壽保險	11/19/09	4億4,600萬人民幣	38.82	NA
中國光大工業	05/07/10	44億人民幣	100	NA

注：* 包括中國建銀投資；中國建銀投資的成立是為了掌握那些不包含在IPO實體的建行資產。這些資產包括了中國國際金融。然而，自二〇〇四年起，人民銀行開始接管破產的證券公司，所以，中國建銀投資持有一些中型和小型企業，並在後來轉手售出；匯金則是直接出手投資其中的大型企業。欲知詳情，見：Walter and Howie, *Privatizing China*, 2006: Chapter 9.

二〇一〇將如何被處置，它仍然可以透過它所指派的董事，以投票的方式來直接操控這些銀行的所有決定：畢竟銀行的資深管理階層只擁有副部長級的位階，毫無搪塞推諉的藉口（見圖7.3）。當然，以上敘述成立的前提是假設黨中央認可匯金的地位；從匯金這麼多年來仍持續運作看來，黨中央對於這個結構應該是樂觀其成。

圖 7.3

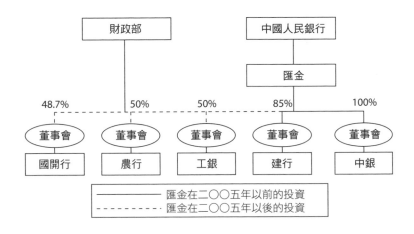

國家冠軍究竟算是新政府還是新政黨？

　　黨掌握了重要企業集團高層的人事權，可以藉此來確保自己對這些企業的掌控。但在各個舊工業部會解散後，讓國有企業最高層人物保有黨「名單」原有地位的作法，卻在黨和政府裡製造了一條裂縫，從此商業與政治勢力各踞山頭。只不過，就某種程度來說，這是早已存在的裂痕，因為至少從一九九〇年早期開始，這些高層領袖的親朋好友們就已積極投入自己的事業發展；但是，如今的情況已不只是權貴子弟在市場上賣弄影響力那麼單純的問題而已。由於能取得更大規模的現金、更廣泛的恩庇體系（patronage system）[3]，以及意義重大的國際網絡，這些國家冠軍的高層們想當然總是能成功遊說政府實行對他們有利的政策，或甚至要政府專為他們量身訂作一套政策議程。這些裙帶關係如今獲得黨之外的制度支持，但這個現象也激起愈來愈多質疑聲浪，

人們懷疑過去十年來，這些企業利益團體是否已經取代了政府這具龐大的機器，或是從骨子裡腐蝕了政府本身。「中國關注的事務就是做生意」這句話的正確度有多高？而這對共產式資本主義體系是否有利？

山東電力的案例

一個聲名狼藉的案例是山東電力（魯能集團），從中可清楚看到朱鎔基廢除工業部會所造成的後果。二〇〇六年，《財經》雜誌披露了一個消息：山東省的國營電力公用事業與其許多主要的附屬企業已經完全地私有化了[4]。山東電力是國家電力公司的子公司，也是山東省最大的企業，排名在它後面的有中國石油的子公司勝利油氣（Shengli Oil）、兗州煤業（Yanzhou Oil）和著名的海爾集團（Haier Group）。該公司738億人民幣（100億美元）的總資產和三百六十千兆瓦（僅次於中國華能集團）的總發電產能，已被兩家來歷不明的北京公司以區區37億人民幣（5.4億美元）的價格收購。這個收購案背後的要角是市場圈內人都熟識的大人物，也是國資委旗下一個中央政府企業集團的總經理，並且是中央委員會的候補委員。想當然爾，《財經》沒有洩露他的姓名——也沒這個必要。

這次交易花了十年才完成。一開始，中央政府真的以為真正的私有化歷程已經展開。二〇〇三年初，《21世紀經濟報導》刊登了一篇文章，文中點出山東電力正在進行的員工買斷（employee buyout）問題，這導致國務院展開一場調查。同年八月，國資委、發改委和財政部聯合發表一項緊急公告，要求所有電力相關企業的所有權轉移作業即刻停止；很顯然地，同樣的劇情正在全

國各地上演。這份公告提及國務院在二〇〇〇年十月的一份文件，當中清楚規定，除非有國務院的許可，否則電力部門的任何所有權移轉行為應立即中止。但這些文件全都未能對山東電力的情勢造成一點影響，至於其他地方的情況就不得而知了。

在二〇〇六年中，那兩家北京公司已經從據稱代表山東電力全體員工和工會的實體手中取得了百分之百的股權。新股東的代表也得以提出法律文件，聲明這場交易是完全合法的。同時，《財經》雜誌寫到一位國資委的高層官員說：「我們對此事毫不知情。誰會想到一個牽涉到國家資產的龐大交易竟然沒有事先呈報國資委，請求許可？」他的這段發言在眾人眼裡肯定是極為虛偽的，要不然就是完全被看成一場玩笑話。在二〇〇四到二〇〇五年間，國資委一直積極調查全國各家國有企業的管理層買斷（management buyout）情事，並且發布多項公告以試圖將監督程序標準化。

更貼近現實的是某前國家計畫委員會副主委的評斷，他說：

> 國資委曾經針對管理層買斷的處置方法，特意擬了一份文件。在這份文件中有一項建議，讓電力公司裡持有股份的員工做出選擇，看是要放棄股份而保有工作或是離開公司（而保有股份）。最終，國資委擔心這種作法的影響太大，因此這份文件未能正式發布。[5]

換句話說，即便國資委知道名義由它負責的國家資產實際上正被逐步私有化，它也不敢製造風波。國資委是在害怕山東電力裡那些收購股份的員工們嗎？當然，官員們可能會顧慮到，如果

要求這些員工返還任何收購而來的股份，就可能爆發一場社會動亂。然而，真正的恐懼是和這類交易背後的藏鏡人有關。當一樁行動的贊助者的位階高到能名列中央「名單」，那就幾乎沒有任何辦法可阻止對方了。

國家隊和它的親友團如何獲得好處？

即使政府的某些部門保有商業利益的自主性，國家冠軍無疑還是能在國內市場與香港股市甚至證監會中呼風喚雨。從股市活動的情況可資證明：國家冠軍做的生意，就是維護自我利益的生意。

上市大企業中的巨頭投資者

二○○一年中至二○○五年中，改革者針對體制內基礎架構所做的修補工作（但最終而徒勞無功），導致中國經歷一場嚴重的空頭市場。到了二○○五年，所有主要股東——意即，所有主要的政府股東——都可接受的解決方案終於出爐，這個方案讓企業得以恢復它們在二○○一年六月喊停的事物。[6]短短十八個月間，上海指數從一千點以下奇蹟似地激升，在二○○六年年底達到三千點。中國展開加入WTO的流程，是這次股市榮景的關鍵因素，它讓外國和本國投資者共同產生一股中國將敞開生意大門的篤定感受。不過，其實這次大漲的真正關鍵在於所有國內參與者終於確知，一批為數可觀的非流通股票要到二○○八年北京奧運過後才會開始流入市場。卸下這層擔憂後，國家冠軍的巡迴上市（先是香港恆生交易所，再回到上海交易所上市），成為眾人

討論的焦點，特別是各大銀行的掛牌。之後，人民幣的逐步升值更是猶如火上加油。

　　以上事件打造出一個英雄——中國證監會主席尚福林。二〇〇二年銜命就職的他，先前曾擔任中國農民銀行的董事長；他一上任就幾乎將證監會裡所有海外歸國的人員都解職，十足是個保護主義份子。在這段時間，他負責阻止甚至逆轉國內股市的崩潰危機，同時主導中國證券業破產問題的解決；為此，他採用了所有可能的傳統市場振興對策，包括政治和經濟面的方案，但最終全都宣告失敗。直到二〇〇四年年底，他接納了周小川改革團隊提供的一個解決方案，情況才終於好轉。後來，尚福林把功勞全歸於自己，獨攬監督上述方案的大權，而此時人民幣對美元也開始升值（見圖7.4）。二〇〇六年和二〇〇七年的股市大榮景使得尚福林的政治地位益發穩固，也因如此，原本漸漸對外資參與開放的中國股市再次貼上封條，不再有所進展。

　　同一時間，三大國營銀行的重組（不包括農行）業已完備，它們令人引頸期盼的香港IPO終於展開。建行在二〇〇五年底大張旗鼓地發行H股；二〇〇六年六月，中國銀行在香港和上海同步進行IPO，重啟國內市場；至於中國工銀，也在同年十月同時於香港和上海掛牌。超大規模的發行是這段時期的特色；中銀在上海的IPO募到了200億人民幣（24億美元），工銀更是公開召募到驚人的466億人民幣。但怪的是，此時市場才剛測試歷史新低，怎麼能募到這麼大筆的資金？原來是家族成員的朋友們都站出來拉它們一把。

　　這幾樁大型交易案中隨處可見的策略性投資者，是市場能順利再起的重要因素。一九九九年的市場也曾陷入類似的停滯狀

圖 7.4　二〇〇五至二〇一〇年，滬深 300 指數和人民幣升值

注：滬深 300 指數（Chinese Securities Index, CSI）包含了上海和深圳證券交易所前三百大
A 股，是一個自由浮動的加權指數。
資料來源：萬得資訊

況，由於傳統的散戶和專業機構型投資人欲振乏力，監管會遂創
造出這個第三類的策略性 IPO 投資者[7]，這一群新策略投資者的
誘因是什麼？直到一九九九年以前，所有想要認購 IPO 股票的潛
在投資者不論是散戶或機構型投資人，都必須遞交申請表來參與
全國性的股票抽籤。但和香港股票抽籤制度相反，在中國，即使
提出申請，也不保證能收到股票，即便只是極少量的股份；每位
投資者的抽籤中籤機率取決於他的申購數量。

　　舉例來說，一筆超額認購一千倍的交易，意謂著一位投資者有0.1%的機率抽到股票；然而，他可以在自己負擔得起的範圍內遞交多張申請表，同時存入約當申購金額的全額押金到他的經紀商，如此就能提高他的中獎機率。正是這樣的遊戲規則，讓大量的超額認購成了中國股市的特色。也因如此，常見到投資人為了爭取很小配額的股票，而搬出一筆足以買下整批公開發行股票的資金！這個制度很顯然對小投資人不利，而獨厚擁有雄厚資金的大型機構，因為大機構有能力向銀行借錢，要不就是坐擁自有資金。

　　但因這個制度在一九九〇年代晚期的停滯性通膨時期並未發揮正常效果，於是，證監會便創造出了這一類「真正的策略性」投資者。廣義地說，它們指的是中國經濟領域中的所有人物或機構，其中最重要的就是上市國營企業和它們的母集團。這種策略性投資者會同意在一個公開發行活動還沒展開前，就先以掛牌價認購一大批股票。雖然必須受制於一段閉鎖期（lock-up period）[8]，通常是一年，他們卻能分配到自己認購的全額股份。相反地，作為一名普通的投資者，無論是透過線下申購或是線上申購，都無法保證能夠分配到任何股票，不論他們當初丟出了多少申請表，通常抽中的數量會遠少於申購的。

　　二〇〇六年，逐漸復甦的市場已超過一年沒有公司進行IPO，此刻卻面臨了一批國家冠軍可能輪番上市的洪流，這個意謂當局再一次需要策略性投資者出面相助。在二〇〇六年六月至二〇〇七年六月之間，即使透過公開抽籤制度收到的申購總額要比IPO金額多出許多倍（見表7.3），但二十四個在上海交易所完成上市的企業中，仍有十四個得益於策略性投資者的支持。舉例

表7.3 二〇〇六年六月至二〇〇七年六月間及二〇一〇年七月，上海股市IPO的策略性投資者

股票	上市日期	IPO募集金額（百萬人民幣）	總認購金額（百萬人民幣）	超額認購倍數	策略性投資者獲分配占比（%）
中國銀行	7/5/06	20,000	670,355	33.5	19.8
大秦鐵路	8/1/06	15,000	552,675	36.9	30.0
中國航空	8/18/06	4,589	44,586	9.7	21.4
北辰實業*	10/16/06	3,600	242,055	67.2	36.7
中國工商銀行	10/27/06	46,644	781,031	16.8	38.6
招商局集團	12/1/06	4,452	381,135	84.7	28.8
大唐國際*	12/20/06	3,340	303,841	91.8	39.4
廣深鐵路	12/22/06	10,332	450,682	43.7	33.9
中國人壽保險	1/9/07	28,320	832,541	29.4	40.0
興業銀行	2/5/07	15,996	1,163,348	72.7	30.0
中國平安保險	3/1/07	38,870	1,093,573	28.1	30.0
中信銀行	4/27/07	13,351	1,402,178	105.4	22.5
交通銀行*	5/15/07	25,204	1,454,352	57.7	30.0
中國遠洋	6/26/07	15,127	1,629,048	107.2	30.0
中國農業銀行	7/15/10	59,591	480,253	8.1	40.0

注：*已在海外上市的公司

資料來源：萬得資訊和作者的計算

來說，工銀的大型IPO中，有二十三個策略性投資者（包括一些資產管理公司）貢獻了180億人民幣（約22億美元）以確保該銀行上市成功（見表7.4）。所有這些投資者都是中央政府的企業，

表7.4　中國工商銀行的A股IPO中的策略性投資者

	名稱	獲分配股份價值 （十億人民幣）
1	中國人壽保險（集團）	2.0
2	中國人壽保險股份有限公司	2.0
3	中國太平洋保險股份有限公司	2.0
4	中國華融資產管理公司	1.5
5	中國平安保險股份有限公司	1.1
6	中國華能集團公司	1.0
7	中國廣東核電力集團公司	0.9
8	中糧集團股份有限公司	0.8
9	包頭鋼鐵集團有限公司	0.5
10	東風汽車公司	0.5
11	國家開發投資公司	0.5
12	首都機場集團公司	0.5
13	泰康人壽保險有限公司	0.5
14	太平洋人壽保險有限公司	0.5
15	中國五礦集團公司	0.5
16	新華人壽保險股份有限公司	0.5
17	中國東方資產管理公司	0.5
18	中國海洋石油總公司	0.5
19	中國再保險集團股份有限公司	0.5
20	中國長江電力股份有限公司	0.4
21	中國機械工業集團有限公司	0.4
22	中國核工業集團公司	0.3
23	華泰財產保險股份有限公司	0.2
	總金額	**18.0**

資料來源：二〇〇六年十月十七日，中國工銀之公開說明書

它們全都分配到全額的股票，認購金額占了總集募資金的38%。至於其他所有人則共投入了7,810億人民幣，但雖然工銀IPO的超額認購高達十七倍，但它第一天卻只小漲5%，顯見當時的初級市場有多麼疲弱，也因此可以了解到策略性投資者對於IPO成敗的重要性。

儘管如此，隨著市場逐漸回穩，當局又不再需要策略性投資者了；直至二〇一〇年七月，中國政府尋求為中國農業銀行完成一場全球最大規模的IPO，策略性投資者這才再度扮演關鍵角色。事實上，這一次的IPO並沒有得到廣泛的迴響，超額認購僅達八倍多一些，但多虧了二十七個策略性投資者貢獻了約當發行總額的40%資金，所以，光是在上海股市，農行就成功募集到接近90億美元。在這一批策略性配售股中，有50%的股票閉鎖期達十八個月，再次可看出農行的IPO有多弱。相較之下，建行在上海股市的IPO雖然比它少約10億美元，卻吸引到1.7兆人民幣（約2,100億美元）的抽籤申購金額；之後，中國中鐵集團的IPO也有4,000億美元的申購金額（見表7.6）。

這種辦法讓各個重要單位都很受用，它讓規模較大的IPO可以在公告前就先賣掉三分之一，所以發行失敗的風險就大大降低了。然而，更重要的是，它讓大型投資者能夠取得原本可望不可及的策略性集團股份。在下一節我們將會討論到，因為法規的緣故，這些股份受到閉鎖期的限制，而為了避險，這些大型投資者會大量參與沒有閉鎖期限制的網路公開申購；在正常情況下，這會讓它們賺得令人眼睛為之一亮的IPO報酬。對辦理IPO的國有企業來說，在IPO時讓「親朋好友」一起參與也是有利的，因為這麼一來，它將獲得這些事業單位的支持，只要開口召喚便可：

對方獲得好處的另一層意義就是，它們將來的某一天也得投桃報李。

　　從表7.5可以看到，在中國農行的IPO中有哪些「親朋好友」。最大型的投資者包括中國的幾家主要人壽保險公司，以及數個國家冠軍的金融業子公司；再往下看看名單上一百七十三個投資者，幾乎涵蓋了國資委旗下的國家隊全體成員，以及幾家資

表7.5　在中國農業銀行的A股IPO中的前二十名線下投資者

	名稱	獲配發股份價值 （百萬人民幣）
1	平安人壽保險約定帳戶	1,668.6
2	中國海洋石油全資子公司自營帳戶	1,195.4
2	生命人壽保險公司約定帳戶	1,195.4
3	人民保險公司管理帳戶	929.3
4	平安保險公司自營帳戶	896.6
5	中國太平洋保險公司管理帳戶	650.5
6	泰康人壽保險公司管理帳戶	525.3
7	中國電力財務公司自營帳戶	448.3
8	新華人壽保險約定帳戶	366.1
8	全國社會保障基金約定帳戶	335.9
9	中信信託約定帳戶	278.8
10	中航工業集團財務公司自營帳戶	149.4
10	德意志銀行QFII投資帳戶	149.4
11	嘉實滬深300指數基金	97.6
12	大亞灣核電財務公司自營帳戶	92.2
12	紅塔證券公司自營帳戶	92.2
13	博時穩定價值基金	83.4
14	易方達50基金	72.2
15	富國天益價值基金	55.8
15	景順增長基金	55.3

資料來源：二〇一〇年七月八日，中國農業銀行之公開說明書

表7.6　二〇〇六至二〇〇七年，接近上海股市大泡沫終點前的IPO

公司名	掛牌日期	IPO集資金額 （百萬人民幣）	總認購金額 （百萬人民幣）
西部礦業	7/12/07	6,201	1,513,153
南京銀行	7/19/07	6,930	1,038,148
北京銀行	9/19/07	15,000	1,895,082
中國建設銀行	9/25/07	58,050	2,260,607
中海油田服務	9/28/07	6,740	2,172,919
中國神華能源	10/9/07	66,582	2,667,983
中國石油	11/5/07	66,800	3,377,823
中國中鐵	12/3/07	22,440	3,388,054
國投新集能源	12/19/07	2,070	543,604
中海集裝箱運輸	12/12/07	15,468	2,642,019
遼寧出版	12/21/07	650	196,639
中國太平洋保險	12/25/07	30,000	2,830,185
中煤能源	2/11/08	25,671	3,124,485
中國鐵道建築	3/10/08	22,246	3,126,496
金堆城鉬業	4/17/08	8,915	2,257,595
紫金礦業	4/25/08	9,982	2,149,420
中國南車	8/18/08	6,540	2,269,547

資料來源：萬得資訊和作者的計算

產管理公司和向來利潤導向的兵器集團公司自營交易帳戶。這些線下友人們占了總發行額的20%。簡言之，農行在上海上市所募得的資金中，有60%是來自政府透過國家隊提供的支持。然而，在上市後第一天，農行的股價卻才上漲1%；相較之下，即便是在二〇一〇年疲乏不振的市況之下，市場整體平均都還有69%的漲幅。儘管這些投資者是基於政策因素而投入資金，但農行不怎麼亮眼的表現實在也激勵不了大家的信心。

事實上，農行的IPO是在上海股市二〇〇七年的大泡沫破滅

後才推出。自那年六月起，市場進入了這波激漲行情的末升段，在四個月內上漲了50%，達到接近6,100點的門檻。許多趕上這股熱潮的人都相信市場會在年底衝破10,000點大關。在這段期間，又有十七家公司在上海交易所上市，包括中國石油、中國神華能源和中國建行，而且它們都沒有採取正式的策略性投資者途徑（見表7.6）。理由很簡單：此時根本不需要！當時整個市場充斥流動性，上市幾乎保證成功。

並不是說這些IPO對小投資人來說毫無吸引力，而是幾乎不管是什麼市場環境，為了確保成功申購到股票而必須準備的平均押金金額，實在遠遠超出任何一位正常散戶投資人所能負擔的水準。在二〇〇六年中至二〇〇七年中，線上零散申購的平均投標金額接近70萬人民幣；到不再需要策略性投資者的二〇〇七年下半年，平均投標金額更激增至120萬人民幣。在這段期間，每一件IPO都有超過一百萬個線上投資人參與。因此，雖然散戶投資人是每一次申購數量提升的促進劑之一，但卻不是在線上募集到如此巨額押金的主要功臣，大型機構才是。

至於線下申購管道，涉及的金額可能令人十分吃驚。舉例來說，中國石油在上海股市的IPO中，有484個機構型投資者透過線下管道投標，並成功分配到股票，總數達整個發行量的25%。其中最小的一筆投標是來自家電生產商海爾，它最終分配到到2089股，並且從它的抽籤押金中取回164萬人民幣；最大的一筆投標是來自平安人壽，它旗下的數個獨立帳戶一共取得1.19億股，並且收回932億人民幣（約114億美元）的超額投標押金。第二大筆投標與平安人壽相去不遠，出手的是中國人壽；它分配到超過1億股，並拿回785億人民幣（約110億美元）的押金。

仔細檢視這四百多個機構型投資者清單，它幾乎可說是中國最頂尖的金融與工商企業名錄，其中甚至包括人民解放軍的兵武公司。

若如官方所言，當初設立證券交易所的初始目標之一是要確保黨能繼續掌握社會主義經濟的最高權力，那麼中國在股票方面的經驗可說是極為成功，遠超過任一合理預期。

皆大歡喜：初級市場的表現

除了上述這種股票抽籤遊戲規則創造出大規模的瘋狂押金風潮，證監會設定的股票評價機制也是引發中國的IPO熱潮的原因之一。簡單說，為確保股價在掛牌日當天大躍升，故即便市場需求高漲，股票仍然會蓄意折價發行（見表7.7）。這種作法也消除了承銷風險，所以證券公司就不必擔心承銷手續費收入太低，不足以彌補相關風險。然而，這一切都是要付出代價的；這種定價過程讓投資人在評價和判斷投資標的時，不需要花心思去了解相關企業或其所屬產業的情況。

既然整個程序已經被簡化成一條公式，承銷商當然也從來都不學習如何評估企業價值和價格風險。更糟的是，不論哪一種類型的投資人都不曾被告知任何和評估企業價值及其股票前景有關的知識，所有與投資風險有關的知識當然也是付之闕如。長時間下來的結果便是企業成了商品，而設法取得分配的股票（任何股票）成了唯一目標，這便是歷次IPO總是獲得瘋狂超額認購的重要原因。從另一個角度來看，中國的國家冠軍隊成員們的股票評價所表彰的，肯定不是中國的管理技巧、技術革新、創業雄心，或是真實的企業成長；反之，這些評價說明的是，當情勢迫在眉

表7.7　A股掛牌日的股價表現

年份	新上市股票數量	平均掛牌日漲幅（%）	平均掛牌日周轉率*（%）
2010	127	47	69
2009	99	74	79
2008	77	115	80
2007	126	193	65
2006	66	84	70
2005	14	48	58
2004	100	70	55
2003	67	72	52
2002	68	134	62
2001	77	138	64
2000	135	152	59
1999	93	113	60
1998	92	149	62

注：*表示掛牌日當天實際售出股數相對於首日可售出股數的百分比
資料來源：萬得資訊；作者的計算；二〇一〇年的資料只到三月三十一日。

睫時，國家有絕對的自信可以掌控好市場指數，讓它維持走高，並讓國家的持股繼續增值。正因如此，中國的投資者將他們的股票市場稱作「政策市場」：市場總是隨著投資人對政府政策走向的期望而波動，而不是隨企業的表現波動；換言之，在中國，創造價值的是政府，而非企業。

　　雖然上述因素使得我們無法以價格來衡量企業營運展望的相關風險，但價格依舊扮演了重要角色。如同先前所言，證監會的這個公式造成股票評價全部遠低於市場普遍需求，所以，股票在掛牌日出現兩位數甚至三位數價格漲幅的現象成了一般常態。換言之，中國的監管者要求企業和承銷商以全然不同於西方股市的

作法來為他們的股票定價；在終極大老闆——國家——的壓迫下，企業其實是拿他們價值兩元的股票來換一元現金。

　　從國際觀點來看，企業因這種作法而蒙受了非常驚人的損失。舉個極端的例子吧，如中國石油，這家公司在上海IPO時募集到670億人民幣（約92億美元），但它收到3.4兆人民幣的申購押金。從圖7.5可以看到它的真實股價與根據實質需求而估算出來的市場清算價格之間的差異；如圖所示，中國石油的偏低定價意謂著它留下了450億人民幣（約62億美元）給親友團瓜分。正如預期，在中國石油的掛牌日，它的股價一下子跳升了200%，使得其市值一度短暫突破1兆美元。從一個已開發市場的觀點來看，這根本是一種犯罪行為；再考量到賤賣國家資產這一層，這在國資委眼中更應該是個嚴重的罪行。對企業本身而言，一個精明的董事長應該會納悶，為什麼他會在次級市場以僅僅約當實際價值的三分之一的價格賣掉公司10%股份；換言之，他等於是在上市首日以35億美元賣掉了價值94億美元的股票。這種情況若是出現在任何一個國際市場，這位董事長肯定會毫不遲疑地解雇他的投資銀行，而且下一步就是換他自己被董事會炒魷魚。

　　然而，如前所示，中國政府幾乎沒損失一毛半角：這筆錢不過是轉個手，交給其他國有企業——也就是參加事先安排好的股票抽籤的那些親朋好友們罷了。由此看來，IPO在中國的作用似乎只是要將資金重新分配到各個國有實體而已；可能的話，才會有一些錢流入末端的散戶投資客和共同基金持有人手裡，以緩和一下世人的觀感，這種市場顛覆特性打造出諸如中國神華能源董座陳必亭這樣的人物，他可能一點也不覺得諷刺地就能說出：「掛牌當天的股價符合我們的預期，但我還是有那麼點失望。」[9]

他惋惜的是，神華上市第一天的股價只上漲了87%，而這個漲幅僅能給他的朋友們留下150億人民幣的利益。如此慷慨的大氣正好彰顯了二〇〇七年股市泡沫化高點的特色，而陳必亭顯然期待自家公司的股價能翻倍。如果他經營的是中國石油，那他就會開心多了；畢竟，中國石油的董座蔣洁敏似乎對他的夥伴們問心無愧，他深知自己已經對他們和為他們撐腰的黨回饋良多。更重要的是，他知道一旦自己有所需，這些親朋好友們都會出面支持他。

　　名列在黨核心「名單」中的機構沒有一個是完全獨立的，唯

圖7.5　留給親友團的錢：第一天在次級市場上的股價與IPO的承銷價之間的差異

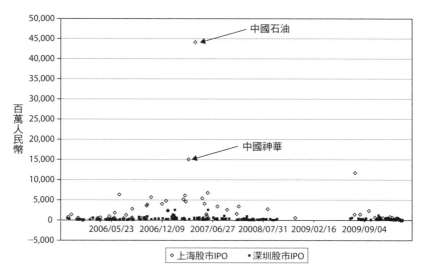

注：圖表中的點點代表：掛牌首日的每股價格減去IPO的每股承銷價，再乘上掛牌日當天於次級市場售出的股票數。
資料來源：萬得資訊和作者的計算

一的組織就是黨，而且它並不在乎哪件事是由哪個單位來做。另一方面，工銀在上海股市辦理IPO時，兩家金融資產管理公司一下子就透過投資工銀股票而賺到了足以支付人民銀行利息和銀行債券利息的錢，只要想想當時的它們因此而鬆了一大口氣的樣子，就會知道這一切好像真的很值得。

誰的熱錢？：交易市場

當IPO的價格偏低，交易市場上又有大量的流動性時，股票市場的金錢機器就會發揮它的最佳運轉效能。閉鎖在眾多國有投資者手中的策略性投資持股的價格會因為這種環境的驅使而走高；就如同IPO市場的情形，即便國家想要讓我們以為這些錢是來自散戶，但實際上並非如此。大約自一九九五年至今，中國的次級市場都是受到機構型交易者——國有企業和政府機構——掌控，它們的投資決策直接影響市場指數的波動。縱使大部分的證據都只是傳聞，但估計二〇〇七年的企業獲利中，至少有20%來自股票交易。筆者本身就曾接過一通近日上市的企業來電，因為如今該公司管理層擁有一些現金在手，便想詢問如何設立股票交易部門。既然能實現比銀行存款利率還高的報酬率，又可以輕鬆地掩飾交易內幕，企業的財務主管怎麼可能不打鐵趁熱，在市場還發燒時多賺一些簡單的熱錢呢？

雖然只是以稀少的公開資訊為基礎，我們還是透過表7.8列出了二〇〇六年年底中國A股投資者的類型，那時市場正開始進入史無前例的大漲行情。儘管二〇〇五年當局推行了一連串市場改革，但國有投資者原先以不同方式持有的股票依舊閉鎖在他們手中，因此，流通市值是一個已知數據；二〇〇六年會計年度的

表7.8　二○○六年十二月三十一日，中國各股市的投資者

	十億美元	占總數百分比 (%)
A股總市值	1,318	100.0
減去：三年閉鎖期股票的市值	913	69.3
流通市值總額	405	100.0
可辨識的機構投資者總數，包括：	100	24.7
一國內基金（實際數額）	60	14.8
一合格的境外機構投資者（現有總配額的100%）	20	4.9
一證券公司（估值）	10	2.5
一全國社會保障基金（已獲准限額的100%）	5	1.2
一保險公司（已獲准限額的100%）	5	1.2
估計散戶投資者	60	14.8
估計其他投資者，包括：	245	60.5
一政府機構	115	28.4
一國營企業	65	16.0
一大型私人投資者	65	16.0

資料來源：《中國經濟研究季刊2007年一季度》（*China Economic Quarterly 2007 Q1*）頁11

流通市值總額是4,050億美元。國內共同基金的數據是每季發布，而散戶數字的推估基礎是假設一半的散戶投資者會透過共同基金來投資，另一半則是直接投資。如果正確無誤，這意謂散戶投資客占了交易市場的30%；這算是很高的估值了。此外，合格境外機構投資者（Qualified Foreign Institutional Investor, QFII）的總配額是眾所周知的，儘管這一個類別的實際投資規模並不確定；還有，全國社會保障基金（NSSF）與保險公司的可投資股數的限制也都是已知的。以上三種情況有一個共同的假設：他們將獲准的配額全數投入股票市場；這就使得估值達到了300億美元。若是從流通市場中剔除掉上述這些可知的資金來源，意謂在

二〇〇六年底，有大約60%、即2,450億美元的流通A股無法歸類到任一個可辨識的投資者類型。

擁有這些代表多數的流通A股的不知名投資者是誰？幾乎可以肯定的是，其中包括了許多海外的中國鉅子，他們擁有必要的手段可規避中國對於A股設下的海外個人投資限制。更有趣的是，在二〇〇六年市場一路急漲的過程中，國內財金記者圈內流傳了一個說法，光是中國軍隊和警方就匯回了1,200億美元，而且全數投入股票投資。雖然這個數字聽起來有點誇張，但他們應該還是可能匯回一筆資金，在二〇〇六年市場剛要起漲投入國內投資，享受增值的利益，只不過金額也許不像前述數字那麼大。無論如何，有一件事是肯定的，國有企業和政府機構除了持有受到閉鎖期限制的股票，至少還持有約1,800億美元左右的流通股。

是賭場、是成就，或者兩者兼是？

上海和深圳交易所成立已近二十年。如果它們仍然被視為賭場，那又怎麼能如此成功呢？它們是如何成為一般公認的中國經濟改革指標，又是如何在中國的經濟模型中爭取到如此核心的角色？答案很簡單：股市可以讓你賺大錢。驅動市場的力量是流動性和投機行為，而眾所周知，常見於中國企業的專斷商業決策，主要是受政治的影響，而非利潤考量；畢竟這些公司實質上都是共產黨和及相關家族的財產，政治考量當然會凌駕利潤考量。

對於已開發市場的投資者來說，這種市場也許看起來很令人氣餒和怯步；但對中國人來說，他們長久以來已經習慣在一個充滿政治干預和矛盾訊號的無人管制區裡運作。沒有什麼能夠阻止

他們操弄市場或是被市場玩弄：如果你以一股10元人民幣買進股票，然後以一股15元人民幣賣出，你就賺進了扎扎實實的5元人民幣；然而，若是把錢存在銀行或是投入債市，幾乎無法得到同等的報酬，因為中國的利率是為了嘉惠國有借貸人而設定的，可不會考慮到放款者的好處，所以債市的實質收益是不會超過通貨膨脹率的。

在中國，唯有透過擁有房產或是投入股市才能賺到這種實質收益，其中又以股市比較受人喜愛，因為它的彈性比房產市場來得大（而不是因為有辦法的人無法同時投入兩個市場）。股市的規模比較小，但是它的流動性卻要比房產市場高上許多。股票市場上與利率意義相當的是本益比（PE值），只要市場承受得起，它都可以自由地飆升。二〇〇六至二〇〇七年是中國的黃金牛市，市場表現一片大好，當時整體上海交易所PE值從十五倍大幅上升到接近五十倍。股票評價以此種方式擴張，換算起來的價格上漲空間確實很大。

中國的市場沒有真正的股票投資人：每個人都是投機份子。歷史教訓和苦澀的經驗給中國人上了一課：人生無常、不確定性太高，以致不必考慮長期。這種想法自然會形成一個充斥短線交易者的市場，人人都夢想著快速回報。唯一的投資人是國家本身，而它早已擁有一支國家冠軍隊了。相反的，已開發市場的所有權比中國分散非常多；大型公司根本不會有掌握50%以上股權的主導型股東。舉例來說，瑞士最大銀行集團「瑞銀」（UBS）的最大股東是新加坡政府投資公司（Government Investment Company of Singapore），而它的持股僅7%。對照中國銀行的情形：即使在IPO之後，銀行的最大股東「匯金」仍然持有67.5%

的股份。

既然中國的股市（包括香港）並非決定企業控制權歸誰的場域，當我們通盤考量一間公司時，股票定價的重要性就微乎其微了，因為這裡的企業永遠不會出售。這就是為什麼中國沒有真正的企業併購，也幾乎看不到非國有私人企業收購上市國有企業的事情發生。相反的，政府會命令市場合併，而作法是以非常武斷的估值將已上市和未上市的資產混雜在一起；這麼做導致股價變成一種單純反映特定時點之市場流動性和需求的表徵。高市場交易量是中國市場最具誤導性的特質，因為它讓外部觀察家誤以為中國市場擁有良好的秩序及發展，高成交量增添群眾的信心，讓人誤以為價格是在反映這個經濟體或某一間公司的未來展望。但事實上，在中國，高交易量只不過意味它的流動性過剩罷了。

所有市場都會受許多不同驅動因子共同影響，包括流動性（體系內有多少金錢）；投機性（利用市場波動賺取利潤的信念）；以及經濟基本面（上市企業的根本前景和表現）。一般認為中國市場的表現與該國真正的經濟基本面是脫節的，只要粗略地比較一下GDP成長率和市場表現就可以看出兩者之間的相關性非常微小。只要中國A股忽略經濟基本面，這裡的市場就永遠會被視為賭場，對大多數投資者來說，這些市場的風險太大。然而，中國的投資者卻出於本能地了解自己為什麼下單買股票——因為他們相信股價一定會走高——不是因為發行股票的公司本季表現耀眼，或是國家經濟經濟成長率正在創新高。

一九九〇年代為發展市場所做的努力，大多是為了藉由創造或導入更多長期機構投資人（如同已開發市場的情況）來強化這個基本的經濟部門。一九九〇年代末期，證監會也是基於這樣的

發想而打造了整個國內共同基金業。二○○二年，透過合格境外機構投資者制度引進海外投資人，也是朝這個方向前進的另一項措施。國內外券商發行愈來愈多企業及經濟研究報告，也全都是本著一個信念：中國市場正在（或說是將會）回歸基本面，而且受到由下而上的力量所驅動。

　　然而，這所有的努力都搞錯了方向。讓市場變成賭場的真正原因並非股票研究工作的不足，而是因為缺乏願意遵守市場和投資者規範的負責企業。如果中國這些大型企業的董事長或執行長不那麼在意國資委，當然就更不會把上海證券交易所或大批的國內股票分析師放在眼裡。執行長清楚明白，他的公司握有足以確保自家股票亮麗表現的資源。畢竟國家冠軍隊成員稱霸中國的股票市場，占有總市值最大比例，也擁有最高的成交值和募得資金。

　　如今，在深圳的中小企業板（SME）和創業板（ChiNext）掛牌的私人公司愈來愈多，這個現象固然令人興奮，但這些公司的規模相對於廣大的市場環境而言，實在是超級迷你，只有少數幾個例外。就算投資人可以在中小企業板和創業板的市場上應用國際市場常見的投資分析，但他要如何拿中國石油與艾克森美孚石油相比？畢竟中國石油將近85%的股份都掌控在國家手中，而且只要黨還握有勢力，這個現象就不會改變。同樣的情況也適用於中國移動和中國聯通（China Unicom）；它們真的能和沃達豐（Vodafone）、美國的T-Mobile或是印度的巴第電信（Bharti Airtel）相比嗎？國外電信業者迄今仍被排拒在中國市場之外，這意謂中國移動和中國聯通還享有安穩的雙頭寡占地位。目前這種特權地位讓它們無須接受全球同業對手所要面臨的監管或市場

制衡。

從各個國家冠軍全都積極把握機會投資中國這些突然資本不足的銀行，便可看出一個問題：究竟這些國家冠軍算是真正的企業嗎？或者它們只不過是政府的延伸？要不然我們該怎麼看待中國移動以高達58億美元收購上海浦東發展銀行20%策略性股權的事實？還有，要怎麼看待中國聯通對交通銀行的投資案？

寓意

這整個活動中處處可見證監會和國家的影子。國家參與市場的每一個階段，它扮演監管者、政策制訂者、投資者，還有母公司、上市公司、經紀商、銀行和銀行家等多重角色。簡言之，國家扮演了中國主要國有企業的幕僚。隨著國家隊的成型，加上它的管理高層可一路直擣政治權力的核心，在這種情況下，我們還能指望中國推動真正的公司治理改革嗎？這些高層人士是否有可能接受一個握有實權的新「超級監管者」（Super Regulator），允許它掌控市場和並管理他們的行為？現有的監管者已經站在他們這一邊，努力確保將市場調整到對這些人士有利的狀態，在這種情況下，他們有何理由讓外國人來指導他們市場該如何運作才能產生重大影響？所以，不必期待中國會開放任何有意義的國外參與。事實上，隨著中國的證券公司、法律事務所和查帳人員主張維護自己的權力，而且中國式的監管法規也從上海延伸至香港，外國人的影響力甚至可以預期將遭到進一步限縮。

二〇〇九年年底，朝這個方向前進的第一步實質作為確實發生了。香港交易所暗示，它將接受通過中國財政部或證監會審查

的中國會計師事務所為在香港掛牌的中國公司進行查帳工作。由於中國的查帳人員薪資比其他大型國際公司便宜許多，此舉在表面上看起來是要讓香港變得更能和上海競爭。然而，既然公開揭露資料的品質和可信度是一切的關鍵，海外投資人怎敢期待一個只收取三分之一費用的本土機構能為愈來愈複雜的全國性企業製作出有意義的財務報表？再說到財政部或監管會的審查，我們可以預期大概會有很多公司合格，而且這些公司會殷勤地滿足國家隊成員的需求。如果海外投資銀行和其他機構正在努力打入中國市場，那唯一的理由可能是因為他們深知自己留在遍地黃金的香港市場的時日已不多了。

自從中國人壽二○○三年在紐約證券交易所的IPO因可能違反沙賓法案（Sarbanes-Oxley Acts）而受到調查（結果是沒有違反），再也沒有任何一個國家隊成員到紐約掛牌。取而代之地，香港成了另一個替代選項。如今，海外歸國的企業都移往上海，如同一位國有企業董事長所言，在上海辦事「稍微容易一些」。如果考慮到中國當初為何要對國際股票發行大開門戶，那麼這些事件顯然頗為諷刺。當朱鎔基在一九九三年放行海外掛牌，其中一個關鍵因素就是期待香港監管者更為專業和講究的標準以及國際上的法律、會計準則可以提升中國企業的管理能力。朱鎔基會相信在短短不到二十年的期間，他對中國國有企業及其管理階層所設下的目標已經達成了嗎？

附注：

1　國家發改委的前身是國家計畫委員會，成立於一九五二年，並於一九九八年改名為國家發展計畫委員會。二○○三年，它與國務院經濟體制改

革辦公室以及一部分的國家經濟貿易委員會合併，正式改組成國家發改委。

2　見 Kjeld Erik Brodsgaard, "Politics and business group formation in China—the party in control?" 未發表手稿，April 2010。

3　譯注：這是一種附著於既存社會體制中，權力地位不平等的雙方經由利益交換而形成的特殊互惠關係。

4　如果找得到，見《財經》176, January 8, 2007: 28-44. 這一期在上市當天就被勒令全面下架。

5　Ibid., 42.

6　見 Walter and Howie 2006: Chapters 9 and 10.

7　目前有兩大類投資者：1）策略性投資者，在一筆交易正式公告前就參與，會取得所有認購的股份，但必須受限於一年的閉鎖期；2）在正式公告後才參與的投資者，又可分為兩類：a）一般法人投資者，必須受限於三個月的閉鎖期；b）線上投資者，其中包括散戶和其他想要參與的投資者，他們不受限於任何閉鎖期。在最後這一類型中，投資者必須參加抽籤才能配發到股票。

8　譯注：意指投資人必須經過一段時間才可以辦理領回，在這段期間將不得出售股票。

9　〈神華上市大漲87%，眾煤炭股黯然失色〉，《南方日報》，二〇〇七年十月十日。

第八章

紫禁城

頂著金色屋瓦的宮殿、氣勢恢宏的護城河、隱蔽幽靜的後花園，以及雕工精美的龍——紫禁城，是中國首都的中心。這不只是中國、更是世界的傑作，全球一半以上的人想必都曾經走過那偌大的庭園。其驚人的結構布局也許還超越了元朝、明朝和清朝遺下的所有豐碩資產，並且直指中國組織文化的核心。

跨過午門、進入宮中，眼前開展的寬廣空間將會令你震懾，四周環繞著若隱若現的外牆。一穿越這些巨大的城牆，遊客得走過金水河上以漢白玉石砌成的橋才能前往太和門。接著，你將會來到一個更遼闊的空間，其規模足以折服所有人，城牆彷彿退至千里之外，不再重要。庭園的整體設計令人讚嘆不已，似乎被天和地團團包覆著；然而，當你更深入城內，空間似乎變小了，細長連綿的庭廊穿插著一個個小門，這兒那兒的。遠方宏偉的城牆逐漸逼近，無論你從哪個角度望過去，它都能橫亙在你的視線之前。

即使在你終於要踏進御花園之前，看到它狹窄的空間、岩石散布的花園和高聳入天的欽安殿，遊客會逐漸意識到自己，如同這裡的花草樹木，都被困在這繁複的設計當中。宮殿入口的巨大

空間其實只是假象，因為事實上，身處其中的人只有抬頭向上，才能看到城牆以外之處。只有傲視天下的皇帝可以看透這些個或大或小的庭園；其他人只能受限於自己分配到的空間、做著自己被分配的活動，任憑一道道牆分隔每一座庭院，也將他們與宮裡的其他人事物分開。只有皇帝有權利干涉每個人的活動，也只有他能了解每個人的分工是如何設計的。

皇朝時期紫禁城的運作方式，正可作為現今中國政府與其政治操作的隱喻。北京就是中國的中心，它的權力分割一如紫禁城的構造，是一個複雜的迷宮。每個人只有一條向上通報的管道，一路延伸至黨總書記（雖然名義上是透過國務院到達總理和人民大會）。除非由黨的總書記下達指令，否則在這麼多的政府機構之間要做好協調和整合工作是很困難且費時的。少了強而有力的領導者，每個官方單位會在自己的權力範圍內運作的同時，又小心保衛著自己的後花園出入口。若想與皇帝一同站上城牆頂端，不是得套關係，要不就得竭盡所能地吹噓自己小不啷噹的成就，或者兩者並進。當然，也有一些人可能偏好待在後花園裡追求自己的利益。

誠如國家開發銀行試圖在債券市場中取代財政部的地位，以及財政部與中國人民銀行為掌控主要銀行所有權而展開的拉鋸戰等所示，在這些歷史遺跡的高牆裡頭，確實有許多掠奪行徑正在進行著。當然，也有一些盲目的模仿行為。中國證監會帶著旗下的證券公司和股票市場盤踞在一邊山頭；另一頭，中國銀行業監督委員會（簡稱「銀監會」）則有自己的投資銀行平台、信託公司，並且對債市握有絕對影響力。此外，我們要如何解釋國資委那遲來的新聞稿，聲稱它已經仿效中投公司，打造出自己的主權

基金？或者，我們該如何解釋複製華安投資[1]的中央匯金？當然，如果跳過這些相對專業化的實體，直接看看大型國有企業的情況，那會容易許多。當中國石油公司代表政府取得眾多海外公司的經營權，它是否也算是一個主權基金呢？這一切的一切讓我們不得不問一個單純的問題：在中國，有誰不是主權基金？

只有一個夠強勢的總理或黨書記可以整合這些運作，以確保所有事物都循著黨的整體目標運行；也只有他們可以引領眾多政府或黨的領導團隊，同時將所有成本最小化。但若是缺乏強而有力的領導者，各個特殊利益團體就會趁虛而入、占盡便宜。一個主事財政的副總理可能了解自己的工作職責，然而除非總書記聽得進他的話，否則一切也是枉然。一名人民銀行的行長也許能明察金融迷霧中的關鍵課題，但他若是無法獲得支持，所有事務就必須臣服於政治妥協。而另一方面，對於國家隊來說，監管當然是愈少愈好。

金融皇帝

這個觀點說明了一個事實：儘管中國證券市場有著重重缺陷，但它還是達成了驚人的成果。自一九九二年起，歷史悠久的中國頭一遭有了一個全國性的資本市場，而且資本可以在政府管轄範圍內暢行無阻。不僅如此，一開始，這些市場更受到單一「皇帝」的監督，也就是中國人民銀行。人民銀行（或者更精準地說，是人民銀行在各省勢力強大的分行與地方黨部的合作）可說是一九八〇年代末期市場發展的強大推手。當時的人民銀行副行長劉鴻儒普遍被視為股市教父。一九八八年，人民銀行負責監

督中國最早的三十四間證券公司的成立。自一九八五年起，人民銀行深圳分行也在發展金融市場基礎建設和監管機制方面扮演關鍵角色，而人民銀行總部則負責政府和市場股東之間的重要協調工作。要是少了人民銀行的原創計畫與支持，中國的股份及股票市場實驗可能早已夭折。除此之外，人民銀行的贊助為中國企業開啟了海外市場IPO的大門；就如一九九二年十月的那起轟動事件，一家中國國有企業史無前例地在紐約證券交易所掛牌上市。如果依舊採用共識決的領導模式，這類的英勇作為恐怕永遠不可能成真。

經過一九九〇年代的一系列事件，一個支離破碎的監管環境逐漸成形，特別是在一九九七年朱鎔基將國債市場從證券交易所獨立出來，並將證監會對銀行間市場的監管權轉移給人民銀行之後。而這還只是一個開端，到二〇〇三年，四大類債券商品由七個監管者負責，股票與商品的管理也被分割出去。每個監管者都分別支持一組金融機構或市場——人民銀行有債券市場；證監會和發改委有證券公司和商品經紀商；財政部掌控銀行；銀監會則管理信託公司；至於保險公司和私募基金，則是由中國保險監督管理委員會（簡稱「保監會」）負責。如今，連發改委都在尋求能讓它取得進入金融市場的門票的特殊工具。結果，資本市場被分割成一個個小的特殊利益領域，參與其中的每一個團體成員都能在自家大老闆的協助下，保證分得一杯羹（見圖8.1）。

倒不是說單一的「超級監管者」是協調中國各個資本市場的唯一方法。每一個部門需要不同的監管者是有道理的；畢竟股票經紀業不是銀行業，反之亦然。麻煩在於，中國的各個監管者已經在過去數年間建立了屬於自己的獨立王國；少了一個強而有力

圖8.1　二〇〇九年會計年度，依監管者和商業受益者分類的資本市場產品

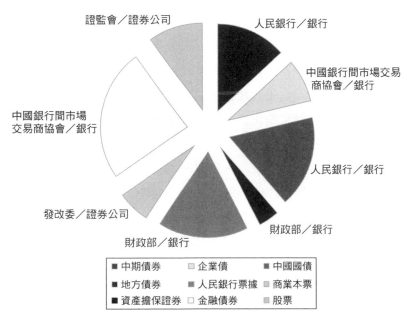

證監會／證券公司

人民銀行／銀行

中國銀行間市場交易商協會／銀行

中國銀行間市場
交易商協會／銀行

人民銀行／銀行

發改委／證券公司

財政部／銀行

財政部／銀行

■ 中期債券	▢ 企業債	■ 中國國債
■ 地方債券	■ 人民銀行票據	▢ 商業本票
■ 資產擔保證券	▢ 金融債券	▢ 股票

資料來源：萬得資訊

的政治領導角色，要想在這些封地之間做有效率的協調就變得非常困難。

如果是在一九九〇年代，缺乏統合的市場監管者可能比較無關緊要，畢竟當時銀行幾乎是中國經濟體系唯一的資本來源。然而，經過亞洲金融風暴的侵襲，朱鎔基計畫以激進的手段重組四大銀行，這就需要透過一個更具整合性的途徑。為了解決系統性風險的問題，一個更大的計畫應運而生，而銀行資本重組不過是其中的一部分。但是一個整合性解決方案需要許多不同的政府機

構一起協調與支持，像是財政部、國家計畫委員會／發改委、證監會和人民銀行。那麼，誰要領頭呢？在朱鎔基二〇〇三年任期結束之前，他很樂意、也有能力領導金融改革；自一九九八年開始組織起來的動能一直延續到二〇〇五年才漸緩。然而，在朱鎔基消失於幕前之後，人民銀行原本企圖在二〇〇五年將這些改革加以制度化，並一肩擔起超級金融監管者的重任；可惜的是，由財政部領頭的現狀支持者們旋即做出了反擊，力道之大讓這次統合行動完全停擺。

就如先前幾章所提及的，當財政部從人民銀行手中取回對銀行的掌控，中國的金融體系實為這樣的官僚報復付出極高的代價。外國投資者透過參與銀行IPO，其實等於是支付了一筆頭期款供各銀行發放現金股利給財政部，讓它得以正常履行其特殊債券的付息作業。至於中國的主要銀行，則成了財政部取得這項利息支出財源的簡便管道，而財政部當初因重組工銀和農行而欠下的特殊應收款，也是以這些財源支應。看起來，有了銀行幫財政部支付利息行，國家財政預算就毋須承擔這筆支出。也許這可以解釋為何人民銀行的中央存管記錄中再也沒有特殊債券的項目；二〇〇七年十二月三十一日後，這些債券就這麼無聲無息地消失了。除此之外，自二〇〇九年起，主要銀行因巨額股利發放而產生了資本缺口，不得不增募700億美元的等量資金來填補。更難看的是，新成立的主權基金竟剎那間成了整個銀行體制的核心。

這就是整個金融體系複雜度稱霸天下，又缺乏所謂「金融皇帝」統管一切所要付出的代價。從二〇〇五年起，有些人就開始提出單一金融監管實體的構想，但始終無法形成任何有意義的討論，只有一個點子好像例外：一個包括所有利害關係人的「超級

協調委員會」。然而，這樣的一個機關早在一九八〇年代末期就曾存在過，而且最終證實是個失敗之作。如果連各個監管機關的協調會議都因大家時間喬不攏而流會，又要怎麼決定那個樣一個委員會應該由誰來領導？

朱紅高牆背後的真相

所以，少了一個可以領導改革的強勢鬥士，這種各自為政的現狀當然就更鞏固了；體制內的主要利害關係人穩當地待在自己的後花園裡積極追求私利，特別是竭盡所能地從銀行挖走更多的錢財。鐵道部過去幾年間激進擴張的現象還能有什麼其他理由？在協調成效不彰的情況下，各方的資金追逐賽很快就導致中國公共債務負擔大幅加重，表8.1的數據即闡明了不同利害關係人對中國公共債務存量的「貢獻」。基於簡化目的，二〇一二年預估值的唯一變化是地方政府債務和不良貸款的估計值，因為這兩個範疇的不確定性最高。我們的目的只是要呈現出已累積的債務規模，而估計值本來就只是個參考罷了。

表8.1　中國公共債務，二〇〇九年至二〇一二年（預估）

注	百萬人民幣	2009	2010	%GDP	2012	%GDP
	二〇〇九年和二〇一〇年的實質GDP，二〇一一年和二〇一二年的預期GDP	33,535	39,798		47,371	
1	GDP成長率	9.2%	10.3%		9.1%	
	A）中央政府債務					
2	中央政府	5,541	6,263	15.7	7,455	15.7
3	財政部應收款：工銀、農行、信達	808	778	1.4	778	1.6

4	財政部應收款：金融平台	0	0	0.0	2,150	4.5
5	財政部一九九八年與二○○七年特殊債券	1,820	1,820	4.5	1,820	3.8
6	中國國家開發銀行債券	3,201	3,681	9.3	3,681	7.8
6	農業發展銀行債券	811	927	2.3	927	2.0
6	進出口銀行債券	438	553	1.4	553	1.2
7	鐵道部債券	396	586	1.5	586	1.2
8	四大銀行次順位債券	486	531	1.3	531	1.1
	小計：中央債務	13,501	15,139	38.0	18,481	39.0
	B）地方政府債務					
9	a. 目前尚未償還之地方債務	7,800	7,800	19.6	10,700	22.6
10	b. 舉借新地方債務	2,900		7.3	6,000	12.7
11	c. 財政部承擔2兆2,000億地方債務				(2,150)	(4.5)
	小計：地方債務	7,800	10,700	26.9	14,550	30.7
	小計：地方＋中央債務	21,301	25,839	64.9	33,031	
	C）不良債權					
12	a. 資產管理公司的未清償債權	2,111	1,860	4.7	1,860	3.9
13	b. 二○○九年至二○一○年非地方政府貸款的20%不良債權率				3,440	7.3
14	c. 二○一○年會計年度的現存銀行不良債權	504	434	1.1	434	1.0
	小計：不良債權	2,615	2,294	5.8	5,734	12.1
	累計政府債務	23,916	28,133		38,765	
	公共債務占GDP比例	71.3%		70.7		81.8

注：1）至二○一二年的年度GDP成長率是9.1%；2）中央政府、中國國債加上GDP成長率；3）財政部應收款的數據是根據銀行經查核之財務報表，信達公司的數據則是來自《財經》雜誌；4）作者的估計；5）財政部特殊債券的本金也是財政部的債務；6）政策性銀行債券的數據來自中國債券網；7）鐵道部代表直接政府部會債務，而非子公司債務；資料來源：萬得資訊；8）銀行次順位債券；資料來源：銀監會；9）二○○九年地方政府債務，《華爾街日報》，二○一○年五月四日；二○一○年地方債務，資料來源：中國國家審計署；10）新增4兆人民幣的地方政府債務，見《經濟觀察報》，二○一○年五月十日，頁3；作者預估3兆人民幣；11）北京當局洩露地方呆帳估計有2~3兆人民幣，《經濟觀察報》，二○一一年六月二日；作者的預估值比較低；12）表3.4減掉信達二○一○年對工銀的還款；13）未來不良債權是根據20%的非地方政府貸款淨額計算而來，亦即二○○九年和二○一○年共27兆9,000億人民幣的總社會融資減掉10兆7,000億人民幣的地方債務，等於17兆2,000億人民幣；14）資料來源：銀監會。

　　這些數字代表了債務責任，不過並不是暗示這些債務所支應的資產、服務或活動一文不值；然而，大家如今已經普遍接受，到某個時點，這類負債的金額可能會累積到令一國經濟體系難以承擔的水準。當政府把更多的錢花在管理債務和搶救銀行，而非投資任何可以創造成長的計畫時，這種負擔就會開始對經濟成長造成阻礙。日本就是最顯著的例子，其他國家像是南韓、英國也一樣；而演變至今，美國大概也進入了這列隊伍中。以政府債務的衡量標準來說，國際間似乎存在著兩條相對武斷的紅線：一條是在一九九二年簽定的馬斯垂克條約中，將債務／GDP的比率設定在60%；另一條則是最近一份有關金融危機的研究所歸納出的80%。

　　表8.1顯示，以中國來說，如果政府債務的定義只涵蓋財政部（代表主權）負債，那中國在二○一○年會計年度的債務／GDP比率大約只有16%左右，明顯低於上述兩個標準。這是一個普遍觀點，但它忽略了北京當局高速從中央計畫經濟轉型為市場經濟的現實：儘管中國具備各種市場要素，國家仍然幾乎擁有並掌控一切。一九七九年剛開始改革時，中國的國家預算幾乎無所不包，甚至涵蓋基礎建設的投資和國有企業負責的擴張計畫。今日，國家預算已不再列入這類計畫，那些變成是政策性銀行、鐵道部、國有企業本身，或是二○○八年起的大型商業銀行的責任。

　　在以上項目中，屬於準主權實體（只要不算完整主權的都包含在內）的債務，都應該算是中國公共債務的一部分。基於討論的目的，我們把鐵道部、政策性銀行、大型國營銀行的次順位債券，以及財政部在國家預算之外承擔的所有已知債務，都視為中

國的主權債務的一部分（隨後會再包括國有企業的債務）。雖然國家預算不需直接負責支付這些債務的利息，但還是必須將它們列入，因為一旦事情搞砸了，北京當局還是得被迫出面承受這些本金的還款義務。若是將這些債務計入，則中國的國債在二○一○年會加倍，但依舊維持在38%這個令人安心的水平。

要討論政府債務問題，一定不能漏掉地方政府的債務，它毫無疑問地屬於中國主權債務不可切割的一部分。一直以來，北京當局都知道這項債務的存在，也知道它的規模很可觀。然而，黨卻感到很矛盾：它真的想探查真實的狀況嗎？畢竟多數成功的黨領導人的政治生涯中，必定有某個時點曾在省級單位服務。既然在定義上，地方預算受到嚴重限制，那對於一個有野心的黨領導人來說，利用各種創意籌措資金──其中有許多手段是禁不起檢視的──遂成了唯一選擇；因此，這些領導人當然希望最好不要啟動這種檢視機制。四個不同行政層級的地方政府總共包含超過八千個實體，誠如第五章所示，地方債務存量因二○○八年的經濟刺激計畫而激增。

二○一○年初，北京當局承認地方債務的規模達到7兆8000多億──占GDP的23%。過不了多久，大家都認為這個數字被低估了，因為為了完成已經開展的計畫，地方政府勢必得借更多新貸款，當時據說這個數字大概是4兆人民幣。隨後，國家審計署展開一份深入研究，並且在二○一一年年中彙整出一份詳細的報告，裡頭指出，二○一○年年底的地方債務規模是10兆7000億人民幣，占GDP的27%，而且大約是二○○九年和二○一○年社會融資數字的三分之一（見圖3.10）。基於地方政府、銀行、信託及擔保公司和資金雄厚的國有企業之間的互動創造了很

多可能的創意融資途徑，所以信用融資總額毫無疑問地將進一步擴大。在此我們利用的是二〇一〇年審計署的數字，雖然它的審計範圍只涵蓋了六千多個實體，遠不及實際的總數，但無論如何，這終究是官方數字。若把這個數字加到中央政府總債務，則債務／GDP比率就達到65%。展望未來，到二〇一二年為止，每年還會增加3兆人民幣的新借款。

這些貸款當中，究竟有多少會變成呆帳？屆時缺乏流動資金的地方政府又會有什麼下場？在中國，地方政府可否宣告破產？答案肯定是「否」。對黨來說，這等於是承認整個國家的破產，那當然是絕對不允許的，所以北京當局勢必將被迫出面處理這個問題。二〇一一年年初就有謠言指出，中央政府將會出面承受約2兆至3兆人民幣的地方債務。如今從兩份官方報告中就可以取得充分的數據——一個是人民銀行的報告，一個是審計署的報告——來衡量北京當局的估計值是否準確[2]。

基於討論的目的，我們做了兩個假設：首先，最羸弱的借款者將會違約；其次，透明度最低而且償還期最長的貸款也會違約。最羸弱的借款者是最低行政層級的縣政府，也是中國最貧窮的一環。從人民銀行的報告中可發現，在超過一萬個融資平台裡，就有七千個屬於縣層級。從地理角度來看，審計署的數據指出，這些縣政府有半數落在中國西部，那是中國最貧窮的地區，它們的未清償地方債務總額是2兆9,000億人民幣（約4,500億美元）[3]，其中的一半——即1兆4,500億人民幣（2250億美元）——屬於政府對銀行的直接債務，約當這類債務的30%（見表5.2），而且都是由這些窮中之窮的地方政府所積欠的。

至於最不透明的貸款，審計署將地方政府債務分成三種類

型：直接、擔保和其他債務；它也提供了這些債務的到期時間表
（見表8.2）。報告中沒有說明「其他」貸款債務可能是什麼，所
以我們假定這些債務的到期日較長，而且未來都會違約。這類型
債務當中，二〇一五和二〇一六年之後到期者，約占「其他銀行
貸款」項目的41%，總額是6,900億人民幣（約1,060億美元），
和縣的債務相加後，總額就達到了2兆2,000億人民幣（約3,300
億美元），或者說是占了所有銀行貸款的21%。這看起來是個頗
為合理的保守估計數字，而且就落在傳聞中北京當局打算承受的
數字之下限。既然大部分參與其中的銀行可能都不會公開掛牌，
那麼北京是否已採取行動，可能永遠都不得而知。

　　從各種彼此矛盾的資訊和文件中，我們可以很清楚地看到，
中國沒有任何人確知地方政府借貸金額究竟是多少，政府本身也
根本不想知道真相。不過，如果海南政府和廣東投資信託公司的
經驗可以作為借鏡，那麼這類債務的規模應該已經大到這整個國
家的融資規模了。

表8.2　還款時間表，地方政府債務

百萬人民幣	直接政府債務	%	政府擔保	其他	總額
2011	1,868.4	28%	364.6	391.6	2,624.9
2012	1,298.3	19	297.2	244.8	1,840.5
2013	799.1	12	226.6	193.8	1,219.6
2014	617.7	9	227.3	149.1	994.2
2015	493.5	7	178.1	129.7	801.4
2016以後	1,634.0	24	1,043.2	560.6	3,238.0
總額	6,711.0	100	2,337.0	1,669.6	10,718.6

資料來源：國家審計署

　　至於因對國有企業放款而產生的傳統不良銀行放款，我們實在難以確知應該使用哪個信用數字來做為計算基礎：例如，銀行貸款和公司債的總和，或是根據人民銀行的社會融資總額得來的數字（見表8.3）。如果是前者，在扣掉地方政府債務後，國有企業的借款總存量是8兆9,000多億人民幣；如果是後者，數字則是17兆3,000多億人民幣。以這項討論而言，我們使用人民銀行提供的社會融資總額數據，因為它涵蓋的範圍比較廣，而且包括公司債和證券化貸款。在扣除10兆7,000億人民幣的地方貸款之後，國有企業的貸款總額會是17兆2,000多億人民幣。在這當中，估計有20%的貸款會在二〇一一年之後陸續違約。這個數字很可能更大，但坦白說，到了這個地步，不論哪個數字都很龐大。以這段討論來說，我們選用的數字是3兆4,000億人民幣，連這個數字都感覺有點保守。

　　最後不該忘記的，就是所有現存的不良貸款，其中包括當前的不良貸款，還有自一九九〇年以來金融資產管理公司尚未沖銷的呆帳。以下數據因來自中國主要銀行的經查核的財務報表，所以比較可靠。基於簡化目的，我們又一次將二〇一〇年終的金融資產管理公司債務和現有銀行不良債權數字沿用到二〇一二年。如此加總起來，二〇一二年這些過去的和預期的不良債權數字總和是5兆7,000多億人民幣，約當二〇一二年預估GDP的12%。

　　把以上林林總總的數字加起來，可以看到二〇一〇年的中國公共債務存量接近GDP的71%。誠如二〇一二年的預估值顯示，這個負擔只會增加，不會減少，而且沒有人知道未來的增幅究竟會有多大，因為有太多事情在檯面下進行了。這項分析只要強調一個重點：過去幾年間，由於政府贏弱，加上未能嚴謹管理

表 8.3 二〇〇二年至二〇一〇年，社會融資總額的組成要素

	人民幣銀行貸款	外匯銀行貸款	委託貸款	信託貸款	銀行承兌匯票	公司債	非銀行金融機構股票發行	保險公司賠付款	保險公司投資	其他	合計
2002	1,800	72	18	0	78	31	59	41	0	0	2,099
2003	2,770	229	62	0	202	55	55	51	0	0	3,424
2004	2,260	138	318	0	29	52	66	60	0	0	2,923
2005	2,350	106	97	0	3	200	34	72	0	0	2,862
2006	3,180	100	188	84	152	84	136	84	0	0	4,008
2007	3,630	290	338	172	669	231	480	107	6	0	5,923
2008	4,910	62	426	316	110	556	336	151	7	0	6,874
2009	9,590	929	676	437	42	1,296	451	169	14	70	13,674
2010	7,934	414	1,127	385	2,326	1,199	585	186	14	100	14,270

資料來源：中國人民銀行

二〇〇八年那個不得不為的經濟刺激方案，已導致中國快速地累積了驚人的債務水準。

一個與世隔絕的帝國

如果這個聚沙成塔的債務不只是導因於一個軟弱的金融舵手呢？若說這是中國政府為達成高GDP成長率政策目標而故意放大國內的資產負債表，其實也沒說錯。經濟學很單純也很好懂：在現時借入昂貴的人民幣來建造國家認為必需的專案，然後在未來的某個時點以屆時不可避免將轉趨弱勢的人民幣來償還債務。就是這麼簡單。

圖8.2說明中央政府未償還債務的成長率，在此我們參照四個已開發經濟體（包括美國）的公共債務定義，將其範圍限縮為財政部、鐵道部與三個政策性銀行的債務。這些已開發經濟體發行債券已有一個世紀之久；有時候，它們的國債甚至會達到GDP的200%，如一九四〇年代末的英國；甚至有些政府曾發生債務違約，例如二次世界大戰後的德國。這些已開發經濟體管理公共債務的經驗很豐富，但其中有好也有壞。這張圖中較有趣的部分是，我們可以從中看到中國的狹義債務存量如何在數年之間趕上這些已開發國家的舉債水準，而其中有些國家的GDP還比中國高出許多倍。

政府借款的狀況也可以從年度國家預算中，扣除借新債還舊債後的新增債務數字得知（見表8.4）。這種債券的發行代表新的貨幣，它用來支應新的預算支出，當然也會讓一國的債務存量增加。舉例來說，在二〇一〇年，財政部和政策性銀行的新發行債

**圖8.2　未償還公共債務的趨勢：美國、歐洲和中國，一九九○年至
二○○九年**

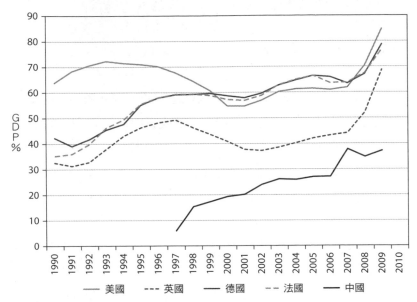

注：中國公共債務只包括財政部、三大政策性銀行和鐵道部發行的債券。一九九八年和
二○○七年由財政部發行的特殊債券也包含在內。
資料來源：中國債券網與國際貨幣基金

券就約當30%的國家支出，但其實光是新國債發行就幾乎足以
支應整個中央預算支出[4]。與其他亞洲國家相似，中國的財政預
算似乎也都仰賴不斷增加的債務來支持。自從一九九七年以來，
中國的債務已經從3,000億人民幣激增至接近12兆人民幣（見圖
8.3）。

　　從快速增加的到期中央債券與政策性銀行債券，也可看出中
國預算極度依賴舉債的情況。在二○○三年至二○○九年間，財
政部和政策性銀行的到期債券價值以每年22.5%的複合速率增

表8.4　新債發行量占政府支出的比例，一九九七年至二○一○年

單位：百萬人民幣	國家預算支出	中央預算支出	國家支出%（國債＋政策性銀行債券）	中央支出%（國債）
1997	923	253	41.6%	95.2%
1998	1,080	313	53.3%	121.9%
1999	1,319	415	44.1%	96.7%
2000	1,589	552	39.7%	84.4%
2001	1,890	577	39.5%	84.7%
2002	2,205	677	40.9%	87.6%
2003	2,465	742	44.0%	84.6%
2004	2,849	789	38.9%	87.7%
2005	3,393	878	38.0%	80.2%
2006	4,042	999	44.2%	88.9%
2007	4,978	1,144	66.2%	191.3%
2008	6,259	1,334	28.8%	54.3%
2009	7,600	1,528	32.1%	83.2%
2010	9,318	1,597	29.8%	91.3%

注：不含二○○七年財政部發行的1.55兆人民幣特殊債券，也不包括到期債券的再融資。
資料來源：《中國統計年鑑》和作者的計算

長。這些債券後來都獲得再融資，也就是將債務展期到未來。新發行債券的淨額加上為了償還（進而展期）到期債券而發行的債券，就等於中國每年的債券發行量。不論前者或後者，都導致中國的未償還公共債務存量上升。

　　也許中國最高層的領導人並不太了解這台債務機器，或者說，他們只知道媒體報導的狹義負債水準。傳統上，中國的公共債務數字只包括財政部的債務，這也是最狹義的負債。在中國的國內債務總額中，只有1%——儲蓄債券——是直接由終端投資人所持有，這種現象不太可能是個巧合。除了外國銀行和QFII

**圖8.3　一九九七年至二〇一〇年年間，所有未償還的國債加上政策
性銀行債券及展期的債券**

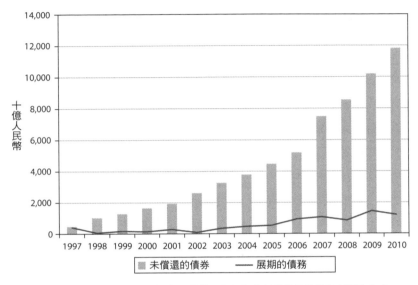

注：展期的債務計算自一個同時將年終儲貸平衡及年度新發行債券納入考量的公式。
資料來源：中國債券網

基金所持有的小額債券，其他債券都是由國營機構持有或管理，
這些機構包括銀行和基金管理公司等。如同工銀的執行長所解
釋，中國是靠間接融資來達成它的經濟成長目標；意思就是，銀
行代表儲戶決定如何將儲蓄借貸出去，銀行也有權決定在什麼情
況下要將錢貸給誰。在一個真正的資本市場，銀行這種中介者的
角色其實少有空間可發揮，而終端投資人更不會受債券或股票發
行者的影響，他們在制訂投資決策時，無須考慮發行者或貸款人
的利益。然而，中國的情況並非如此：共產黨掌控了銀行，而銀
行則聽從黨的指示放款給國營機構。

這一點正是讓中國與一九九四年的墨西哥、一九九九年的阿根廷和今日的希臘及西班牙不同的關鍵。除了貿易融資，中國不會在海外借錢，又因為人民幣不可自由兌換，境外投資人幾乎都被國內資本市場拒於門外，而由於外國銀行必須賺到適當的資本報酬，所以他們在中國國內信貸和債券市場也難有競爭力。因此，外國銀行持有中國資產的比率很少達到總額的 2% 以上；在二〇〇九年的借貸狂潮之後，這個比例更降到僅剩 1.7%。另一個唯一能進入中國資本體系的主要途徑是 QFII；這是證監會一手催生的產品，而且它是以股市為導向，而非債市。無論如何，目前的 QFII 總配額是 171 億美元，金額相對微小。即使這些資金全部投資到債券，相較於 1 兆 8,700 億美元的未償還債券型債務，那依舊是一個微不足道的數字。所以，海外投機份子、投資人、避險基金或其他人根本不可能從中國境內債務憑證獲利，更遑論挑戰共產黨對於這些債務憑證的估值。總之，中國金融市場的封閉生態暗示，這是一個蓄意的政府策略，中國政府基於對過去幾場國際債務危機的特殊解讀，刻意實行這樣的策略，使中國的金融體系成為一個與世界隔絕的帝國。

這堵高牆是否已出現裂痕？

然而，中國的長城是否已出現裂痕？二〇一〇年年中起，當局在香港施行一個微小的原創計畫，這個計畫的快速擴張導致人們大膽預測人民幣將在可預見的未來成為稱霸全球的國際貨幣，甚至成為最新的全球準備貨幣。自二〇一〇年七月底到那一年年底，香港的人民幣儲蓄存款激增了三倍，達到 3,150 億人民幣；

到了二〇一一年夏天，更進一步擴張到5,000億人民幣（770億美元，見圖8.4）。這看起來也許是一筆大錢，但事實上，這還只是牆上一個小破洞罷了：香港市場的人民幣存款只約當境內總存款的1%，所以，當地的流動性其實有限。

　　由於中國人偏好小型、好控制的實驗，所以香港成了絕佳的起始點。隨著中國大陸的城市開始興盛起來（特別是上海），香港政府不想被邊緣化，於是便積極設法維持其作為中國門戶的角色，所以，它樂於嘗試任何可以擴展中國投資組合的手段。當台北甚至倫敦大力遊說中國當局，希望能開啟一個類似的中心，而

圖8.4　香港的人民幣存款和「點心」債券的發行

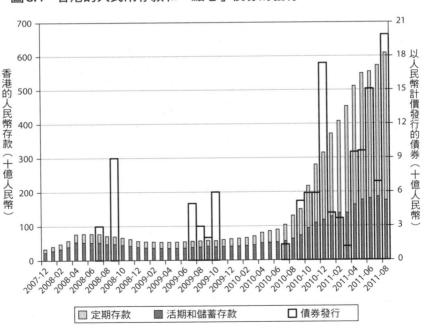

資料來源：香港金融管理局和萬得資訊，2007-12~2011-08

新加坡更是已經跨出第一步時，香港憑著屬於中國的一部分，就算不在境內，它也仍然占有優勢。幾位不知名的人民銀行官員最近告訴中國歐盟商會的北京分會，人民幣將在二〇一五年以前完全開放自由兌換。這個消息成為世界各地的頭條新聞；儘管周小川立即堅決地否認任何時間表的存在，卻沒人相信。所以，中國的樣貌一如往常：隨你高興怎麼看，它就是什麼樣子。

　　不過，與其盲目推測這個原創計畫何時要實施，不如討論一下它的成因及相關作法。二〇〇八年九月，雷曼兄弟被迫走向破產的事件讓中國的領導團隊大受驚嚇。他們推想：如果美國政府都無力挽救中國眼中的那個績優公司，那麼美國政府本身一定也陷在可怕的金融深淵。於是，他們從這個想法歸納出一個直接的推論：中國不知怎地一直被它引以為傲的巨額美元外匯存底給欺騙了。負責管理這些外匯存底的是誰？人民銀行和周小川。經過極端艱辛的幾個月後，二〇〇九年初，周小川終於準備好反擊那些指責人民銀行經濟管理失當的人。他聲稱美元是個失敗的準備貨幣，並提議創造一個「超級準備貨幣」，交由某個全球性機構來管理。他暗示，這個辦法將取代現行以美元為中心的國際貨幣體系[5]。這是政治上一種靈巧的聲東擊西法，有效減輕國際聲浪對人民幣施加的壓力。更重要的是，周小川展現了對於金融事務的老到見解，並以此維護了中國的國家尊嚴。到了二〇〇九年七月，人民銀行更把這個概念轉化為一個將人民幣國際化的提案，國務院接著同意在香港、澳門和東南亞國協試行這個方案。

　　這個原創計畫是否預示了中國經濟的開放？在現今中國國內仍面臨諸多限制的情況下，實施這個原創計畫是有道理的，因為它代表人民幣朝自由兌換目標邁進的一小步。如果中國想斷絕對

美元的依賴，那麼人民幣必須在貿易清算貨幣和保值等方面獲得更高的國際接受度。從香港開始試行也是合理的，因為中國各家銀行在香港的影響力可讓北京當局繼續維持境外和境內市場的一致性。然而，若從較長期的角度來看，人民幣開放境外交易的後果是，人民幣價格會愈來愈受到市場決定，北京政治勢力對匯率的影響將漸漸式微：很顯然地，這個後果從來不曾被提及。

　　究竟香港的境外人民幣市場指的是什麼？自二〇一〇年中開始，人民銀行積極鼓勵中國公司在香港以人民幣結算它們的海外貿易成果。為方便起見，當局允許企業匯人民幣到它們在香港的中國籍銀行開立的帳戶。但其中有一個陷阱：向中國購買出口商品的公司幾乎都想以美元付款。結果，中國出口商還是不斷收入美元，並進而賣給人民銀行以換取人民幣，外匯準備也因此繼續增加。另一方面，中國的進口商在和香港及東南亞進行轉口貿易時，發現當地的貿易對手很樂意收取人民幣。這個現象造成境外人民幣的數量大增，但卻無法減緩外匯準備的成長速度。這個結果與人民銀行對外宣傳的政策目標背道而馳[6]。

　　然而，因為人民幣恢復對美元升值，故上述情況十分受外國儲戶和投資者歡迎。由於港幣完全釘住美元，所以香港人怎麼可能會想再持有港幣存款？這一股熱情迫使香港金融管理局於二〇一一年五月下旬出手捍衛港幣；而且直到這一刻，香港的人民幣儲蓄分類才第一次被揭露出來：有三分之二的人民幣存款是由企業持有，其他的才屬於當地散戶投資者。

　　這些存款能作什麼用途呢？簡單說，銀行不能拿這筆錢去放款，儲戶也無法輕易地把錢匯回中國。然而，人民銀行允許香港金融管理局在當地推動一個人民幣計價的債券市場。在香港，因

為人民幣相關的投資選項不多，所以發行點心債券很容易，需求也很強。當然，有一個陷阱要小心：在香港募集到的人民幣必須經過國家外匯管理局的同意才可以匯回中國。即便如此，包括麥當勞在內的許多企業仍爭先恐後在此地發行債券，因為在香港募集資金的成本要比中國的貸款成本低得多。隨後，當房地產開發商和中小企業發現在中國境內很難募到資金時，透過發行點心債券或是向香港銀行貸款美元來進行國內投資的作法就變得相當吸引人了（見表8.5）。

表8.5　香港點心債券的發行概要

發行者類型	發行數量	總發行金額 （十億人民幣）	總發行百分比 （%）
企業	66	70.54	45.4
商業銀行	15	25.60	16.5
政策性銀行	10	23.00	14.8
中國財政部	12	34.00	21.9
國際性機構	6	2.27	1.5
總計	**109**	**155.41**	**100.0**

資料來源：萬得資訊；數據統計至二〇一一年九月三十日止。

　　最重要的是，中國銀行業發現點心債券市場這項資金來源的成本竟比中國的家戶儲蓄更便宜！很多報告中顯示，為數眾多的銀行正在計畫透過香港市場集資，總額高達1,600億人民幣，而其中最大規模的是建行預計發行的800億人民幣[7]。如果發行成功，將會吸走市場上大多數的流動性。極為諷刺的情況是：經過過去幾年的鋪張浪費和通貨膨脹之後，資金成本理當上升，但中國的銀行卻真的可以在香港以低於國內的代價募集到資金，而且

還不會稀釋掉股票投資者的權益。

這種金融活動對於利率市場或貨幣的中長期發展有何意義呢？目前境外人民幣市場和更廣大的境內市場沒有關聯，也和中國的經濟情況毫無干係。由於境外人民幣存款持續增加，所以即使是收益率增級程度最小的產品，都能引發強勁的需求，因此也讓境外發行債券的成本遠比在中國境內發行來得便宜。這些市場是依照當地的供需動態來定價，而非參考中國廣大經濟情況和中長期發展驅動因子來定價。此地債券的表現就和中國的H股和A股市場一樣，惟存在著一個重要的差異。隨著愈來愈多的債券在境外發行，特別是那些銀行的發債行為，意謂著中國正在放手讓它自己愈來愈依賴國外信用，最終也會愈來愈依賴國外的債券持有人，就像廣東投資信託公司。這個作法看來似乎和中國領導團隊從過去幾次國際金融危機中學到的教訓背道而馳。

人民幣國際化並沒能幫助減緩外匯準備的成長，而且還導致中國銀行業對國外債權人的曝險增加，這個現實意謂著這場實驗可能將原地踏步。然而，如果人民幣在國際上的接受度確實提升了，而且在二〇一五年左右完全開放自由兌換，那麼紅色資本主義的時代就會告終，改革者也將成功地打開體制的大門。除非那一天真的來臨，否則所有關於人民幣國際化的討論和動作，都只是純粹的外交手腕罷了。除非境外人民幣的持有人可以在國境內外像使用其他貨幣那樣自由地使用人民幣，情況才會改變。目前為止，人民幣的國際化單純只是另一種形式的以貨易貨交易罷了。

高牆的裂痕

　　雖然中國的金融體系幾乎和外頭的市場隔絕，並不代表它就能徹底抵擋危機的侵襲。正如過去一直以來的情況所證明，單純的內部因素就足以擾亂體制的運作；這些內部因素包括家戶儲蓄、退休負債和利率曝險等。家戶儲蓄是銀行放款能力的基石，在這場金錢遊戲中，唯一的非官方資金來自中國人民驚人的儲蓄力。但從二〇〇四年起，中國銀行業積極擴展它們的消費性業務，包括房屋抵押貸款、信用卡和簽帳卡，以及汽車貸款。如果中國人民培養出和美國消費者一樣的借款與消費熱情，銀行集資會受到什麼影響呢？長期看來，這可能對經濟體系甚至是銀行有利；但就短期至中期來說，除了東部沿海的富有都市之外，中國政府應該不太可能會鼓勵美式消費主義。然而，隨著內陸城市居民們愈來愈羨慕那種槓桿式的生活方式，這樣的作法也有可能會成為引發嚴重社會動盪的源頭。

　　中國的整體人口結構也正朝同一個方向推進。《新華社》曾報導，到二〇五〇年時，將有四分之一的中國人超過六十五歲（見表8.6），但因為政府政策要求男人在五十五歲退休、女人在五十歲退休，所以屆時實際的退休人口數字會比前述數字多得多。隨著人口老化，儲蓄會被花用在老年生活及照護上頭。如此一來，如果政府繼續透過舉債來追求成長，就幾乎不可能成功發展出國內消費重於出口成長的經濟模式。

　　這個現象也顯示，所有全國性社會保障計畫全額提存的改革目標將難以達成。儘管政府在一九九七年大張旗鼓地開始這項改革，但它始終無法順利建立一套標準化的全國計畫，也無法為所

表8.6　中國逐漸老化的人口

	人口（十億）	0~14歲	16~64歲	65歲以上
1995	1.21	327	808	76
2000	1.26	328	845	87
2010	1.35	293	956	104
2020	1.43	287	989	153
2030	1.48	278	989	214
2040	1.49	287	950	252
2050	1.47	211	962	300

資料來源：世界銀行，《亞洲華爾街日報》，二〇〇一年六月十五至十七日，M1

有已推出的計畫提存足夠的資金。除此之外，已經提存的資金缺乏適當的投資機會，無法在可接受的風險水準下，創造高於通貨膨脹率的投資報酬率。就如先前提到的，目前只有股票和房地產有潛力達到這種收益水準，但是這兩者都高度投機。談到這兒，又不免要回到中國資本市場受阻礙的問題上頭。隨著勞動力老化，北京當局很可能必須透過發行債券[8]來填補這一類債務的缺口。勞動和社會保障部曾經預估，這項或有負債的規模只有2兆5,000億人民幣，但世界銀行在二〇〇五年推斷的估計值卻高達13兆6,000億人民幣；這兩個數字分別約當中國GDP的10%到40%，實在是非常高的負債。

中國的債務策略也很容易因利率上漲而受創。到某個時點後，因債務增加而加重的利息負擔，終將影響到政府投資新專案和促進經濟成長的能力（見表8.7）。根據一些非常粗略的估計，到二〇〇九年會計年度，中央和地方政府債務的總利息支出就約當國家預算收入的13%，而且可能在接下來兩年內增長至接近

表 8.7 中央與地方債務的估計利息支出，二○○九年至二○一一年（推估）

十億人民幣	2009A	2010P	2011P
金額	5,541	6,263	6,832
中央政府債務省級債券發行	200	400	800
政策性銀行加鐵道部	4,846	5,747	6,781
財政部一九九八年特殊債券加工銀、農行和信達的應收款	1,078	1,058	1,058
財政部承受的地方政府債券			2,150
中央政府債務合計	11,665	13,468	17,621
地方政府債務	7,800	10,700	13,700
利率			
中央政府	0.0269	0.0241	0.0275
政策性銀行加鐵道部	0.0389	0.0361	0.0395
財政部一九九八年特殊債券加應收款	0.0225	0.0225	0.0225
財政部一九九八年特殊債券加應收款	0.0669	0.0641	0.0675
利息			
中央政府利息	367	392	502
地方政府利息	522	686	925
年度利息總額	889	1,078	1,426
國家稅收	6,852	8,308	8,972
中央收入	3,592	4,247	4,586
利息總支出占國家稅收的 %	12.9%	12.9%	15.9%
中央利息支出占中央收入的 %	10.2%	9.2%	10.9%

資料來源：債務數字見表 8.1；以萬得資訊的數據和作者的計算而得；國家與中央預算收入數字來自財政部於二○一一年三月對全國人大的報告。

16% 的水準（見表 8.7）。此外，通貨膨脹也是一個威脅，因為它不僅會加重政府的借貸成本，也會導致銀行帳冊中列記為長期投資項目的債券的評價降低，屆時銀行將不得不提列評價損失準備。這就是為什麼人民銀行很難提高利率，也因此導致它缺乏可

用來對付通貨膨脹的工具。提高銀行的放款利率會影響企業表
現，並且在債市引發連鎖效應；它也會提高貨幣升值的預期心
理，並進而鼓勵熱錢流入。在二〇一一年之前，人民銀行最後一
次調整利率（調降）是二〇〇八年年底，但是近來破天荒的高流
動性以及持續增加的貿易順差帶來沉重的壓力，最後迫使政府在
二〇一一年放手讓利率走高（見圖8.5）；人民銀行也有了更大的
空間好好利用先前鮮少使用的存款準備率來作為操作工具。

　　這個準備率工具最初是在一九八五年建立。在二〇〇三年以

**圖8.5　二〇〇二至二〇一一上半年間，人民銀行抑制通膨的工具及
通膨狀況**

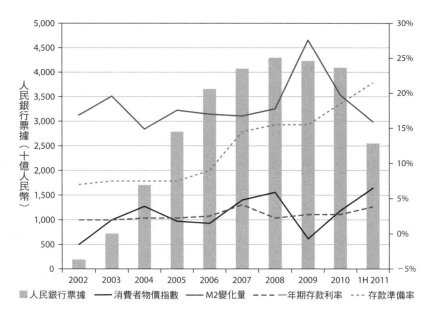

資料來源：人民銀行，《金融穩定報告》；萬得資訊

前只用過四次，但之後到二〇一〇年年中為止，就用了三十次。這項工具要求銀行業提存一部分存款到人民銀行，因而限縮了銀行的放款能力：沒有資金就沒有貸款。大型國有銀行在二〇一一年年中的存款準備率為21.5%，達到歷史新高；也就是說，這些銀行的總存款中有21.5%是被存在人民銀行的帳戶裡。人民銀行管理中國貨幣供給的方式只有兩種：一就是存款準備這項政策工具，另一個則是在銀行間市場出售大量短期票據。難怪每次中國政治保守派四處宣揚蘇維埃式行政干預的效力時，人民銀行老是容易成為箭靶。

雖然不良貸款大量增加可能會拖累整體經濟的表現，但這並不代表中國有違約的危險。只要能夠妥適地管理，中國還是能長期使用負債來促進經濟發展。眼前籠罩歐洲的債務危機至少醞釀了十年。以希臘來說，它一開始的財務狀況可能確實有達到進入歐洲經濟共同體（European Economic Community）的標準。然而，希臘可是一個民主制度十分發達的開放經濟體，它的諸多問題過了十多年才一一公諸於世並使得市場聚焦在這些問題；相較之下，中國這個依然如謎一般的政經體制裡的各種隱憂，可能要更久以後才會爆發。

以中國的幅員和人口規模來說，它的經濟不可能像日本那樣，經歷一九八〇年代的亮麗成長後，突然嘎然而止。不同於當年日本的銀行，中國的銀行受到管制，也還沒國際化到足以考慮跨足海外，就算共產黨點頭放行也不可能。針對這一點，中國政府似乎從日本那兒學到很大一個教誨：務必嚴格控制貨幣升值。中國深知，當年日本政府放任日圓升值，並且開放對金融市場的管制後，它就進入瘋狂資產泡沫行情的末升段了。

　　總而言之，中國愈來愈依賴舉債來驅動GDP成長的情況意謂在可預見的未來，中國的國內金融市場不會見到重大的利率、匯率改革，也不會大幅開放外國參與。此外，雖然主要的大型銀行將來無可避免地會再次進行資本重組，它們還是不會進一步推動任何重大的變革，也不會真正國際化。二〇〇八年秋天的事件已進一步阻絕了這個可能性，如今的中國官員總是說：「不要跟我談那些失敗的模型。」然而，中國的金融體制是否是個值得全球研究的模型呢？不管是目前或未來，使用這種體制的中國有可能被世人視為一個超級經濟強權嗎？

華麗的矯飾

　　針對這個背景，我們必須提出一個問題：如果幾乎什麼事都要找銀行當後盾，那又何必大費周章地建立債市和股市？為什麼銀行不用它們借錢給地方政府及其轄下專案融資的方式，直接借錢給財政部或國開行就好？打造如此繁複且難以管理的金融體系究竟有什麼好處？

　　這些問題的答案很複雜，而且涵蓋許多面向。包括金融體系作為：1）一個促進企業轉型的重要催化劑；2）一個讓金錢得以在不同團體間流通的機制；3）一個對於吸引外國支持的地方企業和政治單位來說熟悉的介面。首先，在一九八〇年代末期，黨考慮以當時最先進的經濟運作模式來改革國有企業和經濟體系，而股東制度和資本市場等西方金融模型，似乎正好符合黨的需求。在鄧小平的大力支持下，大家逐漸形成了共識，藉由引進西方的法律、會計和監管運作方式，積極實現股票市場和國有企業

的IPO。在短短的幾年內，海外掛牌上市的實驗就創造出了一批也許堪稱史上最大規模的中國企業：國家隊就此開始成形。

　　這個結果在黨的眼中絕對是一項極大的成就，不過國家隊也在許多方面改變了中國的政治經濟遊戲規則。既然這些大型企業坐擁驚人的經濟和政治權力，當然也就不可能願意讓一個國內（或國際）監管者或任何其他政府單位來左右它們的運作。而這樣的企業會希望中國股市（包括港股）發展國際最佳運作標準嗎？就目前看來，答案是否定的。一旦市場的發展無助於它們的利益，這些國家冠軍絕對擁有足夠的影響力減緩甚至中止相關的活動。這就是國際觀察家眼中的中國始終那麼繁雜混亂的原因。中國的市場擁有西方金融的所有外在表徵，包括B股、H股、銀行的地方性子公司、本國貨幣的衍生性金融商品、合格境外機構投資者、合格境內機構投資者（QDII）、證券、共同基金和商品合資企業等，全都在中國試行過，其中甚至有些極為成功，但它們仍舊只是紫禁城廣大幅員下的一些小分支罷了。

　　至少從一九九六年賓士尋求在上海掛牌後開始，大家就開始討論是否要在上海交易所成立國際板。至於債券市場，只有亞洲開發銀行和國際金融公司獲准發行債券，而且它們必須遵守現行利率與投資人基礎架構，同時，募得的資金也只能用來支應經國家核准的計畫。至於在中國既活躍又重要的私部門，自二〇〇四年便獲准進入深圳股市；但在已經掛牌的四百家企業中，只有四家的市值足以躋身中國百大企業，而且這四百家企業也只占總市值的2.2%。除此之外，只有在消費財、食品業、某些類型的高科技產業、製藥業和其他輕工業部門才能找到私人企業的蹤跡，因為自長久以來，黨幾乎沒有涉足這些領域。簡言之，無論私部

門對中國的出口和就業市場有多麼重要，其發展始終受到壓抑，因此也難以對國家隊構成威脅。

　　上述問題第二個的面向的答案是，一個極其繁複但又原始的金融體系確實非常符合中國各強大利益團體的利益，因為金錢可透過這個體系頻繁地換手。多重產品、監管者、市場和規定，在在掩飾了中國大量現金流量的源頭和去處。這讓國家冠軍、它們的親朋好友，以及其他服侍它們的機構得以在這個商業環境裡大肆掠奪中國廣大的國內市場，撈進巨額的利潤。這些企業集團擁有全國性獨占地位，最差也能有寡占地位，所以它們根本不會想改變，也不認為有必要開放外國參與。這些獨占事業的所有權全屬於黨，在這種情況下，中國要如何實行它的反獨占法規？開放外國參與也許能創造些許附加價值，但卻只會讓事情變得更複雜；說實在的，何必和外國人分享財富？如果朱鎔基將中國送進WTO的目的是要開放中國，讓它在國際競爭的壓力下展開經濟變革，那麼在二○○八年後，這個目標看來已消失得無影無蹤了。

　　有人說這些商業利益團體其實根本就是中國政府，這個說法公平嗎？目前的政府每每無法在國家與國家隊的利益彼此衝突時確立它自己的施政進程，這個問題可以直接咎因於中國缺乏一個強而有力的領導者嗎？答案很可能是「沒錯」。就目前金融部門的發展來看，二○○八年九月雷曼兄弟的破產削弱了黨內呼籲開放政策和擴大國際參與的聲音，換言之，改革派的影響力受到侵蝕。而中國自一九九二年形成的一股支持西方金融模式的政治共識，也因這場全球金融危機而日漸式微。在改革開始之前，中國的經濟觀主張實施平等的社會主義計畫經濟；如今，這股意識重

新抬頭了。其實黨內和施政團隊裡本來就有許多人自始至終都不支持「紅色資本主義」。一如第一章開頭所用的引言，這些人總是納悶，如果革命到最後，一切又回歸一九三〇和四〇年代革命前的狀況，那麼究竟當初為什麼要革命？在他們眼中，今日重現的很多問題，正是當初觸發革命的那些問題。然而，他們誤解了一件事：若沒有西方金融制度，若沒有開放市場，中國絕不可能創造出令他們如今這麼引以為傲的非凡成長。

　　黨對國家隊的支持讓中國付出了龐大的代價，但是若觀察當局於一九九〇年代末期推動產業全球化的相關背景，就應該能理解它創造國家冠軍的目的何在[9]。當時中國的所有產業部門都開始得面對規模龐大、專業且具經濟影響力的國際競爭者，而規模、專業和經濟影響力都是本國企業所欠缺的。一九九七年，中國移動IPO成功募集到45億美元，這為中國揭示了一個前進的方向。朱鎔基將中國企業推上《財富》五百大名單的目標，幾乎等同於美國的阿波羅登月計畫。然而，諷刺的是，新興國家冠軍打娘胎出生就掌握太多的政治權力，說穿了，黨一開始就不該讓它們的董事長與執行長留在「名單」中，也不該讓他們享有如此巨大的政治影響力。而隨著這些企業逐步發展出中國自己的國內市場，加上隨時都能取得殷勤金融體系絕無二話的支持，最後它們竟變得太笨重、太富有又不受控制。

　　由於國家隊成員長期安逸地待在一個幾乎完全對外來競爭封閉的國內市場，所以當它們想要發展成一個國際團隊時，自然就面臨了非常大的困難。如果中國的銀行是世界上最強的，那麼當西方的商業銀行與投資銀行搖搖欲墜並等待被廉價出售時，中國的銀行都去哪兒了？一位中國的銀行業巨頭曾說，中國不認為已

開發市場具備顯著的獲利機會，但那是完全不真誠的言論。反
之，政府看來十分樂意在積弱不振的經濟體系裡運作，因為在這
樣的環境裡，它的經濟及政治混合運作模式才能達到較高效率。
然而，我們還是得提出一個問題：中國的國際級團隊在哪裡？

　　中國這種參雜混亂的金融現象還有第三個面向，而且這個面
向令外國觀察家──包括政治人物、商人與學者──感到放心，
因為中國的這個面向和其他新興市場相似。就這部分而言，我們
是指相關的基礎建設。過去十八年間，中國發展了股票和債券資
本市場、一個共同基金產業、各式退休基金、主權基金、外匯市
場、外國參與、一個支持國際化的中央銀行、房屋貸款和信用卡
業務，迅速成長的汽車產業，和許多耀眼奪目的都會城市。由於
以上種種看起來和西方世界非常相似，所以國際投資者當然能輕
易地接受眼前所見的一切；這些既熟悉但又出乎意料的景象讓他
們大感興奮，因為這些是他們可以理解、可以衡量而且可以評估
的。如果中國擺明了依賴一個受蘇維埃啟發的金融制度，外國人
就不會有這種感覺，但中國實際上多半還是遵循蘇維埃的制度。

　　中國人在為其體制的複雜性辯解時常說「我們的經濟體系和
西方不一樣，所以我們的市場運作模式也不同於西方市場。」事
實證明這些全是實話。從外頭看來，中國經濟確實高度成長，過
去十年一直維持續非凡的榮景；但這不過是表象罷了。事實上中
國的整個成長過程涵蓋了一連串的繁盛與衰敗；若能更貼近審視
中國的各個面向，一定非常值回票價，不僅中國人自己應該這麼
做，西方人更應該。我們不該隨便假設中國經濟與政治背景下的
「股票」、「債券」、「資本」、「殖利率曲線」或「市場」等字彙
代表著和西方相同的意思，缺乏好奇心與嚴肅態度的人才會做這

種錯誤的假設，而這種假設很快地會導致我們誤解並平白浪費掉眼前的機會。不管是中國或它的國際合作夥伴都承擔不起這麼昂貴的損失。黨與政府長期致力於融合西方資本市場及國家計畫經濟制度的種種作法，已在短時間內創造出令世人驚豔的轉變，但這卻也掩蓋掉一個事實，在這一場前所未見的社會實驗中，所有有能力的強大實體全都饑渴地投入馬克思所謂的「原始資本積累」過程。如果馬克思迄今還活著，他肯定會找到無數的材料來改寫他的巨著，說不定他會將書命名為《具有中國特色的資本論》。

附注：

1　譯注：自一九九八年即經證監會批准成立，是中國首批依照國際管理模式組建的基金管理公司。

2　中國人民銀行，專欄2，地方政府融資平台貸款情況分析，二〇一〇年中國區域金融運行報告：6。

3　中國審計署，審計結果公告二〇一一年第35號，www.audit.gov.cn。

4　根據中國的預算會計，債券發行被列計為收入。自從二〇〇〇年起，利息費用被計入支出預算，但是到期債券的還款並未被列為支出項目。

5　Bob Davis，〈中國的領導人被騙了嗎？〉，《華爾街日報》，二〇一一年六月二日。有些人認為，共產黨的領導團隊其實是被周小川騙了，才會接受這種發展；周小川假意向這些國家主義人士提出一系列強調美元地位低落的文章，藉此間接凸顯人民幣的地位的上升。事實上，根本不需要欺騙，因為那些都是事實。

6　〈人民幣貿易結算導致外匯準備承受更大壓力〉人民日報線上版，二〇一一年七月二十九日。

7　〈25億美元的點心債銷售將為銀行帶來支持〉，《彭博社》，二〇一一年

九月五日。

8　自二○○八年起，中國政府重拾二○○一年的舊政策，將上市公司10%的股份撥付給全國社會保障基金。即便如此，這個基金仍舊面臨嚴重的資金不足問題。

9　見Nolan 2001，文中深入討論了全球產業整併背景下的國企改革。

附錄

主要金融體系參與者之中央政府組織

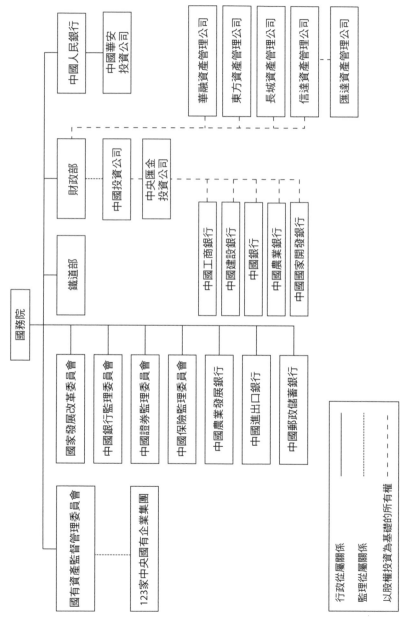

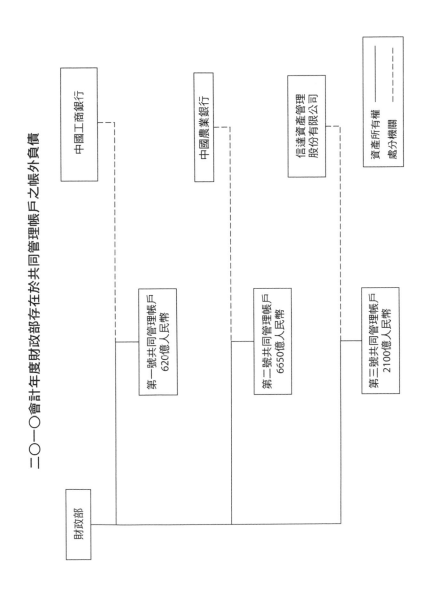

二〇一〇會計年度財政部存在於共同管理帳戶之帳外負債

典型的地方政府融資相關實體

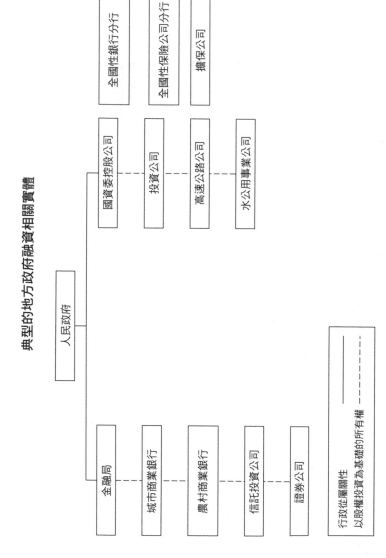

國家圖書館出版品預行編目資料

中國金融大揭密：異常崛起的大銀行真相／卡爾・
沃特（Carl E. Walter），法瑟・侯偉（Fraser J. T.
Howie）著；陳儀, 林詠心譯. -- 一版. -- 臺北
市：臉譜，城邦文化出版；家庭傳媒城邦分公司
發行, 2013.01
面；　公分. --（企畫叢書：FP2246）
譯自：Red capitalism: the fragile financial foundation
of China's extraordinary rise
ISBN 978-986-235-229-8（平裝）

1.金融制度　2.金融政策　3.經濟發展　4.中國

561.92　　　　　　　　　　　　　101027201